[英国] A. C. 格雷林 著　张金言 译

维特根斯坦与哲学

牛津通识读本 ·

Wittgenstein

A Very Short Introduction

译林出版社

图书在版编目（CIP）数据

维特根斯坦与哲学／（英）格雷林（Grayling, A. C.）著；张金言译．—南京：译林出版社，2013.6（2026.1重印）
（牛津通识读本）
书名原文：Wittgenstein: A Very Short Introduction
ISBN 978-7-5447-3279-6

Ⅰ.①维…　Ⅱ.①格…　②张…　Ⅲ.①维特根斯坦，L.（1889～1951）–哲学思想　Ⅳ.B561.59

中国版本图书馆 CIP 数据核字（2012）第 219858 号

著作权合同登记号　图字：10-2024-372 号

维特根斯坦与哲学 ［英国］A.C.格雷林 ／ 著　张金言 ／ 译

责任编辑　何本国　陈　锐
责任印制　董　虎

原文出版　Oxford University Press, 2001
出版发行　译林出版社
地　　址　南京市湖南路 1 号 A 楼
邮　　箱　yilin@yilin.com
网　　址　www.yilin.com
市场热线　025-86633278
排　　版　南京展望文化发展有限公司
印　　刷　南通印刷总厂有限公司
开　　本　890 毫米 × 1260 毫米　1/32
印　　张　9.5
插　　页　4
版　　次　2013 年 6 月第 1 版
印　　次　2026 年 1 月第 14 次印刷
书　　号　ISBN 978-7-5447-3279-6
定　　价　39.00 元

序言

王炳文

维特根斯坦是20世纪西方哲学的大师。想了解当代西方哲学的脉络,不可不先了解维特根斯坦。而他的哲学思想又以深奥难懂著称,初学者往往视为畏途。这自然就需要一些深入浅出的入门书。本书就是专为那些非哲学专业的读者写的,让他们走上一条理解维特根斯坦哲学思想之路,所以只讲述他的哲学的“主线”。

本书共分四章,分别讲述维特根斯坦其人、前期哲学、后期哲学,以及对他的评价。

维特根斯坦在哲学上独树一帜，在性格上更是特立独行。他家财万贯,而又弃之如敝屣。他钻研高深的逻辑哲学理论,却又去山区乡村从事小学教师的工作。他师承英国哲学家罗素,后来却又与其分道扬镳。他兴趣广泛:早年学习过航空工程,后来还曾为他的姐妹设计和建造住宅。

造成他的哲学思想晦奥难懂的一个原因是:他的哲学著作都是用一些格言、警句的文体写成的。这在20世纪哲学家中间是独一无二的。给读者产生的印象是:书中包含着深刻的智慧和神来的灵感。越是不容易理解就越吸引着读者探索的愿望。

维特根斯坦的全部哲学由于前期和后期的重大不同而分

为两个阶段。

他的早期哲学的代表著作是《逻辑哲学论》。他的目的是想通过语言逻辑的分析来解决传统的哲学问题。他把自己的努力成果写进了他为《逻辑哲学论》撰写的序言当中。他说:“整本书的主旨可以用以下的话来概括:可以说的,都可说清;不可说的,只可不说。”这就完全否定了传统的哲学问题,从而为逻辑实证主义者(维也纳学派)反对形而上学的主张提供了强有力的理论根据。

《逻辑哲学论》的最后一个命题是:“不可说的,只可不说。”这个命题实际上是维特根斯坦的最后结论,也是他早期哲学工作的总结。这个命题包含了维特根斯坦写作《逻辑哲学论》的全部意图,也标志着青年维特根斯坦哲学旅程的结束。

《逻辑哲学论》还提出了许多革命性的新思想。其中有:

1. 逻辑命题是重言式。(6.1)
2. 哲学不是一门自然科学。(4.111)
3. 哲学的目的是对思想作出逻辑上的澄清。哲学不是一种学说,而是一种活动。(4.112)
4. 命题是实在的图像。(4.01)
   图像是实在的一个模型。(2.12)
   命题的总和就是语言。(4.001)
   真命题的总和就是全部自然科学。(4.11)
   全部的实在就是世界。(2.063)

这就是有名的图像说的要旨。图像说说明语言与世界是怎样相互关联的,从而说明语言在我们正确使用它时是有意义的,也就是说语言怎样映示世界。

维特根斯坦后期哲学的主要著作是在他去世后出版的《哲

学研究》。在本书中他提出了许多全新的哲学思想。比起早期的《逻辑哲学论》来，本书显示出更加广阔的哲学视野，内容也更加丰富，处处让读者看到极有洞察力的见解。下列一些论点尤其值得我们注意，不然就无法把握貌似纷繁的维特根斯坦的后期哲学。

1. 反对追求单一的“本质”。维特根斯坦认为这种追求是徒劳的，应该用“家族类似”的概念来取代。

2. “语言游戏”说。维特根斯坦以前认为语言只有一种“语言逻辑”即映示世界的功能，如今则认识到语言功能的多样性，它们有着各自不同的“语言逻辑”。这些各不相同的语言实践就是维特根斯坦所说的“语言游戏”。

3. 意义不再是命题与事实之间的图示关系，而是在构成语言的许多实践中的用法。

4. 语言成了一个无所不包的“生活形式”的一部分。“生活形式”就是一个具有基本共识的人群所表现出来的语言的或非语言的行为上的一致。

5. 私人语言是不可能的。这个结论直接来自维特根斯坦一贯强调的“语言是公共性质的”这一主张。

维特根斯坦后期这些哲学思想相互之间关系紧密，相互依存，相互支撑，前后连续，好像一张许多条绳子结成的大网，覆盖了生活的各个方面。这确实是他的一项重大成就。另外，他在方法上也有了极大的改变。从以理想语言改造日常语言改变为尊重日常语言的多样性（语言游戏），重视生活实践（生活形式）。从高处不胜寒的理想语言回到人间的日常语言。正如早期的《逻辑哲学论》推动了30年代的逻辑实证主义一样，维特根斯坦的后期哲学也启发和助长了牛津日常语言学派（奥斯汀、赖尔等人)的兴起。

此外,维特根斯坦在晚期写成的《论确实性》由于其在认识论上取得的重大进展而占有特殊的重要地位。他认为怀疑只有在一种语言游戏的背景下才有意义,正如他所说:“怀疑这种游戏本身就是预先假定了确实性”(115),“一种怀疑一切的怀疑就不成其为怀疑”(450),“怀疑出现在信念之后”(160)。维特根斯坦所说的这些话都表明怀疑必须预先假定有不受怀疑的东西。所以他又说“这表明不容怀疑属于语言游戏的本质”(370)。

维特根斯坦的追随者往往认为他是“我们这个时代最伟大和最有影响的哲学家之一”。其他人也把他说成是“有重大影响和独创见解的思想家”。对此,本书作者则抱有相当保留的态度。他认为判断维特根斯坦是否可以同诸如亚里士多德、洛克、康德这些大家并列还为时过早,需要时间的考验。但他也承认,即使后世不把维特根斯坦当作伟大的哲学家,也一定会把他当作哲学上的大人物。

本书是一本入门书,并不预先假定读者有多少哲学知识。所以在叙述上力求简明扼要,以达到勾画出维特根斯坦哲学思想发展主线的目的。作者的文笔也十分清晰明白,深入浅出,可读性强。由于本书是中英对照,读者一方面可以在阅读中了解西方哲学思想的内容,一方面也提高了阅读原文的能力。读者可以随时参照两种文字,当可收到一举两得、事半功倍的学习效果。

本书作者格雷林(A.C.Grayling)是英国当代青年哲学家,牛津大学哲学讲师,曾多次来华讲学,并在中英暑期哲学班授课。除本书外,作者还著有《哲学逻辑导论》(1982)、《驳怀疑论》(1986)、《柏克莱》(1986)、《罗素》(1996)等书。

译者是我的老同事，多年从事现代西方哲学的研究和翻译工作，译有大量西方哲学重要著作。译文忠实可靠，流畅易读。我特别高兴为本书作序，并愿意郑重推荐给想了解西方哲学思想的广大读者。

2007年11月

目录

前　言

我在这本关于维特根斯坦的简要论述中想做两件事。第一件事是给非专业的读者讲明维特根斯坦思想的主线。第二件事是讲述他的思想在20世纪分析哲学中所占的地位。

在一本小书的有限篇幅内不管完成其中哪一个目标都并非易事。这有许多原因。主要原因是维特根斯坦的著作数量很大，内容复杂，还很难懂。因此这些著作可以有互不相同的解释，并且已经有了许多解释。充分阐明维特根斯坦就需要对他本人的著作作出详细的从而也是篇幅很长的考察，还要对围绕他的著作写出的大量文献作出评述。这在本书中是做不到的。所以我的目标并不太高。这正是我所说的“主线”的意思；我并不假定读者要先有哲学方面的知识。

维特根斯坦的追随者们认为对他的观点作简短的介绍性概述是错误的。维特根斯坦的一位主要信徒诺曼·马尔科姆写道：“试图对[维特根斯坦的著作]作出概述既不会成功，也徒劳无益。维特根斯坦将其思想压缩到不可再压缩的地步。需要做的是展开这些思想并找出其相互之间的联系。”维特根斯坦的追随者们又加上另外一个理由，指出对哲学观点的概述自然而然地容易采取系统讲解的形式，即按顺序逐个阐述论点，而维特根斯坦在其后期哲学中则表现出对系统性哲学思考的憎恶，拒绝涉足其中。他的追随者说，因此简要概述维特根斯坦的观点不仅严重歪曲其思想内容，而且严重误读其思想意图。

我不同意这些论点。在我看来，对维特根斯坦的著作不仅可以而且十分需要作出概述，特别因为他的著作现已包括身后出版的大量卷册，其中多有相同和重复的内容。说维特根斯坦的著作不包含可以系统表述的理论也是不对的，因为事实并非如此。在这里重要的是维特根斯坦所说的话与他说话的方式之间的区别；他的后期著作在文章风格上的不系统并不意味着内容上的不系统。维特根斯坦在其“早期”和“后期”著作中都提出了具有逻辑依存关系的某些基本论点，人们可以发现、陈述和说明这些论点，与处理任何一种哲学学说完全一样。我在本书中要做的正是这项简要的介绍性工作。

然而人们对于维特根斯坦可以作出很不相同的解释，这就产生了问题。每个评论者都尽其所能想给出最精确的说明，最后却发现自己被那些具有不同反应的人指责为歪曲了维特根斯坦的观点。这也许令人感到沮丧，让人觉得对于维特根斯坦的所思所想将永远不会达到共识。然而我并不认为这种悲观论调有什么根据，因为在我看来有关维特根斯坦的文献对于他的著作中哪些是最重要的论点已经有了基本上一致的看法。这并不是否认仍然存在着一些困难；但却确实表明人们能够有几分把握地确定维特根斯坦的著作中哪些方面应该在像本书这样的导论中得到讨论。然而，同任何一个论述维特根斯坦的人一样，我还是要小心翼翼地附加一句，即被我归于他名下的观点是我自己对于这些观点的解释；所以“照我的理解，维特根斯坦的意思是……”这个附加说明应被理解为是贯穿全书的。

在上述两个目标中，第二个比较容易达到。它是要评述维特根斯坦的著作在20世纪分析哲学中的地位。这是一个狭小的目标，因为这并不等同于将他的著作放进20世纪整个思想史中去考察。将维特根斯坦的思想与文学和艺术思潮联系起来，或者推断比如说他的早期著作是否是“现代主义的”以及后期著作是否是“后现代主义的”，或者从1914年以前的维也纳思想动荡中去寻找他的哲思源泉，这并不是我在以下篇幅中要完成的任务。这样一种任务会提起人的兴趣并在许多方面很有价值，但是在本书中我只关注直接有关的问题。如果严格从哲学方面来看，维特根斯坦的著作一般被认为属于晚近和当代分析哲学的主流。我正是将它放在这个背景下进行讨论的。

然而还应该提到，维特根斯坦的名字以及偶而还有他的个别观点也出现在有关人类学、神学、文学理论和其他学科的著作中。欧洲大陆的哲学家晚近的思想传统与英语国家的分析传统颇不相同，但他们同样关注维特根斯坦的著作。详细的研究也许会把这些比较广泛的观察包括进去。但是正如我说过的，本书只集中阐述维特根斯坦思想的主要方面。判断在任何情况下将其用于另外一些领域是否有价值毕竟要先理解这些思想本身。然而有些地方我还是指出它们与其他领域的联系；这主要是在讨论维特根斯坦后期观点的时候。

在以下的行文中，陈述和说明所占的篇幅比批评多。这是因为整体篇幅有限并且我的主要任务在于向非哲学专业的读者讲清维特根斯坦思想的主要方向。然而这样一种做法就包括指出一位思想家的观点引起了什么样的批评反应并且指明这些观点令人信服或难以服众的程度及其理由。因此我在这一方面也提出一些简短的和非专门性的尝试性意见。

在讨论维特根斯坦的著作与20世纪其他分析哲学之间的关系时，我对于一般的看法作了不算重大的修正。我的意见是：维特根斯坦在晚近哲学中的地位（就他对其内容和方向的实际影响而言）并不完全同人们通常所说的一样。

导论性质的书应该鼓励其读者直接研究书中探讨的问题。然而就某些实例来讲，期待非专业读者做到这一点实在是期望过高，如果他们不先获得最起码的扎实的背景知识的话。对维特根斯坦的研究就是这样一个实例。尽管他的追随者持有相反的意见，他在很大程度上仍然是一个哲学家中的哲学家。一个在哲学上没有一点根基的人读他的著作不会有任何收获，正如读亚里士多德、康德和其他哲学家的著作一样，因为不理解争论的正反两面的人完全看不到其中的要点所在。因为本书并不假定读者受过哲学训练，我已力图做到使其包括必要的说明；本书的目的是勾画出维特根斯坦思想的轮廓，即使对那些不是也不想成为系统研究哲学的人也将提供有用的知识。然而如果以下内容能促使某些读者将目光投向维特根斯坦本人的著作，并且得到更深的理解，那就是一项重大收获了。

我要感谢安东尼·肯尼、安东尼·昆顿、吉姆·霍普金斯、丹·拉希德、亨利·哈代和基思·托马斯，他们曾通读全稿，提出了有价值的意见和批评；也感谢卡罗琳·怀尔德和诺曼·马尔科姆，他们和我就《哲学研究》的某些论点进行过有益的讨论。通常的条件限制和急迫的要求决定了本书的面貌，但是这些提意见的人对其进行了改善，我对他们深表谢意。

我将本书献给詹妮——“Invenio sine vertice aquas, sine murmure euntes, perspicuas ad humum.”（“我找到了清澈的、没有旋涡、没有巨大声响流向地面的泉水。”）

第一章

生平与性格

路德维希·维特根斯坦是一位哲学家。哲学在20世纪已经成为只有专家们才去研究的对象，因此大多数近年来获得声誉的哲学家只在他们的同事中间闻名。然而维特根斯坦的名声却远远超越了哲学的界限。在不治哲学的人们当中，提及他的名字的次数多得惊人，听到他的名字的场合也各自不同，同样令人惊讶。在许多人眼中，他被认为是20世纪哲学的典型代表，好像他不仅在其著作中而且在人格上都体现出哲学本身的面目：难解而深邃。也许由于这个缘故，他著作中的内容常被人随便取来当作警句。这些内容之所以被人这样使用，是由于其文体风格和结构的适宜，也因为似乎可以从中提炼出某些智慧。

许多当代哲学家认为维特根斯坦是20世纪最伟大的思想家，外行人对他的评价就由此而来。这种评价是否正确仍然要由历史来决定；同行人的判断并不一定永远正确。然而不管结论如何，都无法改变这一事实，即维特根斯坦的生平和思想无论如何都是非比寻常的。

路德维希·约瑟夫·约翰·维特根斯坦于1889年4月26日出生在维也纳，在家中排行第八，最为年幼。他的父亲是一位实业家，也是奥地利最富有的人物之一；维特根斯坦一家的宅院是维也纳人社会和文化生活的一个中心。

维特根斯坦家族父系和母系历代都以家道殷实和教养良好著称。他的祖父是来自黑森的一位富有的犹太羊毛商。他改信基督教中的新教,娶了一位维也纳银行家的女儿。其后不久他便把经营中心转移到维也纳,在该地他和妻子成了艺术赞助家。他们让儿子卡尔(路德维希·维特根斯坦的父亲)接受花费昂贵的古典式教育,但是卡尔拒不从命,十七岁离家奔赴美国,有两年靠在饭馆服务以及教小提琴和德文课为生。回到维也纳后他开始学习工程学。除了继承的遗产,他在几十年间由于成功经营钢铁工业而增添了大量财富,跻身奥匈帝国最重要的实业家行列。他在过了五十岁不久便退休,用一些时间给维也纳报刊撰写经济学方面的文章。

尽全力鼓励全家从事文化和音乐活动的是维特根斯坦的母亲莱奥波尔迪娜。她也是一位银行家的女儿,同施蒂里亚的地主乡绅有着亲戚关系。她的音乐兴趣颇为浓厚。受她的邀请,勃拉姆斯和马勒是家中常客;在她的鼓励下,维特根斯坦的兄长保罗成了一名音乐会钢琴演奏家。保罗在第一次世界大战中失去一只手后,拉威尔和施特劳斯参与为保罗写出独手演奏的协奏曲。维特根斯坦本人也具有很好的音乐天赋。成年后他曾自学吹奏单簧管,但是他最突出的音乐才能却表现在全凭记忆用口哨吹奏出整篇乐谱的能力上。

莱奥波尔迪娜·维特根斯坦信奉罗马天主教,所以维特根斯坦也是在这种宗教信仰的氛围中成长起来的。宗教是他一生始终强烈关注的主题。有好几次他曾认真考虑去当修道士。然而他的宗教观点却不是正统的,到底是什么信仰他也从未讲出。在他的著作中透露过一些与此相关的暗示。

图1 维特根斯坦一家在霍赫莱特住宅餐桌前(自左至右):女仆罗莎莉·赫尔曼、赫米内、祖母卡尔穆思、保罗、玛格丽特、路德维希。

也许是由于自己切身的经验，卡尔·维特根斯坦的教育观点很是奇特。他让自己的孩子都在家里受教育，课程全由他自己安排，直到十四岁为止。这项计划并不成功。到了维特根斯坦该上学的时候，他竟进不了维也纳的**高级中学**（相当于文法学校）甚至**实科学校**（相当于现代中学），因为他达不到所要求的标准。最后他通过了林茨一所省立实科学校的入学考试，在那里上学的还有一个同龄人阿道夫·希特勒。维特根斯坦在该校度过了三年不愉快的时光，1906年离校时并未取得升进大学的资格。这是一次挫折，因为他曾有在维也纳跟博尔茨曼学习物理的志愿。然而他一直表现出工程学方面的天资，这是他父亲的专业；据说他在童年就制作出一种缝纫机的模型，证明他有这方面的才能。因此他的父母便将他送进柏林—夏洛滕堡的一所工艺学院。

维特根斯坦在那里生活得也不愉快，三个学期之后便离开了这所学校。然而他却对航空工程产生了兴趣，这是他未来职业的一条最新发展途径。他于1908年前往英国，当年夏天在德比郡靠近格洛瑟普的高空大气层研究站进行风筝飞行试验。当年秋季他进了曼彻斯特大学学习航空工程。

维特根斯坦的名字留在曼彻斯特大学的学生名册上有两年之久，尽管其间大部分时间他都在欧洲大陆。在曼彻斯特停留后期，他正致力于设计一种在桨片尖端装有喷气嘴的螺旋桨。他对这种设计所涉及的数学问题产生了兴趣，接着又转向数学本身，最后则被关乎数学基础的哲学问题所吸引。他问自己认识的人关于这门学科可以读些什么书，有人便让他去读罗素的《数学原理》。该书对维特根斯坦产生了很大的影响。此前他所读的哲学书很有限；他读过叔本华的某些著作，此外就很

图2 1908年夏路德维希·维特根斯坦在去曼彻斯特大学学习航空工程之前同威廉·艾克尔斯在德比郡格洛瑟普风筝试验站。

少了。罗素这本书使他了解到逻辑和哲学的最新发展，促成这些发展的正是罗素本人和戈特洛布·弗雷格。维特根斯坦对这些思想极感兴趣，决心进行研究。1911年他到耶拿大学面见弗雷格，把自己的一篇文章交给他看，请求指导。弗雷格建议他到剑桥师从罗素。因此维特根斯坦便在1912年早些时候到了剑桥，注册入学。

维特根斯坦在剑桥只待了五个学期。然而这却是一段对他成长影响最大的时期。他同罗素讨论逻辑和哲学，后者在当时写的一封信中讲到他时说，“（他是）继摩尔之后我遇到的最有才能的人”。维特根斯坦与罗素很快便不再是师生关系，虽然维特根斯坦的朋友戴维·平森特在日记中说，“很显然，维特根斯坦是罗素的信徒之一，从他那里得到很多教益”。然而正如我们将看到的，这种得到教益的影响并不全是单向的。

维特根斯坦很喜欢旅行。1913年他同平森特第一次去冰岛，然后又去挪威。挪威深深吸引了他，这一年晚些时候他自己又返回挪威。他在靠近肖伦一个农庄的偏僻角落自己修建了一间小屋。除了一度去维也纳短暂停留过圣诞节之外，他在此一直居住到1914年夏天。他把住在小屋内的时间专用于研究逻辑。G.E.摩尔曾来此探望他，并在停留期间记录下维特根斯坦的一些研究工作。这项工作代表了后来发展为维特根斯坦第一本著作《逻辑哲学论》的研究进程之最初阶段。

1914年大战爆发时，维特根斯坦正在维也纳家中。不出数日他便应征加入奥匈帝国军队。其后两年大部分时间他都在东线服役，当一个炮兵装配组的机械师，先在克拉科夫，后又转到里沃夫。1916年他被送往奥尔米茨接受军官培训。在那里他遇到了保罗·恩格尔曼，他们一起讨论宗教问题；恩格尔曼后来发表了关于他们两人友好关系的记载，从中可以看出宗教问题对于当时的维特根斯坦有多么重大的意义。

1917年维特根斯坦重返他的兵团当炮兵观测员。1918年早些时候他被派往南线的蒂罗尔，在一个山地炮兵团中服役。当十一月间奥匈帝国的战争努力失败时，驻守在南方的帝国军队大部分（包括维特根斯坦本人在内）被意大利人俘虏。维特根斯坦被关押在蒙特卡西诺附近，直到1919年下半年。

战争至少在两个方面对维特根斯坦产生了重大影响。一方面战争使他在人生观上有了深刻改变，特别是关于财产和生活方式。战前他父亲留给他一份可观的财产。正如人们可以料想的那样，此前他过的是一位出手大方的百万富翁之子的生活。举个实例，据说有一天他误了一趟从曼彻斯特开往利物浦的火车，他便立即设法去租一部专列，这在当时只有富人才能做到。此外，照平森特的记载，他们去冰岛的旅行（由维特根斯坦负担费用）场面盛大，随行人员前呼后拥，招来其他旅游者的讥讽。并且，战前维特根斯坦在挑选领带上看来也十分讲究。战后所有这一切都变了。维特根斯坦把他的全部财产都分给了他的兄弟姐妹，他的看法是：他们已经富有，再多的钱也不会使他们腐化。此后他便过着十分简朴的生活，不要一点装饰，特别是几乎没再打过领带。

产生这些变化的理由并不十分清楚。可能与在东线上发生的一件事情有关，即1915年上半年某个时候，他得到并阅读了托尔斯泰关于福音书的论述——《福音书简释》而深受感动。（后来在他阅读福音书原文，发现有些不同时，他似乎还得让人说服才相信福音书比托尔斯泰的文本更高一筹。）也可能是军队生活的严肃简朴正适合他的气质；正如他在挪威的独居生活所表明的那样，他在战前就显露出倾向苦行的痕迹，而军队生活的经验可能加强了这种倾向。维特根斯坦的书信以及记录下来的谈话至少表示他隐约感到自己罪孽深重（可能是由于他的同性恋倾向），因而他总是愿意苦修。不管理由是什么，当他在1919年离开战俘营的时候，看得出来他已经成了一个不同寻常甚至古怪的、经常容易动怒的人，他的后期生活已由一些主要的回忆录作者充分加以描述。

第二件重大的事情是维特根斯坦被俘时身上背包中有他的著作《逻辑哲学论》(*Logische-Philosophische Abhandlung*)的手稿，英语读者所知道的书名则是*Tractatus Logico-Philosophicus* [这是摩尔仿照斯宾诺莎的《神学政治论》(*Tractatus Theologico-Politicus*) 而取的书名]。维特根斯坦在战争岁月中一直在写这本书，最后在蒙特卡西诺战俘营中完成。他在那里有幸遇到一位对逻辑深感兴趣的人，后者可以充当维特根斯坦讨论自己思想的伙伴。

1919年早些时候维特根斯坦设法从意大利寄信给罗素，告诉他《逻辑哲学论》已经写成，甚至还靠约翰·梅纳德·凯恩斯的影响给他送去一份手稿的抄本。从战俘营释放后，维特根斯坦为出版这本书曾做了多次努力，但均告失败。绝望之下，他把这件事托给了罗素。罗素终于通过答应写一篇导言来促成出版。《逻辑哲学论》德文本于1921年出版，英译本于1922年出版。维特根斯坦看到罗素的导言后生气了，他抱怨说尽管他和罗素1919年晚些时候在荷兰见面时曾逐行讨论过这本书，罗素还是误解了他的观点并作了错误的表述。

《逻辑哲学论》是维特根斯坦唯一生前出版的哲学著作。在写完这本书后，他认为自己已经解决了全部哲学问题；按照这一看法，他放弃了哲学研究，把注意力转向别处。他在战俘营时就决定要当小学教师，现在很快便付诸实施。他进修了一年的小学教学培训课程，于1920年7月毕业。这一年秋季他开始去特拉滕巴赫当小学教师，这个村庄位于维也纳以南的山区。他在那里度过了两年越来越不愉快的时光，然后转到施内堡山区的约普赫堡。同先前一样，他在此地与一些学生家长发生摩擦，两年之内又转走了，这次是转到奥特霍。在那里他编写并出版了一本供小学使用的发音字典。然而学生家长还是给他带来了麻烦；看来是维特根斯坦的脾气和传说中他的严格纪律手段招来了怨言。1926年4月，还未等到官方对这些怨言采取行动，维特根斯坦便辞职回到维也纳。

教学生涯的失败使维特根斯坦深感沮丧。他在维也纳郊外胡太尔多夫的一个修道院里找到一份园艺工人的工作，第三次萌生要当修道士的念头（第一次发生在大战爆发之前，第二次发生在从战俘营获释以后）。他甚至还打听怎样参加修道会；在谈话中被告知他想当修道士的动机不对，他也不会在修道士生活中找到他所追求的东西。

由于两种事态的发展，维特根斯坦才得以从这种绝望的状态中解脱出来。一是他越来越专心投入为他的一个姐姐设计建造一座住宅。起初他同一位建筑师即他的朋友保罗·恩格尔曼合作，不久便由他自己完全负责。住宅设计的每个细节他都精心加以安排——例如暖气设备必须精确定位，以免破坏房间的对称性。住宅得到一些人的高度赞扬；按照G.H.冯·赖特的说法，这所住宅有着同《逻辑哲学论》一样的"静态美"。这是一座加以修饰的现代风格的建筑，受到维特根斯坦所推崇的阿道夫·鲁斯的作品的影响。

注意力转向住宅建筑工作使维特根斯坦在很大程度上从艰难状态中恢复过来，这又有利于他适应第二种事态发展，即维也纳大学的教授与他接触并邀请他参加讨论。维特根斯坦表示同意，从而又慢慢重新继续哲学工作。实际上在他当小学教师的几年间，通过英国年轻哲学家F.P.拉姆齐已与哲学有了接触。拉姆齐曾帮助将《逻辑哲学论》译为英文，并且几次去奥地利看望维特根斯坦。但是尽管维特根斯坦与拉姆齐比较详细地讨论过《逻辑哲学论》，后者并没有成功说服他重新从事哲学工作。然而现在他却被莫里茨·石里克发现。石里克是维也纳大学教授，也是"维也纳学派"的创始人。维也纳学派是一群自1925年起就紧密合作、积极活动的哲学家和科学家。石里克未能说服维特根斯坦加入这个学派，但是他和他的好几个同事都时不时地同维特根斯坦见面。随着维特根斯坦哲学兴趣的重新恢复，他看出自己的《逻辑哲学论》毕竟没有解决哲学中的问题。这就成了他开展在许多方面迥异于前的第二阶段哲学研究工作的动力。

维特根斯坦与石里克和学派其他成员的接触产生的一个重要结果便是他在1929年重返剑桥。其时他发现自己等到居留一年之后就可以提交《逻辑哲学论》，以取得哲学博士的学位。他及时登记注册，由拉姆齐当监考人，罗素和摩尔当主考官。摩尔和其他老一辈人都不喜欢哲学博士学位，当时这还是新从美国输入的舶来品。据说摩尔在他的主考官报告中写道："《逻辑哲学论》是一部天才著作，但是它在其他方面满足哲学博士学位的要求。"在获得学位之后，维特根斯坦便着手在剑桥寻求一个职位。他申请了三一学院为期五年的研究员职位；由于罗素大力相助——就维特根斯坦的研究计划给学院写了份报告，维特根斯坦在1930年取得了这个职位。现在他进入了自己一生哲学生涯中最丰收的阶段，写出了大量著作。

当维特根斯坦的研究员职位快要期满的时候，他决定移居苏联，当时在剑桥人士中间苏联是时髦的话题。由于热情推崇托尔斯泰和陀思妥耶夫斯基，他长期以来一直对俄国抱有好感。因此他学习了俄文并同一位友人于1929年访问苏联。人们并不清楚他为何改变决定没有在那里居住下来，但是他却在挪威的小屋住了一年之后又回到剑桥并在1939年接替摩尔任哲学教授。他还没有开始任教，又一次战争爆发了。他于是在伦敦的盖氏医院当看门人，直到1944年；随后又转到泰恩河畔纽卡斯尔的皇家维多利亚医院工作。他已经取得英国国籍，所以未曾受到拘留。

在1945—1946和1946—1947两个学年，维特根斯坦在剑桥授课。他很不喜欢剑桥大学教师的生活，特别是其中的一些细节；比如说他觉得学院的餐间谈话极其讨厌，以致避免去那里就餐。1947年底他辞去教授职务去了爱尔兰，一部分时间住在戈尔韦海岸一间小屋，后来又住在都柏林一家旅馆。在这里他完成了他后期哲学的主要著作即《哲学研究》。他的身体状况很差；1949年短期访问美国之后，他发现自己得了癌症。从那时起直到1951年去世，他就在牛津和剑桥与一些朋友住在一起。只要健康条件允许，他就仍然继续记录下他的哲学思想，直到临终。

在有关维特根斯坦的传记和回忆录中有对他的生动描述。其中大部分都是由受维特根斯坦影响很深的人写的，因而不能提供无偏见的看法。然而如果结合现有的少数比较客观的描述和维特根斯坦本人的信件来看，这些回忆录还是为维特根斯坦其人及其性格提供了一幅生动的画像。在这些回忆录中，维特根斯坦表现为一个强势的、焦躁的、咄咄逼人的人，一个情感热烈、性格复杂的人；人们对他不是尊崇就是厌恶。主要的回忆录作者都是在他们青年学生时期认识维特根斯坦的，当时他的年纪已接近50岁；这可能是他们对他抱有英雄崇拜的部分原因。他们将他描写成身高约5呎6吋，两眼盯住对方似乎能将人看穿，一副凶猛、不屈的样子。几乎每一个留下同他会面记录的人都讲到他的性格力量，并提到人们是怎样被他的魅力所征服，好像他在谈话中的强烈表情以及不同寻常的手势都起到了催眠作用。

维特根斯坦在三一学院自己的居室中以边想边说的方式对一群学生授课。学生们由于《逻辑哲学论》早就知道他的大名。可是在这些讨论班上他却批驳了这本书的许多中心主张，代之以一系列新的哲学思想。因此他们感到自己是某件重大事情的见证人。事情不仅重大而且具有戏剧性；维特根斯坦的教学风格就是在学生面前努力思索问题，有时喊出“我今天真蠢!”，有时又坐在那里，陷入聚精会神的持续沉默之中。学生的意见如果他不赞同，便会招来无情的反驳。维特根斯坦课堂上给人的严峻考验并不为每一个人所接受，但却给一些人留下深刻的印象，使得他们今后只能按照维特根斯坦的方式去思考哲学。

上面介绍的维特根斯坦在其三一学院陈设简单的居室内坐在躺椅上讲课的形象并不具有代表性。因为维特根斯坦只把生活中一小部分时间用于他在剑桥的教学工作。实际上他是个四处飘泊的人，一个行踪不定的流浪者，从一个国家走到另外一个国家，从一个地方走到另外一个地方，长期的逗留与短暂

图3 路德维希·维特根斯坦在斯旺西，照片表现出他的凝视力和坚强性格。

的游历相继，除非与友人一同参观或旅行，他总是孑然一身。他在一个地方逗留的时间很少超过几年。与此相应的是他由于环境或自己的选择而从事的一些职业：学生、军人、小学教师、园艺工人、建筑师、流浪者、大学教师——似乎其中没有一种职业让他满意。因此他的一生充满了不连贯的片断和无休止的奔波，他的生活显得经常不快乐或者不能长期快乐。

维特根斯坦对某些人表现得很友善。在1914—1918年间的战争之前，他曾向两位诗人不露姓名慷慨捐钱。他也会同人建立亲密的友谊，尽管作为朋友他对别人要求非常苛刻，大多数同他有交情的人还是深深地喜欢他，对他忠心耿耿。他同他的几个学生有着某种特别亲密的关系。然而维特根斯坦对其他人却可能无情而轻蔑。某些回忆录作者（他们不是他的学生）称他可以表现得傲慢、不容忍和粗暴。他在某些学生的家庭中引起不安，因为他有支配学生的力量。他总是想说服别人不要走学术研究这条路；有几个有天赋的学生由于他的坚持而放弃了哲学，维特根斯坦感到很满意的是其中一个学生终其余生都受雇于一家罐头食品工厂。

一件被忽视的事情可能有助于了解维特根斯坦的性格和哲学思想，这就是他所受的正式教育的性质。上面所作的概述表明他照父亲的奇怪方式接受家庭教育之后，在学校学习了三年，随后便是在几个学校（从柏林工艺学院到剑桥大学）的短期进修。除了教师证之外，维特根斯坦取得的唯一学术资格证书便是剑桥哲学博士学位，授予学位时他已经四十岁。他决不是一位学者；他不曾认真研究过古典哲学家（其中大多数他根本没有研究过）。他还主动劝说他的学生们不要去研究他们。

同这种零散的和不系统的教育经历形成对比，维特根斯坦的早年是在一个有很高文化教养的家庭中度过的。除了被唤起音乐兴趣之外，维特根斯坦还学会了好几种语言，后来又增加了别的语言——拉丁语、挪威语和俄语。毫无疑问，维特根斯坦作为一个青年对维也纳繁盛的思想生活很感兴趣。这方面的一个表现便是他读过叔本华的一些哲学著作，这些书在当时维也纳的知识分子和艺术家中间颇为流行（马勒赠送给年轻的布鲁诺·瓦尔特的一份礼物便是一套叔本华全集）。两个方面（一方面是维特根斯坦零散的正式教育，另一方面是他那有文化教养的显贵家庭背景）的混合能够部分地说明他那思想和兴趣不同寻常的特性。也许是不正统的教育培养出独创性；或者可以说天生的独创性由于接受太多的正式教育而被压制下去。不管是哪种情况，维特根斯坦都不是正规教育的产物，他的著作的特点证明了这一点。这成就了他另一个与众不同之处：他很可能是哲学中最后一位不遵循下列惯例而变得有名望的人物，即接受严格、正统的学院教育方式乃是被哲学界真正认可的一个条件。

第二章

早期哲学

在本章中我将讨论维特根斯坦的早期哲学著作《逻辑哲学论》。评析维特根斯坦这本书的主要学说会使他的后期哲学容易理解得多。

第2、3两节专讲《逻辑哲学论》本身。第1节说明几件背景事实，它们将使《逻辑哲学论》更容易理解。本章结尾（第4节）则就维特根斯坦的早期著作对其他哲学家产生的影响作出一些论述。

第1节的背景描述虽然旨在为讨论《逻辑哲学论》作一般性的准备，却特别是为刚刚接触哲学的读者而写的。它谈到逻辑和哲学中的某些专门概念，后者在维特根斯坦的早期思想中起着重要的作用。我将以直截了当的方式阐述这些概念。

1. 目的与背景

维特根斯坦在《逻辑哲学论》的序言中讲明了该书的写作目的，即要表明哲学问题可以通过正确理解语言如何起作用而得到解决。他的说法就是当我们理解了“语言的逻辑”时，我们就将解决哲学问题（《逻辑哲学论》第3—4页）。这确实是维特根斯坦全部哲学的中心思想，代表了其早期与后期哲学中一脉相承的部分。然而正如我们将看到的，维特根斯坦关于“语言的逻辑”的看法在两个阶段中有着明显的不同，后期思想就建立在对前期某些最重要思想的否定上。

正如刚才所说，维特根斯坦的目的包括两个方面。他的目标是**解决哲学问题**，他想**通过显示语言怎样起作用**来做到这一点。为什么理解语言会解决哲学问题正是《逻辑哲学论》所要阐明的，这也正如他的后期哲学以不同方式所做的那样。我们不久便将讨论这个阐述过程。首先，我们必须弄清“哲学问题”这个短语表示什么意思。

人们可以将哲学描述为这样一种努力，即澄清和尽可能回答一系列根本性的和令人困惑的问题，这些问题产生于我们想从总体上全面理解自己和所居住的世界的时候。这些问题主要涉及存在与实在、知识与信念、理性与推理、真理、意义以及伦理价值与审美价值。问题本身的形式是：什么是实在？事物存在的本原是什么？什么是知识，我们怎样得到知识？我们怎样确知我们关于知识的主张不是全盘错误？什么是正确推理的准则？什么是合乎道德的正当生活和行为方式，为什么？

哲学问题无法用经验的方法解决，例如通过使用望远镜或显微镜进行观察，或者在实验室里进行实验。它们是些概念的和逻辑的问题，要求进行概念的和逻辑的研究。几千年来有大量的才智投入这种澄清和回答哲学问题的工作。某些哲学家试图建立解释性的理论，有时内容非常详尽，范围也很宏大；另外一些哲学家则试图靠耐心的分析和批评去澄清和解决个别问题。几乎所有在哲学史上有过贡献的人都一致认为上述问题——存在、知识、真理、价值——极为重要；至少从古典时期起就有的哲学争论正是以这种共识为基础展开的。

维特根斯坦的思路则逆流而上。他认为哲学的正当任务不是去关注上述问题，因为照他看来这些问题涉及由于误解语言而产生的一些虚幻问题。他说，哲学的**正当**任务是澄清我们的思想和话语的性质，因为这样一来传统的哲学问题就会成为伪问题并从而消失。维特根斯坦的著作——包括以《逻辑哲学论》为代表的早期著作和后期著作——就是以这种方式致力于解决传统的哲学问题的。

《逻辑哲学论》的基本思想是认为语言有一种深层逻辑结构，理解了这种结构便能发现清楚表达和有意义言说的界限。照维特根斯坦的观点看，其重要性在于可**说**的东西就是可**想**的东西；所以人们一旦明白了语言的性质并从而明白对什么可以进行清楚和有意义地思维，人们也就看清了语言和思想的限度，超过这个限度它们便成了无意义的东西。按照维特根斯坦的意见，传统的哲学问题正是在这个超越意义界限的领域中产生的，问题的产生恰恰是由于我们企图说出不可说的东西——在他看来也就是打算思想不可思想的东西。他在《逻辑哲学论》的开头和结尾都提出这个论点，即现在已经广为人知的这一说法："可以说的，都可说清；不可说的，只可不说。"（《逻辑哲学论》第3页，并参看命题7）维特根斯坦在给罗素的一封信中对这个主张作了更充分的表述："（《逻辑哲学论》的）主要论点是关于什么是命题（即语言）可以表述的（也就是可以**思想**的）和什么是命题不能表述而只能揭示的；后者我认为是哲学的中心命题。"

维特根斯坦这些主张的重点在于表明哲学的正当任务是"除了可说的即自然科学的命题（也就是与哲学完全无关的东西）以外，什么也不要说，然后在另外有人想说出某种形而上学的东西时就向他证明他没有将意义赋予他的命题中的某些符号”(《逻辑哲学论》6.53)。但是这个消极的结论并不是事情的全貌,因为在维特根斯坦看来像伦理学、美学、宗教以及“人生难题”(《逻辑哲学论》6.52)这类问题并非由于本身没有意义而被排除;而只是在打算对它们有所说时才产生没有意义的东西:“有些东西确实是不能用语言表达的。它们通过自身得到显示。它们是神秘的东西。”(《逻辑哲学论》6.522)在这里可能做到的只是“显示”而不是“言说”。维特根斯坦有时会说到《逻辑哲学论》“未曾写出的更为重要的后半部”,意思是说《逻辑哲学论》没有说出的东西指明了真正有意义的问题,因为该书从语言界限之内显示出什么是重要的问题。他在另一封信中说道:“伦理的东西好像是由我的著作从内部界定的……今天**许多人喋喋不休谈论**的东西我都通过在我的书中不予言谈加以限定。”

因此维特根斯坦在《逻辑哲学论》中为自己定下的任务是讲明语言是怎样发生效用的,目的就在于确立上述这些论点。讲得更具体些,他的任务是揭示语言的性质及其与世界的关系,实际上也就是说明意义怎样附着于我们所断言的命题。因此他在《逻辑哲学论》中把主要注意力放在讲述命题是什么以及构成命题意义的又是什么上面。正如我们已经看到的,对维特根斯坦来说,这就等同于确定出**思想**的界限;因为语言的界限就是思想的界限,研究前者也就是研究后者。我们必须始终牢记维特根斯坦思想的这个特点,因为它至关重要。

除非知道一些有关维特根斯坦著作的哲学背景,否则人们不会正确理解他的目的和达到目的的方法。这个背景就是逻辑和哲学的发展,大多要归功于弗雷格和罗素的著作;它们早在

《逻辑哲学论》出版前几十年间便已出现，维特根斯坦在于剑桥师从罗素期间便从后者那里获知。因此我将从一些有关的特征讲起。

便于首先讨论的一个问题涉及哲学中的**命题**概念，因为下文将经常出现关于命题的说法。暂且将一些复杂的情况放在一边，我们可以说一个命题就是某种被断言或被主张应视为真的说法，例如“这张桌子是褐色的”，“这本书是讲维特根斯坦的”，“正在下雨”。但是命题不应与用来表述命题的**句子**相混淆。一个句子是任何语言中合乎语法的一串字词，由某个人在某一时间和地点写出或说出。一个句子只需要遵守它所从属的语言的语法规则就能成为句子，它并不一定还要“有意义”：类似“绿色的思想凶猛地睡着”这样一串字词尽管没有意义却仍然算是句子。与此不同，一个命题是在有意义且不无聊地使用一个句子（更确切地说，是一个陈述句）时**所断言的内容**，因此命题与句子是完全不同的东西。这种区别从下面事实中可以看得很清楚：不同的人在不同时间和地点说出或写下的不同的句子可能都在说相同的内容，即表达相同的命题；而不同的人在相同或不同的场合所使用的相同句子却可能是在叙述不同的内容，即表达不同的命题。这里有一些实例：“it is raining”，“il pleut”，“es regret”，“下雨”，分别来自英文、法文、德文和中文，但都表达相同的命题即“正在下雨”。这就具体说明了第一种情况。相反，当我说“我头疼”和你说“我头疼”时，相同句子的不同使用说出的是不同的两件事（即表达两个不同的命题）。这就具体说明了第二种情况。

一些哲学家认为我们应该将命题视为用一个句子（或者一组同义的句子，不管语种相同还是不同）所表达的**思想**。而另一些哲学家则说命题是句子的**意义**或者是在人们知道、相信、记起或希望某件事情真正发生时心中显现的客体——例如，如果杰克相信吉尔爱吉姆，那么依照这种看法，杰克的相信行为的客体便是“吉尔爱吉姆”这个命题。这些提法并不相互排斥；也许命题可以同时包涵所有这些提法。现在我们没有必要在这些问题面前停下来——稍后会对命题的性质另外作进一步的考察，就目前而言这个简述已经够用了。现在要注意的重要一点是：在维特根斯坦的学说中，命题是说出的或写出的思想的表达式；因此在这里我们的兴趣并不涉及英文、德文或中文的句子，而是在使用这些句子时所**表达的思想**。

如上面所述弗雷格和罗素的著作所带来的哲学发展是与理解《逻辑哲学论》有关的重要背景知识。开始讲述这些发展的一个有效方法便是观察罗素在一篇有名的逻辑分析文章中所处理的一个问题。

所说的这个问题涉及以下事实：日常语言在哲学上常常是误导性的，即常常在诸如关于这个世界我们可以进行哪些合理思考方面作出误导。这个问题可以通过下述方式加以说明。看一下这两个命题：(1)“这张桌子是褐色的”和(2)“他的迟到令人不快”。传统的命题**结构**理论将上述命题看作由两个部分组成，即一个主语(“这张桌子”和“他的迟到”)和一个谓语(“是褐色的”和“令人不快”)。主语项指示某件事物，而谓语则讲到该事物具有某种属性或性质。所以在(1)中“褐色”这一属性是对一张桌子的断言；而在(2)中“令人不快”这一性质则是对于某人迟到的断言。现在这种关于命题结构，特别是关于其不同部分所起作用的思考方式直接引来一种困难，对比一下(1)与(2)便可看出。命题(1)看来不成问题，因为世界上确实有由主语项所指示的桌子，我们也可以就任何一张适当的桌子断言它是褐色的，而这也就是我们使用谓语项说出的内容。但是如果我们将同样的分析应用于命题（2）上，那么从表面看我们似乎在说世界上有一些**迟到**，而这就会让我们感到迟疑——因为虽然人或事物确实可能迟到，我们显然不认为世界上包含叫作“迟到”的东西，至少不是照世界包含桌子的意思去理解。因此关键在于：日常语言中句子的表层结构可能掩盖不同情况下实际所说——从而也是所想——内容之间的重大不同；而这却能够（并常常确实）引出哲学上的问题和误解。

当然命题（2）并未造成真正的困难，因为我们能够轻易地将其重新安排，使得明显指代的“迟到”不再出现。比如我们可以说“他的到达晚得令人不快”。为了避免在我们思考世界时出现错误，某些这类释义是合适的。这就表明从哲学的观点看，为了使我们的思想保持清晰，有时需要小心处理日常语言，甚至像刚刚举的例子那样，需要把我们所说的话重新改造为不会令人误解的形式。特别在我们考察一个命题出现更严重的问题时尤其如此：也就是说命题这一次具有一个表面看来毫无毛病的主语项，这个主语项很像“这张桌子”而不像“他的迟到”；它表面看来是占有命题中主语位置的一个自然而适当的表达式，即表面看来它指示某种存在的事物，但它却不指示任何事物。罗素的有名分析正是用于这种更为困难的情况的。

让我们看一下“当今的法国国王很聪明”这个命题。该命题是完全有意义的，而因为它有意义，所以问它是真还是伪便似乎很自然。对这个问题似乎也有一个同样自然的回答。当今法国并没有国王，主语项不能指示任何事物。所以，命题似乎应被视为伪命题。但是这里出现一个问题，即怎样证明命题为伪。这是因为在正常情况下如果我们就某个事物（称它为“X”）说X聪明，那么“X聪明”这个命题在X聪明的情况下便是真的，而在X不聪明的情况下便是伪的。但是如果X不存在，又会是什么情况？对于一个不存在的事物我们怎么能说它聪明或者不聪明呢？

起初罗素接受了19世纪哲学家亚历克修斯·迈农提出的解决这个难题的方法。解决问题的方法就是说句子中每个具有指称或指示功能的表达式**确实**指示某个事物，它若不是一个现实存在的物项，比如说“这张桌子是褐色的”中的“这张桌子”，便是一个“潜存的”物项，在这里“潜存”的意思就是非现实的存在——一种实在的但却只有一半的或“名义上的”存在。按照这种观点，宇宙包含一切可以想到或谈到的事物，其中也有当前的法国国王；但是宇宙包含的事物中只有某些事物是现实存在的。因此“当前的法国国王”这个描述性短语确实指示某物，它所指示的事物是一个潜存的（即实在的但并不是现实存在的）法国国王。

迈农的观点并不像表面看来那样大而无当，因为它基于一种既正当而又重要的考虑。这就是说思想是**意向性的**，即它指向或把注意力集中于一个客体，在这里“客体”的意思是指人们在回答“你正在想到什么？”这个问题时所说的东西。假如当我正想到我的桌子时有人问我这个问题，于是我回答说“这张桌子”。桌子是我的思想所“意指”的客体，即我的思想所关涉的东西。同样，如果我正在想到林中仙女，那么我的思想的客体或“意向”就是林中仙女。在第一种情况下，我正在想到的东西——桌子——是在世界上现实存在的；在第二种情况下，我的思想的客体只在我的意向中存在，即只作为思想的客体或意向而存在。在两种情况下，思想所意指的客体都是思想所关涉或指向的东西。到此为止并没有出现任何困难。但是迈农进一步论证说，由于你的思想以及我的思想都可以意指林中仙女，那么她作为思想客体的存在便以一种重要的方式独立于我们两人思及她的行为，所以她具有一种实在的存在，尽管她并不像桌子那样具有在现实世界中可以遇到这种意义上的**现实**存在。简单地说，照迈农的说法讲就是林中仙女潜存。

罗素并没有长期满足于这个理论。关于潜存的实体的想法显然很难被人接受，罗素说他很快便觉得它与自己的“生动的实在感”格格不入。一个聪敏的揭示其中原因的方法便是指出：如果这个理论正确，那么我们当中每个人就都会有无限多的潜存的但却不是现实存在的兄弟和姐妹；他们和无限多的其他潜存的实体再加上所有现实存在的实体确实会构成一个过分拥挤的宇宙。因此罗素开始对“当前的法国国王很聪明”这类命题作出一种分析，这种分析将说明它们有意义但不成立，且不必求助于潜存这个概念。他做到这一点是靠论证在句子中占有语法上主语位置的描述短语根本不是真正的指称表达式，因此以它们为语法主语的句子对于句子所表达的命题的真正逻辑形式起着误导作用。所以“当前的法国国王很聪明”应当正确地被理解为将三个命题结合起来的缩写形式，即断言(1)有一个法国国王，(2)只有一个法国国王(这是考虑到定冠词“the”含有独一无二的意思)，和(3)不管谁是法国国王，都很聪明。由于(1)是伪的，所以原来的命题便是伪的。像“亨利”这样的专有名词也应同样对待，因为它们可以被视为乔装的描述短句；如果我们说“亨利聪明”，我们就是在断言：(1)有一个亨利，(2)在相关的语境下，只有一个亨利，和(3)这个人聪明。如果(1)

到(3)都真,那么“亨利聪明”便是真的;如果(1)或(3)有一个伪,那么“亨利聪明”便是伪的。这里所做的事情就是将已知的命题分析成它们的逻辑形式,每个实例都由(1)到(3)的合取式来表示;它通过十分清楚的方式显示我们真正所说(因而也是所想)的东西,并且这种方式无需求助于潜存的实体或类似的东西。

罗素的上述分析被称为“描述词理论”,它具体说明了某种对于理解维特根斯坦的《逻辑哲学论》至关重要的东西,即谈到在日常语言下面的逻辑结构或逻辑形式时所指的东西,研究它就有希望让我们了解很多关于语言和思想本身性质的哲学意义。如上面所指出的,正是这样一种研究构成了《逻辑哲学论》的主要阐述内容。维特根斯坦很赞赏罗素的“描述词理论”,并在早期认为这是一个解决哲学问题的范式。他在《逻辑哲学论》中评论说:“全部哲学都是‘语言批判’——正是罗素完成了表明一个命题的表面逻辑形式未必就是它的真正逻辑形式这项任务。”(《逻辑哲学论》4.0031)

然而逻辑形式这个概念所关涉的内容远不止迄今所论及的,特别是关于逻辑的性质,正是凭着它才得以对深层形式加以描述。这对于理解《逻辑哲学论》也是重要的,甚至是必不可少的,所以必须就此论述一二。

当罗素对“当前的法国国王很聪明”这个句子进行分析以显示其逻辑形式时,他并没有使用上面列举的(1)到(3)三个英语句子,原因在于原句所含的误导的危险也许很可能会在(1)到(3)所表示的分析中再度出现,因为(1)到(3)本身就是属于日常语言的句子。相反,他使用了逻辑语言;他认为这是“理想语言”,因为它精确而清晰。其优点是很明显的;如果人们将日常语言的句子翻译或者至少释义为完全清晰的形式语言,从而精确地揭示所讲的话的内容而不致产生误解，那么他们就能看清楚关于世界的合理思考的结构。维特根斯坦后来将这种做法描述为揭示思想的“隐藏的本质”。在人们了解“理想语言”还有另外一些特点有望帮助我们理解思想的性质之后，这个计划就变得更有吸引力了。除了已经看到的“逻辑形式”的概念之外，“真值函项性”也是这类概念之一。为了说明这一概念和其他概念，有必要对逻辑本身作出如下的简要讲解。（在以下几页中会有一些简单的术语；使用的符号在以后其他地方不会再出现，尽管与它们相关的思想会重新出现——这就是为什么对它们作出说明显得如此重要的原因。）

对逻辑的现代论述始于戈特洛布·弗雷格，其主要著作写于19世纪最后几十年内。在弗雷格之前，逻辑在主要方面一直保留着亚里士多德赋予它的面貌，后者在二千五百年前对这门学科作了最早的系统研究。直到19世纪逻辑才确实被人视为一门已臻完备的科学。弗雷格的发现和创新是革命性的，它使得逻辑一下子变得比传统逻辑更简单、更有力和更加广泛。一个重要的原因是他基于算术发明了一种符号语言，从而使他能够比此前更容易和更深入地研究这门学科。他将他的符号语言称作“概念文字”，并用它构建了一套新的基本逻辑概念，这些概念现已在该学科占有中心地位。维特根斯坦在《逻辑哲学论》中的论证有一部分就借用了这些概念，并以独创的方式发展了其中某些概念。为了说明它们，我将不用弗雷格的“概念文字”，而是使用罗素及其合作者A.N. 怀特海在《数学原理》（1910—1912）中创造的符号记法的一种常用变体。这种符号记法比起弗雷格的开拓性尝试有许多优点，所以现在已经成了标准逻辑符号的基础。

逻辑首先关注的是识别正确的推理形式并对之进行分类。“正确性”、“形式”和“推理”是些关键性概念。这些概念可以通过如下方式进行解释。看一下这两个论证:(1)不是汤姆便是哈里打坏了钟。哈里没有打坏钟。所以是汤姆打坏了钟。(2)不是星期二便是星期三下了雨。但是星期三没有下雨。所以是星期二下了雨。两个论证各自都有两个前提,由此得出一个由“所以”引导出的结论。前提构成结论产生的根据。从前提得出结论就是从前者推论出后者。如果结论可以从前提正确地推论出来,我们就说前提**蕴涵**着结论,或者说结论**来自**前提。

这个最简短的考察表明(1)和(2)具有相同的结构或形式;它们当中每个都说“不是p便是q;不是q,所以是p”。逻辑学家感兴趣的问题是:撇开钟或天气这些具体情况,这种形式的论证是否总能从前提中得出结论。更确切地讲,他的兴趣在于识别这些论证形式,即如果前提为真,那么结论保证也为真。

要注意逻辑学家的兴趣只关乎论证的形式,而不是其前提和结论的真伪,这一点很重要。如果碰巧一个已知的正确论证的前提事实上为真,那么我们就说这个论证不仅正确而且合理,后者是另外一回事。正确性与合理性之间的区分是重要的区分,因为许多就形式来讲是正确(“形式上正确”)的论证未必合理,也就是说不保证其结论为真,如这个实例:(3)“要么月亮不是由绿色的奶酪制成,要么月亮绕地球转动。但是月亮不绕地球转动。所以月亮不是由绿色奶酪制成。”这个论证是正确的,但并不合理,因为第二个前提不真。还有许多其他方式表明论证可能正确但并不合理。这就是为什么正确性要用一种重要的“如果”来说明:论证的正确性就是在论证的**形式**使得如果前提真则结论保证也为真的情况下才具有的性质。

既然知道逻辑学家的首要兴趣在于正确性而不是合理性，那么就没有必要具体考虑钟、天气、月亮或任何其他事实问题，而只需要考虑论证的结构或形式。这就允许作出有用的简化；人们可以用符号代表命题，正如以上在说明(1)和(2)[还有(3)]所共有的形式时所做的那样。字母表中的p、q及其后继字母通常被这样使用。这样使用的字母本身当然并不是命题；它们是些照字面意思"代替"命题的**式子**，在论证中占据着命题本应出现的位置，如果我们想要完全写出表达命题的句子的话。

下一步就是看怎样将各命题结合在一起形成更复杂的命题。在(1)中，第一个前提"不是汤姆便是哈里打坏了钟"是一个复合命题，由两个简单命题组成，即"汤姆打坏了钟"和"哈里打坏了钟"，中间用"或"联结。形式是"p或q"。复合式"p或q"当然是一个**单独**的式子；它与非复合的或"原子的"式子即p本身和q本身之间的区别仅在于它是复合的这一点上。复合式本身可以成为更大的复合式的组成元素。假如我们有"p或q"和另外一个复合式"r或s"，我们便可以用"或"将它们联结起来，得出一个单独的式子"(p或q)或(r或s)"，这里使用括号是为了以直观方式实现一目了然。这种构建越来越复杂的式子的过程可以无限地进行下去。

除了"或"之外，还有其他很重要的联结词，即"并且"和"如果……那么……"。它们也能将原子式结合为复合式。我们可以分别写出"p并且q"和"如果p，那么q"。为了进一步简化，逻辑学家用符号来代表"或者"、"并且"和"如果……那么……"。例如符号"v"代表"或"(来自拉丁文vel,意为"或")；符号"&"代表"并且"，箭头"→"代表"如果……那么……"。所以我们就分别写成"pvq"，"p&q"，"p→q"。

这些联结词发生作用的方式对于理解逻辑和了解维特根斯坦的早期哲学都是真正重要的因素。实际上现在将要进行的对这些联结词的介绍就来自维特根斯坦在《逻辑哲学论》中所暗示的论述方式。其中心思想是一个复合命题的真或伪(简称“真值”)完全取决于组成它的原子命题的真值。比如说,用“p&q”表示的命题的真值取决于p和q各自的真值。可以这样说:复合命题是组成它的原子命题的**真值函项**。用一个简单的图表便能具体说明这一点。在原子式p和q下面我们将所有可能的真值结合情况写出,如下:

p	q
T	T
T	F
F	T
F	F

在这里T表示“真”,而F则表示“伪”。接着我们来说明在什么情况下复合式“p&q”为真。这一复合式假定的是p和q**两者**都真。所以我们在“p&q”这个标题中附加一栏,以表明当p和q各自都为真时“p&q”才为真:

p	q	p&q
T	T	T
T	F	F
F	T	F
F	F	F

该表叫做“真值表”,它实际表明了&是如何起作用的。其他联结词也可以同样处理。例如将“pvq”理解为表示“p真或q真

或者两者都真”，我们写出真值表如下：

p	q	pvq
T	T	T
T	F	T
F	T	T
F	F	F

这表明“pvq”在p或q至少有一个为真时便为真，而只在p和q两者都伪时才为伪，正如我们可以预料的那样。要点在于“p&q”和“pvq”等复合式的真值取决于(即作为其**函项**)组成它们的原子式的真值及其结合方式。因此&、v、→等联结词都称为**真值函项联结词**，或者更一般地称为“真值函子”。

另外还有一个重要的逻辑字眼，就是“非”。它虽然不是联结词(它不联结命题或代表命题的式子)，却仍然是一个函子。逻辑学家用“–”这个符号来表示“非”。用“–p”表示“非p”。“–”的简单真值表描述了其作用方式：

p	–p
T	F
F	T

p真则–p伪；p伪则–p真。因此如果像“pvq”这样的复合式为真，那么其否定式“–(pvq)”就为伪；反过来也是这样。注意用括号表示负号应用于整个式子“pvq”；如果写成“–pvq”，我们所说的就完全不同了，即“非p，或q”。

字母与直值函子是构成一种语言的要素，它们与某些公认为基本的或公理性质的推理规则结合起来就构成所谓“命题演算”。这就可以让逻辑学家以完全系统的方式探讨整个命题之间的逻辑关系。当涉及命题的内部结构时，再增加少数一些符号和规则便可以让逻辑学家好像是**进入**命题内部去研究正确推理的性质。例如当逻辑学家只研究一个命题（例如"桌子是褐色的"）与其他完整命题之间的关系时，该命题可用p来表示；而为了更详细的考察目的，该命题就可用"x是F"或者更简括地用F(x)来表示，这里x是个体变项（代表个体事物），F是谓语字母，此处代表"是褐色的"。这样我们就得出FxvGx这类式子。注意真值函子v仍然起着它在上面显示的真值表中的作用。

最后一步是介绍如何用符号表示"凡人皆有死""有些人长得高"这类命题。这些命题包括某些**量词**表达式，即"所有"和"有些"，它们指出有多少事物具有某一性质——就本例讲是指出多少人难免一死或长得高。逻辑学家用"(x)"表示"所有x"或"每个x"；这样一来"凡人皆有死"用符号表示就是"(x)(Hx→Mx)，读作"对于所有x来说，如果x是人，那么x必有一死"。"有些"这个量词可以用"至少有一个"最有效地加以表述，逻辑学家用"(Ǝx)来表示"至少有一个x"或者更简单地说"有一个x"。这样一来"有些人长得高"用符号表示就是"(Ǝx)(Hx&Tx)，读作"有一个x，x是人并且x长得高"。命题演算加上这些符号记法产生的语言就称为**谓词演算**；这是一种简单但却极其有效的语言，它使逻辑学家能够探讨正确推理的形式并且给哲学家提供了一种研究语言和思想结构的工具。

这种语言——谓词演算语言——就是罗素所说的"理想语言"。在"当今的法国国王很聪明"这个例子中，罗素使用理想语言对这个颇成问题的句子进行了充分的分析，即对其逻辑形式作出完全的描述。这个分析是：

(Ǝx){[Kx&(y)(Ky→y=x)]&Wx}

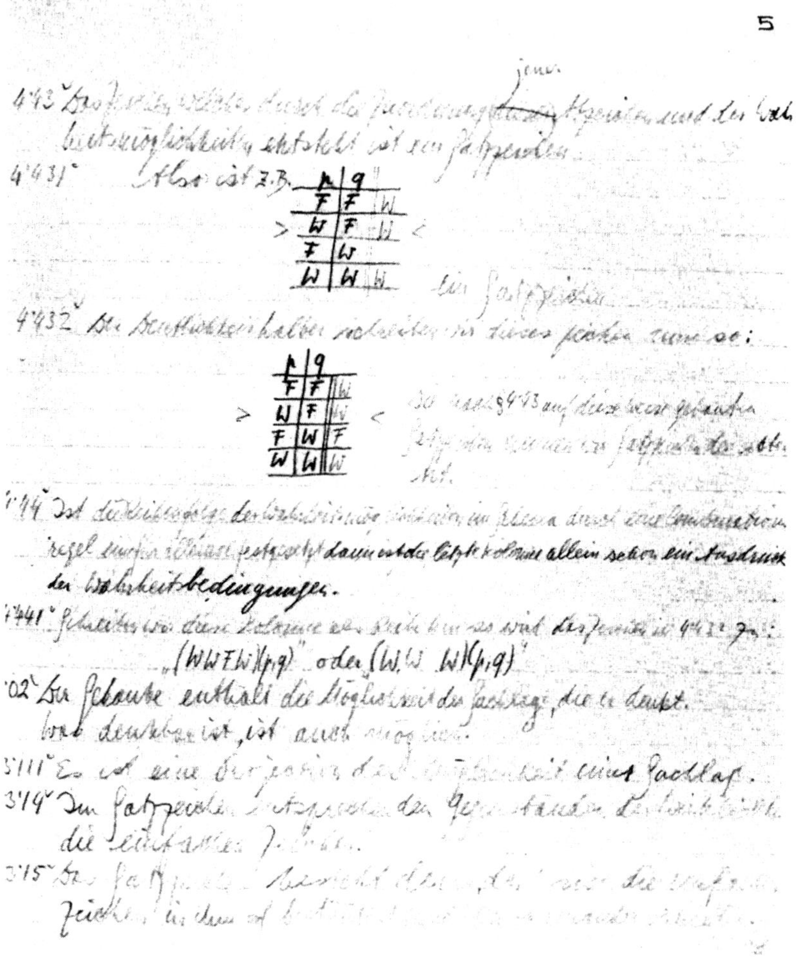

图4 维特根斯坦在《逻辑哲学论》早期手稿中首创的真值表，后成为逻辑上通用的标准形式。

这里K代表“法国国王”，W代表“聪明”。整个式子读作：“有一件事物名叫x，x是法国国王；另外有件事物名叫y，如果y是法国国王，那么y等同于x（这表示只有**一个**法国国王）；并且x很聪明”。看来这似乎有些复杂，但实际并非如此；要点在于“当今的法国国王很聪明”分解成的逻辑式子没有任何起误导作用的地方；所以一旦看惯这种符号记法，式子就变得一目了然——我们就确切知道所说的以及所想的是什么，因为这种分析将其逻辑结构清楚显示出来。回想一下维特根斯坦的目标：告诉世人一旦我们掌握了语言的作用方式，哲学问题便迎刃而解。语言依靠其深层逻辑结构发生作用；所以维特根斯坦说，要解决哲学问题就必须看清楚这种深层结构的性质。这就说明了逻辑在维特根斯坦的《逻辑哲学论》中的重要性。

在上面这段关于逻辑的讲述中有一个中心概念，即**真值函项的性质**。正如我们已看到的，它是通过真值表来说明的，其中显示了复合式的真值是怎样取决于组成它的原子式的真值及其结合方式的。再举一个例子会帮助我们弄清这个概念。看一下“(pvq)&(rvs)”这个复合式。这个复合式的真值取决于“pvq”和“rvs”各自的真值；而这两个式子的真值又取决于其组成部分的真值，就“pvq”来讲取决于p和q各自的真值，而就“rvs”来讲则取决于r和s各自的真值。所以整个复合式“(pvq)&(rvs)”的真值最终取决于作为其终极组成部分或“原子”的原子式p、q、r、s的真值函项；这也就是由这些原子及联结词v和&的联结方式所决定的真值函项。这个概念在《逻辑哲学论》中起着十分重要的作用。

2.《逻辑哲学论》的论点

有了上面关于思想背景的简要介绍，我们现在就可以开始研究《逻辑哲学论》本身了。首先要注意《逻辑哲学论》的结构是怎样安排的。维特根斯坦一生中一贯使用的方法是以论题及对论题进行评论的形式写下他的思想，然后将其纳入一个适当的整体序列当中。在《逻辑哲学论》中，维特根斯坦通过七个论题的形式表述自己的思想，书中大部分篇幅是分别对前六个论题作出评述和引申，还有对于这些较高层次的阐述本身作出的评述和引申。为了使论点的结构一目了然，维特根斯坦使用了一套十进制的编号方法。任何一个熟悉商业或公务报告的人都能很快掌握这套方法；书中主要论点都用整数（1、2等）表示，从属于它们的评论则用一位小数（1.1、2.1等）表示，从属于这些评论的论点又用两位小数（1.11、2.11等）表示，依此类推。《逻辑哲学论》在结构上有其相当精心的安排，评论的编码多到五位小数，如2.02331。但是安排的原则却如上面所说，十分简洁。引述《逻辑哲学论》原文出处时只需引用相关的评述号码。

第二点要注意的是，《逻辑哲学论》书虽很薄，其涵盖的题目范围却很广泛。《逻辑哲学论》在展开关于语言、世界以及二者之间的关系的主要论点时，也涉及以下各个方面：逻辑的性质与逻辑形式；盖然性；数的概念；归纳与因果性；哲学的目的；唯我论；以及关于伦理学、宗教和人生的问题。对这些题目中的大多数进行的论述非常简短，所以《逻辑哲学论》对其作出的评述都像是格言警句，意义晦涩不明。但是维特根斯坦对这些问题的看法都是从他的主要论点引出的结论或推论，而所有这些题目都与主要论点紧密相关，因此理解这个论点便能弄清楚他在这些方面的用意，正如我们将在考察某些题目时看到的一样。

开始我将以概括的方式讲述《逻辑哲学论》的主要论点，然后回过头来比较详细地逐一说明其主要论题。维特根斯坦说，语言与世界两者都有一种结构。语言由命题组成，这些命题是由他所谓的“基本”命题组成的复合命题，而基本命题又是由名称结合而成。名称是语言的最终组成部分。与此相对应，世界是由全部事实组成，而事实则由“事态”组成，后者又由客体组成。语言的某层结构都对应着世界的某层结构。作为世界最终组成部分的客体由作为语言最终组成部分的名称来指示；名称结合起来形成基本命题，后者与事态相对应；基本命题与事态各自经过进一步结合而分别形成命题与事实。在一种有待解释的意义上，这些命题“映示”事实。下面是一个表明这两种平行结构的粗略的简表：

语言	⟷	世界
命题	⟷	事实
基本命题	⟷	事态
名称	⟷	客体

这个图表是粗略的，因为它没有说明这两组层次之间的纵向和横向关系是怎样起作用的；但这是一个有用的初步概括。

基本命题与事态之间的对应关系源于这一事实，即构成基本命题的名称指称构成与之相对应的事态的客体；名称的安排在逻辑上反映或映示事态中客体的安排。凭着这种映示关系，由基本命题组成的命题才有意义。这就是作为《逻辑哲学论》的核心思想的“意义的图像说”，它说明语言与世界是怎样相互关联的，从而也说明在我们正确使用语言时意义是怎样寓于我们的话语中的。以下还要对此详加讨论。

基本命题在逻辑上是相互独立的。有鉴于此，为了全面描述实在，我们就需要说明其中哪些命题为真、哪些命题为伪。这就等于说实在是由所有可能的事态组成，不管这些事态存在还是不存在。换句话说，一切事物在实在中的存在方式取决于哪些是事实和哪些不是事实；这就是为什么我们需要知道哪些基本命题为真、哪些为伪，因为只有这样我们才能详细说明事物在实在中的实际状态。

命题是通过真值函项联结词将基本命题结合而形成的（更准确地说，是通过单独一种真值函项联结词，因为其他真值函项联结词均可由它界定）。所以，命题是基本命题的真值函项。由于命题本身的真值取决于作为其组成部分的基本命题的真值，所以命题的真伪要看真值在基本命题中的分布情况。但是有两种重要情形是例外：一是不管组成命题的基本命题的真值如何，命题恒为真；二是不管组成命题的基本命题的真值如何，命题恒为伪。就第一种情形讲，命题是永远为真的**重言式**；就第二种情形讲，命题是永远为伪的**矛盾式**。逻辑中的真命题是重言式，数学中的真命题也可以看作是重言式。然而逻辑命题和数学命题关于世界却什么也没有说，因为由于它们永远为真所以与世界可能成为的**任何一种**样子都不矛盾（即与**任何**事态的存在或不存在都不矛盾）。

当一个符号或一串符号不能表达一个命题时，它就是无意义的胡说。这样一个符号或一串符号并不是说出了某种**错误**的话，而是根本**没有讲出话**来，因为它没有映示世界上的任何事物，从而也就与世界没有任何关联。维特根斯坦将"大多数哲学命题”划入此类。因此维特根斯坦在《逻辑哲学论》的结尾说道:“我的命题通过下述方式起着阐明的作用:任何一个理解我的人最终会认识到它们是无意义的胡说,因为这时他已经将其作为梯子借以向上攀登并超越了命题本身。(好比说,他在登高之后必须抛弃梯子。)”(《逻辑哲学论》6.54;可以抛弃的梯子这一形象来自叔本华。)因此可以有意义地讲出(即可以思想)的东西的界限看来最终是由语言和世界两者的结构以及通过“映示”关系将两者进行联结的方式所确定的。只有当这种联系存在时我们的符号(我们的语言表达式)才有意义。因为伦理学、宗教和“人生问题”的内容处于世界**之外**——处于事实及组成事实的事态之外,所以关于它们什么也不能**说**。既然语言的作用机理如此,那么还要对伦理学等内容说些什么就会陷入无意义的胡说。正如已经说过的,这并不意味着伦理学以及其他内容本身就是胡言乱语。只是欲对它们有所说才是无意义的。依照维特根斯坦的观点,具有伦理和宗教意义的事情是自我呈现的;对于它们不能**有所说**。维特根斯坦认为这是至关重要的一点,并且通过其关于语言(思想)及其与世界的关联方式的论点谨慎地指出:《逻辑哲学论》的最终目的确实就是揭示出伦理和宗教价值所占的地位。

对《逻辑哲学论》的论点作出的这一概述非常简略。更清楚的理解需要一步一步弄清其主要论点,再了解一些更充分说明维特根斯坦的意图的细节。第一步是要更清楚地掌握维特根斯坦关于语言和世界结构中每一层次的观点;第二步是理解他关于语言与世界如何关联的“图像说”。

维特根斯坦关于语言与世界的结构的论述非常抽象。他在谈论世界的存在方式时并未给出事实、事态和客体的实例;在描述语言结构时也没有给出命题、基本命题和名称的实例。他是有意这样做的。他依靠一种关于什么是“命题”和“事实”的未界定的、也许是直观的理解，然后再确定它们各自更细微的结构，而这些结构**必须**呈现为使语言得以（事实上显然可以做到）与世界联系起来的样态。按照维特根斯坦的看法，确定在我们的经验和活动中怎样将语言与世界联系起来这个实际问题是一种经验性研究——特别是心理学——的任务，正如描述物体的结构和性质是自然科学的任务一样。照维特根斯坦看来，对比之下，哲学领域的任务就是完成一项纯属概念性的研究，即确定让世界与语言得以联系所必不可少的逻辑条件。

在这里比较一下罗素的观点是有帮助的。罗素从同样的基本思想（由于他早先与维特根斯坦的合作）出发，但在观点上却明显带有经验方面的考虑。他同样主张语言与世界之间的关系取决于各自最简单的成分之间的直接联系。但是罗素的理论在路数上略有不同。罗素与维特根斯坦同样认为语言与世界之间的关联是指称的关系。但是罗素认为语言的“原子”是“这”和“那”等指示代名词，而世界的原子则是“感觉材料”，即由人的五官收集到的一些信息碎片（例如颜色斑点、触觉、声音）。这种关联是由于我们使用指示代名词直接指称感觉材料而形成的。所以照罗素的观点看，语言与世界的联系乃是由于我们在此最基本的层次上使用指示代名词来“命名”感官信息的事项，后者构成我们与世界之间的直接经验接触。一个有趣的发现是维特根斯坦在其笔记本中表明他开始是沿着与罗素相同的路子思考的。然而他却决定将注意力放到问题的逻辑基础上，所以他不像罗素那样去探讨问题的“心理的”方面。正是这一点使得《逻辑哲学论》有了其高度抽象的性质。

维特根斯坦关于世界结构的表述见于《逻辑哲学论》一书的开始部分。在进行讨论之前,先看一下他展开主要论题的方式是有用的。从上面的概述中我们记得这种结构的主要成分是**事实**,事实由**事态**组成,而事态则又由**客体**组成。维特根斯坦就此论述如下:

1　　世界是一切实际存在的总和。

1.1　　世界是事实的总和,而不是事物的总和。

2　　实际存在——一件事实——是事态的存在。

2.01　　事态——事物的状态——是客体(事物)的结合。

2.02　　客体是简单的。

这就是基本的结构。维特根斯坦在讲完之后又补充了某些关于层次之间关系之**性质**的评述:

2.0271　　客体是不可改变的和潜存的;客体的构成变动不居。

2.032　　事态中将客体联结起来的确定方式就是事态的结构。

2.034　　事实的结构是由事态的结构组成的。

2.04　　现实存在的事态的总和就是世界。

2.05　　现实存在的事态的总和也确定着哪些事态不存在。

2.06　　事态的存在与不存在就是现实。

这些论题中每一个所包含的意义都极其丰富，需要加以说明。第一个论题(论题1)说世界就是现存的一切。正如我们将看到的，因为维特根斯坦继续论证说世界由命题来呈现，而命题的真伪则要依它们是否呈现实际情况而定，所以世界就是全部真命题所呈现的一切。这个看法是维特根斯坦关于下列问题之主张的基础，即什么是可以合理说出的以及由此得出的什么是不可以说而只能显示的。就这些问题得出结论是《逻辑哲学论》的目的；所以维特根斯坦的主要关注是从一开始便提出来的。

第二个以及其后的论题涉及到世界结构本身。论题1.1说，世界并不等同于存在于世界中的事物的总和——世界不是由诸如石头、茶杯、亚原子颗粒等物体或者经验科学中任何叫作“物体”的东西所组成的集合，而是事实的总和。粗略地讲，“事实”的实例也许就是：我在某一时间和地点正在写这些字，珠穆朗玛峰是这个星球上最高的山，太阳系位于一个螺旋状银河系中，等等。维特根斯坦并没有举这些实例，而是直接把事实抽象地界定为“事态的存在”。“事态”的概念除了通过直观方式很难加以说明。仅仅为了便于说明，我们也许可以说，我坐在书桌旁手拿钢笔，春季里我在牛津如此行事等等就是一些事态——“事物存在的方式”，存在的情境，这些事态合起来组成了我在某一时间和地点正在写这些文字这一事实。维特根斯坦再一次明显避免举出这类实例。维特根斯坦以简单抽象的方式将事态定义为客体的一种组合，意思是说一个事态是人们可以将其分解（“解析”）成组成部分的东西；这些组成部分加上其排列方式就是事态的最终构件。这些构件就是**客体**，而客体从其非复合的意义上来说则是“简单的”，即没有结构。因此客体不能再分解为某种比其本身更基本的东西。客体构成世界赖以组成的原初成分。另外，维特根斯坦说，对客体来说**本质的一点**就是它们是可能组成事态的部分；关于一个能够存在于任何客体的组合

(任何事态)形态之外的客体的想法是空洞的想法。正因如此，如果我们有一张完备的一切存在的客体的清单，我们就会知道一切可能存在的事态，因为知道关于一个已知客体的任何知识就涉及知道该客体的基本性质属于什么组合，而这正是在弄清什么事态是可能的。

客体是“简单的”这一点表示客体不发生变化。发生变化的是客体的组合或排列方式。但是当客体结合起来从而组成事态时，关于它们的排列就没有什么不确定的东西了：每一种这类组合都具有一种**确切**的性质。排列的这种确定性就是一个事态的**结构**。同样，事实的结构是由组成事实的事态的结构所确定的。因此，关于一件事实的完整分析的终点便是说明客体的确定组合。而这就表示每件事实只有一种正确分解，因为每件事实最终都存在于由一组具体、确定的客体中的成员所组成的一个具体、确定的组合之中。

上面所说的两个论题——2.05和2.06——增加了另外的重要考虑。这就是存在的事态决定了哪些事态不存在。举例说，现在的情况是我在拿着一支钢笔，而这就排除了我空着手那种事态。因为**事物存在的情况**通过这种方式确定了**事物不存在的情况**，由此整个实在就是全部存在的事态加上一切由于这些事态的存在而被排除为不存在的事态。

维特根斯坦关于世界结构的说法简短得比得上其抽象的程度；它仅仅占了《逻辑哲学论》的开头四页。维特根斯坦在讲完它之后便立即将注意力转到“图像说”和语言上去。但是理解后两者的关键在于他对世界构造的说法，这就是为什么《逻辑哲学论》一开始便讲述它的原因。正如我们现在将看到的，当谈到语言结构时，维特根斯坦便依靠他上面的论述来说明语言的不同层次本身的性质和作用。

正如前面一样，开始介绍一下维特根斯坦关于语言的“**命题——基本命题——名称**”结构的主要论题是有用的。人们在阅读这些论题时应该记住两点：第一是上面关于世界构造的说法；其次是以下要更详细说明的一个论题，即语言是通过一种“映示”关系而与世界相关联的。然而在此有必要提前讲一个有关图像说的论点：对于维特根斯坦来说，当人们想到世界上的某件事物——事实的时候，他们的思想就是该事实的一个逻辑图像，而且由于命题是思想的表达式，所以命题本身就是事实的图像。这一点从那些有关语言结构的论题上看得很清楚。这些论题是：

3 思想是事实的逻辑图像。

3.1 思想在命题中得到可由感官知觉到的表达式。

3.2 思想可以用这样的方式在命题中得到表达，即命题符号的成分与思想的客体相对应。

3.201 我称这些成分为“简单符号”，称这样的命题为“完全分解的命题”。

3.25 一个命题有且只有一种完全分解的方式。

3.203 一个名称意指一个客体。该客体就是这个名称的含义。

3.22 名称在命题中是客体的代表。

3.26 名称不能通过定义进一步分解：名称是一种原初的符号。

论题3.25的说法类似上面讨论过的一个论题，即每个事实都有一个具体、确定的结构，所以对该事实的分解——这与同其相对应的命题的分解是一回事——将得出一种关于客体的具体、确定的组合方式的描述。客体由名称来指称，即由“简单符号”也就是命题的“成分”（最终的构件）来指称；这一点从上面最后三个论题就可以看清楚。维特根斯坦继续写道：

4.001　命题的总和就是语言。

4.11　真命题的总和就是全部自然科学。

这两个论题是从维特根斯坦关于语言与世界的各自结构以及它们通过映示关系进行联结的方式讲的话直接引出的推论。这两个论题代表了他认为只有**事实**话语才是可能的这一主张的要旨：他后来更明确地讲述了同一论点，说“（除了）自然科学的命题之外，什么……都不能说”（《逻辑哲学论》6.53）。由此直接引出的推论是：超出科学描述的事实领域，我们什么都不能说，也就是不能谈伦理学和宗教等**价值**问题。因此，刚刚引用过的两个论题——4.001和4.11是十分重要的；它们出现在整个论证之前，这就是《逻辑哲学论》精心安排的简练论证的典型特点。它们也不是照我在这里对其进行介绍的方式一起出现的；它们的十进制编码表示它们由关于几个重要的附属问题的讨论隔开，其中包括：

4.01　命题是实在的图像。

4.022　命题**显示**其意义。命题为真时**显示**事物的状态。命题**说出**事物确实是这种状态。

4.023　命题必须将实在限制在两种选择之中：是或不是。

为了做到这一点，命题必须完全地描述实在。

说明语言—世界关系的图像说同维特根斯坦关于命题的说法是不可分开的。在论题4.01中关于命题是图像的主张得到明确的表述。我们将简要地研究一下映示关系是怎样发挥作用的。命题的真值应该是**确定的**，这一点对于维特根斯坦认为命题是实在的图像的观点是至关重要的；命题是真或伪全依命题符合或不符合事实而定。在命题与事实之间不可能存在部分的或模糊的对应关系：唯一的选择是在"是"和"不是"之间——一个命题要么是一件事实的图像，要么不是。维特根斯坦说，情况必然是这样，这还是由于命题的结构，也就是说命题是基本命题的真值函项，而基本命题本身又是名称组成的结构：

5　　命题是基本命题的真值函项。

4.21　　最简单的一种命题即基本命题断言一种事态的存在。

4.25　　如果一个基本命题为真，那么该事态就存在；如果一个基本命题为伪，那么该事态就不存在。

4.22　　一个基本命题由名称组成。它是名称之间的联系或串联。

4.24　　名称是简单的符号。

将所有这些论题与那些关于世界的论题并列在一起，维特根斯坦关于两者的看法就显得十分清楚了。从平行结构的底层一直往上，它们之间的关系如下：名称指示客体，名称同客体一样是简单而不可分解的；基本命题是"名称的串联"，命题——可感知的思想表达式(可感知是因为人们可以阅读或听到用来表达思想的“命题符号”)——是基本命题的真值函项。这一表述完全是形式上的:正如已看到的,维特根斯坦并未给出实例来说明名称和基本命题或者说明它们在世界上的对应物;他的说法只限于:为了让语言—世界之间**存在**关联,两者的结构就**必须**如此,而不管是什么东西在实际上起着该说法提到的名称、客体等的作用。

这一说法简约的形式性质以及缺少具体实例看来也许让人困惑,直到人们想起维特根斯坦的兴趣只限于研究为了让语言与世界可以相互关联起来而必须具备的**逻辑**性质。回顾一下上节所讲的逻辑学家对发现正确论证形式的兴趣:没有必要在涉及像钟、月亮等个别事物的个别命题(由某种自然语言的句子所表达的命题)上花费心思,而只需要去关注论证的**形式**:使用一套符号(p、q、&、v等等)来明确显示这种形式。这正是维特根斯坦在《逻辑哲学论》中所做的工作。下面这些话足以表达他的目的:命题“p&q”是基本命题p和q的真值函项;p是名称w和x的串联,q是名称y和z的串联;这些结构层次中每一个层次都反映出世界中与之相应的结构层次。(维特根斯坦在《逻辑哲学论》中并没有给出与此极其类似的说法,但这只是个具体说明;参看《逻辑哲学论》4.24。)就这一方面来讲,维特根斯坦的论述完全是**形式**的或**结构**性质的。这就说明了为什么他与罗素不同,认为“心理学的”问题——关于客体是什么以及我们怎样用语言的原初成分即名称来指示客体的问题——不是他计划要做的事情。

在描述了语言—世界的平行结构之后,我们就有可能说明“映示”关系这个至关重要的问题,这种关系就是维特根斯坦所说的语言—世界赖以相互联结的基础。这是理解迄今为止的论证的关键,维特根斯坦这一次提供了许多实例来说明他想表达的意思。

按照维特根斯坦在其《笔记本》中所说,图像说的想法是受到报纸上关于巴黎一个审判室怎样使用汽车和人的模型的描述的启发,使用模型的目的是要显示某种当时世界上还比较新鲜的事件,即车祸的事实真相。人们通过把模型安排成与发生车祸时真实的人和车辆的位置完全相对应来反映实际情况。这就引出一个问题:某件事物成为另外某种事物的图像是什么意思?在巴黎审判室里缩小的街道场面成为实际情况的**图像**又是什么意思? 维特根斯坦就是从回答这个问题展开论述的。

2.12　图像是实在的模式。

2.131　在图像中图像的成分是客体的代表。

2.14　图像的成分以一种确定的方式相互关联，这样就构成了图像。

2.15　图像的成分以一种确定的方式相互关联，这一事实表示事物以同样的方式相互关联。

以上这些都是显而易见的。维特根斯坦接着说,实在中的事物可以由图像表示——即事物的排列可以靠图像中的成分的排列显示出来——的可能性全靠图像与其所描写的实在之间具有某种共同之处;而这种共同的东西自然就是它们的**结构**。举一个简单易懂的实例:假如你在画一张静物画,其中一把椅子上面有一顶帽子位于一双靴子的左边。如果你这张画要描绘出这一组事物的真实情况,那么画的结构必须与事物组合的方式

相一致;在画中帽子必须位于靴子的左边。维特根斯坦把这种共有的结构称作**图像形式**:

2.151　图像形式就是事物按照图像中成分相互关联的方式组合的可能性。

2.161　在图像与其所描绘的实在之间必须有某种一致的东西,使得其中一个能够完全成为另一个的图像。

2.17　为了能够照其实际运作的方式正确或不正确地描绘实在,图像必须与实在具有共同的东西,即图像形式。

所以正是图像形式(作为图像与其所描绘的实在之间具有一致结构的可能性来理解)使得图像映示关系成为可能。但是还有另外一点:图像与实在之间的共同结构是一种成分的结构——图像的成分与被描绘的实在的成分。一个特定图像与实在之间的联系就是它们各自成分之间的联系:

2.1514　图像关系是由图像的成分与事物之间的相互关联构成的。

2.1515　这些相互关联好比是图像成分的触角,图像就是凭着它们接触到实在的。

2.1511　**这**就是图像联系实在的方式;图像直接伸展而及实在。

2.1512　图像像尺子一样摆放在实在上面。

所有这些论题都是对于什么东西构成图像这个问题的回答。维特根斯坦用了简短的两步就过渡到**命题**就是图像(仅在此意义上)这个至关重要的论题。第一步是他说每个图像都是一个逻辑图像(《逻辑哲学论》2.182)。它的意思可以用下面的话说明:图像并非都属于同一种类,比如说并非都是空间图像;如果一个单调的图像描绘色彩丰富的事物, 它是不能用颜色来完成的;还有其他等等——但是**每个**图像都有图像形式,即基本都可能与其所描绘的事物有着共同结构,某种东西只有满足了这项最低要求才能成为图像。所以这里的关键在于图像之所以成为图像所应具备的逻辑条件。这种条件是逻辑条件,因为它只考虑形式或结构,这种形式或结构在图像映示关系存在时必然是图像与其所描绘的实在所共有的,因为这样两者间的映示关系才能成立。所以维特根斯坦说,图像形式是逻辑形式(《逻辑哲学论》2.181及2.182)。而这就意味着任何具有逻辑形式的东西都是一个图像。

维特根斯坦的第二步涉及到真伪。他说:"一个图像符合或者不符合实在;它或者正确或者不正确,或真或伪"(《逻辑哲学论》2.21)。维特根斯坦有意将这个论点看作是直观的。如果一个图像成功地显示事物在实在中的状态,那么它就**符合**这种实在,我们也就因而说它是正确的描绘。当所说的图像是一个思想或命题时,我们就称其与实在符合为"真",而称其与实在不符合为"伪"。"符合"与"不符合"之间的区别是绝对的:人们记得维特根斯坦说过(《逻辑哲学论》4.023)可供选择的答案只有"是"和"不是"。

讨论命题的图像说本身的条件现在已经具备。早已引用过的论题4.01断言"命题是实在的图像",维特根斯坦借以得出这个论题的主要步骤在于已引用过的两个论题,即"思想是事实的逻辑图像”(《逻辑哲学论》3)和命题是思想的表达式(《逻辑哲学论》3.1)。维特根斯坦现在要对论题4.01的意涵作出说明。

他说,乍一看来命题根本不像图像;但是乍一看来乐谱也不像是音乐的图像,字母表也不像是语言的图像;“然而这些符号语言却确实是它们所代表的东西的图像,甚至是照通常意思去理解的图像”(《逻辑哲学论》4.011)。乐谱的类比特别能说明维特根斯坦的论点:

4.014　唱片、音乐主题、乐谱和音波之间的关系正同语言与世界之间的内在描绘关系一样。它们都是按照一个共同的逻辑图样构造出来的。

这一点只要注意下列事实便可看清楚:存在一些规则,它们使乐师能够将乐谱转换成手指在键盘上的运动,从而通过钢琴的构造成为音调。同样,唱片上的纹道结构正好与转动的唱片发出的声音相对应;受过适当训练的人在听唱片时能够将音乐还原为乐谱。纹道、声音和乐谱都具有相同的逻辑形式。它们之间有着一种**本质**的关联,这种关联就是它们共同的逻辑形式。维特根斯坦说,正像乐谱描绘演奏时听到的声音一样,命题也是凭借共有逻辑形式的这种相同的内在关系而成为描绘实在的图像的。

4.021　命题是实在的图像:因为如果我理解一个命题,我就知道这个命题所表示的情境。

4.03　一个命题向我们传达一个情境,所以这个命题必须**在本质上**与该情境相关联。这种关联正表明命题是情境的逻辑图像。

这就说明了我们早先引用过的维特根斯坦在论题 4.022 “命题显示其意思”中所说的意思。概念或意思也就是平常语言中所说的“意义”:一个命题的意思(意义)就是它所描绘的事实:

4.031　我们不说“这个命题有如此这般的意思”,而只能说“这个命题代表如此这般的情境”。

这里“代表”的意思很简单。维特根斯坦先前在谈到图像**代表**实在时说:“图像所代表(描摹、描绘、显示)的就是它的意思”;所以命题的意思就是它所描绘的实在中的情境。

这一论述中的最后一步就是维特根斯坦将其关于语言结构、世界结构和图像说等论题整合起来:

4.0311　一个名称代表一件事物,另一个名称代表另一件事物,而且它们相互组合在一起。整个组合——类似舞台造型——就是以这种方式展现一种事态的。

4.0312　命题的可能性基于客体以符号代表它们这一原则。

根据上面所说,这些论断的含意是清楚的;它确立了图像映示关系最终依靠的“成分”——名称与客体之间的关联。

这就是《逻辑哲学论》的核心论点。这是维特根斯坦作为总的目标想确立的一些论题的基础。我们会记得,这些命题是说只有那些作为实在的图像——表示世界上事物存在情况的图像——的命题才是有意义的命题(从而也就是思想)。而这就是说,只有事实话语("自然科学的命题")是有意义的话语。按照维特根斯坦的学说,这是必然如此的,因为如果意思(平常语言中叫作"意思")只借助命题是实在的图像才依附在命题上——而实在是事实即存在的事态的总和(事态的存在也确定不存在的东西,所以实在是完整的和确定的)——那么谈论和思考不属于事实领域的事情就根本没有意义,因为这样的思想和论述不映示任何东西:没有任何东西让它们映示。由此得出的最重要结论——这一论点现在已为大家熟知——就是对伦理学、宗教以及人生问题什么也不能说;但是在考察这个结论之前重要的是看一下另一个结论,即维特根斯坦的学说中留给哲学和逻辑的位置。

这里的问题有如下述。因为只有事实话语有意思,并且因为哲学和逻辑命题并非事实命题,所以维持斯坦用来陈述其学说的哲学和逻辑命题本身就没有意思。因此他的学说看来很像悖论。但是维特根斯坦知道这一点,为了作出回应,他论述了哲学的性质,另外也论述了逻辑的地位。关于哲学他说:

4.111 哲学不是一门自然科学。

4.112 哲学的目的在于对思想作出逻辑上的澄清。

哲学不是学说的汇聚,而是一种活动。

一部哲学著作主要由一些阐明组成。

哲学并不得出"哲学命题",而是让命题得到澄清。如果没有哲学,思想可以说是模糊不清的:哲学的任务是使思想清晰,使之具有分明的界限。

4.114　哲学必须为可思想之物划定界限；而这样做也就为不可思想之物划定了界限。

4.115　哲学由于清楚表明什么是可说的，它也就指明了什么是不可说的。

因此，维特根斯坦派给哲学的任务就是"阐明"，就是对我们的思想和论述进行澄清的过程。根据前后一贯的观点，这也正是《逻辑哲学论》要达到的目标；在以上最后引用的两个论题中"哲学"同样也可指《逻辑哲学论》本身。在论题4.114中维特根斯坦补充说："（哲学）必须超越可以思想的东西而为思想划定界限。"照维特根斯坦的观点看，这个借助阐明或澄清而达到的"超越"过程会让我们站在高处俯瞰有意义的话语的界限，并从而能够如实地认识到带我们到达该处的步骤：

6.54　我的命题按照以下方式而起到阐明的作用：任何一个理解我的人，当他已经用这些命题当梯子登上高处之后，最终会认识到它们是无意义的。（比如说，他在登高之后必须抛掉梯子。）他必须超越这些命题，然后才会正确地看世界。

逻辑的情况则有所不同。我们该记得一般命题的真值由组成它们的基本命题的真值所决定，完全按照上节所给出的真值表规定的方式。因此，一般命题有时真和有时伪，全依世界中的事物的情况而定。但是逻辑的真命题**永远**为真，不管真值在其组成成分中的分配情况如何；逻辑伪的命题**永远**为伪，而与其组成成分的真值无关。前者是重言式，后者是矛盾式（《逻辑哲学论》

4.46)。因此，逻辑命题的真值独立于世界中事物的情况：按照维特根斯坦的说法，它们“什么也没有说”(《逻辑哲学论》6.11)。

这并不是说逻辑空洞而无意义。相反，逻辑在描述世界与语言的基本结构上起着重要的工具作用，维特根斯坦将它形容为“逻辑的命题描述世界的支架”，它们做到这一点是靠显示语言**必须怎样**才有意义来实现的(《逻辑哲学论》6.124)。逻辑只需假定名称指示客体和命题有意义(出处同上)；另一方面，“逻辑不涉及我们的世界真正是什么样子的问题”(《逻辑哲学论》6.1233)。虽然逻辑完成的是一种完全普遍性质和形式性质的任务，即显示世界与语言为了相互联系而必须具有的结构，但是这种任务却是至关重要的；因为它由此显示出有意义的话语的界限。

正如我们已经看到的，由于这些界限只划定事实话语的范围，一切涉及价值和宗教的东西就超出了界限之外。因此，关于这些事情就什么也不能说。但是这些却是真正重要的事情，维特根斯坦说它们是“更紧要的事情”(《逻辑哲学论》6.42)。他在《逻辑哲学论》和几封信中都强调一点，即认为这些事情正是《逻辑哲学论》最终真正关心的问题——尽管《逻辑哲学论》是通过(几乎)**对**这些问题保持沉默来显示这一点的。要理解这一点，人们必须明白维特根斯坦在结合其主要论点以及他将哲学视为“阐明”的观点时所强调的一点。这就是人们不能正当地使用语言来谈论语言；人们不能正当地**说**命题具有某种这样的结构，即其中的成分与世界的成分通过图像映示关系而相互关联。当然这恰恰正是《逻辑哲学论》的要旨所在；但是《逻辑哲学论》的命题是些哲学性质的因而也是阐释性质的命题，它们是可以抛掉的梯子踏板，正如我们刚看到的那样。严格地讲，语言、世界以及两者之间的关系的逻辑结构，在人们正确看待它们时是能够显示其自身或者说使其自身显示出来的。维特根斯坦关于这一点的说法是："命题不能表示逻辑形式：逻辑形式从命题中得到映示。语言不能表示在语言中得到反映的东西。"（《逻辑哲学论》4.121）与此完全一样，人们不能说伦理和宗教性质的事情，因为这些事情超出了语言的界限，所以关于它们的命题也就没有可映示的东西——这就意味着这类命题不可能有意思。更确切地说，伦理的和宗教的事情显示其自身："确实有些事情不能用语言说出。它们使其自身显示出来。它们是神秘的事情。"（《逻辑哲学论》6.522）

关于维特根斯坦在这里的意图有一个可能的解释：他是在科学的摧毁性入侵下努力保护价值内容。科学研究的对象是世界（事实领域），而事物在世界上的存在状态是**非必然性的**即偶然性的；世界上的事物碰巧成了现在的这种情况，也许完全可能是另外一种样子（《逻辑哲学论》6.41）。但是维特根斯坦说，价值的事情不可能是偶然的；它们太重要了（出处同上）。事实领域与价值领域是完全不同的，前一种领域的命题不能用来描述或说明与后一种领域有关的任何东西。后者超越世界，即超出世界的界限之外。

然而维特根斯坦并不仅仅限于给出这些否定性的论点。通过《逻辑哲学论》最后四页上几段简短而不系统的评述，维特根斯坦指明在他心目中伦理的和宗教的东西靠其自身所显示的样子。他说，意志的善意或恶意的行为对于世界并没有任何不同，意思是说它们并不改变关于世界上事物存在状态的任何事实，然而它们却改变了"世界的界限"（《逻辑哲学论》6.43），即它们影响到整个世界在道德主体眼中的样子。因此,善意的主体眼中的世界“完全不同于”恶意的主体眼中的世界(出处同上)。维特根斯坦又说:“快乐者与愁苦者生活在两个不同的世界中。”(出处同上)这就表示善意对善意的主体产生或伴随着快乐,而恶意对恶意的主体所给予的正好相反;或者表示最根本的道德上的善就是快乐本身。某些评论家赞成后一种解释,但是前一种解释看来却得到维特根斯坦在相关讨论中的更多支持:维特根斯坦在《逻辑哲学论》6.43前面不远处说,伦理的回报和惩罚必须归于行为本身,而不应联想到它们在事实领域所产生的后果,即“惩罚”和“回报”这两个词的“通常意思”(《逻辑哲学论》6.422)。所以这一思想看来是指善意包含其本身的回报即快乐,而恶意则包含快乐的反面。

维特根斯坦认为价值问题涉及作为整体的世界,而不涉及世界上的事实问题;这一观点得到他关于死亡和上帝的论断的支持。他说,在我死时世界对于我来说并未改变,而是结束(《逻辑哲学论》6.431);因此我本人的死亡不是我生命中的一个事件——“我们不是为了体验死亡而活着”,在某种意义上讲“我们的生命没有结尾,正如我们的视野没有界限一样”(《逻辑哲学论》6.4311)。他在谈到上帝时又说“世界上事物的**情况**对于更高的领域来说是完全无关紧要的。上帝不**在**世界**之内**显示自身”(《逻辑哲学论》6.432)。这一论断说,关于上帝(也许这是价值的根源或焦点)的思考仅仅与作为整体的世界相关,正如关于价值问题本身一样。有两个命题支持这一论点:

6.44　神秘的东西不是世界上事物的**情况**,**而是**这种情况存在。

6.45 从永恒的观点看世界就是把世界看成一个整体——一个有限的整体。觉得世界是一个有限的整体,这才是神秘所在。

这些说法最终引出《逻辑哲学论》有名的最后一句话——"不可说的,只可不说"(《逻辑哲学论》7)——而维特根斯坦作出这个论断的理由现在已经为大家所熟知,即由于伦理的和宗教的内容超出世界之外,所以对它们什么也不能说。维特根斯坦在其信件中说,这是他的论点的真正要害,是通过对语言、世界及其相互关联的性质进行了逻辑研究才得出的结论。

3. 一些评论与问题

《逻辑哲学论》一书的命运颇为奇特。人们将它看作一部有历史趣味的著作,而不是当作一种对需要接受哲学论题时通常会遭遇的挑战和考验的论述。人们往往对它作出阐述、说明和解释,但却很少对它进行认真的批评。这是有充分理由的。其中的主要理由与《逻辑哲学论》在维特根斯坦的哲学发展中所占地位有关:它是一部早期著作,实际上还受到作者本人的否定——实际上维特根斯坦将对其中的主要学说的否定当作他后期哲学的基石。因此,其中的思想很少被人当作真正可以采纳或反驳的论点。而这就是为什么评论家尽管认识到有对《逻辑哲学论》加以说明的必要,却很少对之作出批判性评价的理由。《逻辑哲学论》在某些方面像是在下一盘棋。人们不能想象认为《逻辑哲学论》可能为真,正如人们不能想象认为一盘象棋可能为真一样。这是因为《逻辑哲学论》是一种未曾给予解释的盘算。其中的主要概念——"客体"、"名称"等等——是些类似棋子的形式手段:国际象棋中的“后”并非从任何意义上讲都是王后,连玩具王后也不是,而是一种纯形式的东西,只靠许可的走棋规则来界定。这就是《逻辑哲学论》中“客体”和“名称”的性质;它们是抽象的平行结构中的组成成分,完全由其作用及相互之间的关系所界定。《逻辑哲学论》中的“名称”和“客体”与(类似“汤姆”的)名称和(类似茶杯的)客体相距之远正如象棋中的后不是王后一样。

然而当人们对《逻辑哲学论》作出批判性评价(正如维特根斯坦本人所作的一样)时,很快便看出有许多理由去质疑《逻辑哲学论》的一些学说。以下就简单举出一些理由。

首先是维特根斯坦本人对《逻辑哲学论》进行的批评,这种批评促使他在其后期主要著作《哲学研究》中采取了一种十分不同的看法。这就是:《逻辑哲学论》有一种匀称、简洁和外观上的严格性,正如数学中一个优美的证明那样让理智感到愉悦。然而《逻辑哲学论》是付出了过高的代价才取得这种特征的,因为它的匀称和表面上的严格性导致极大地过分简化了它所探讨的问题。这种情况在许多方面都有表现。

首先,维特根斯坦在《逻辑哲学论》中假定语言有单一的本质,他可以通过揭示其逻辑结构来指明这一本质。带有明显倾向性的概念就是那些关于本质以及语言的逻辑结构的概念。那种认为语言具有统一的性质,用单一的公式便可将其概括,认清这一性质就可一举解决一切关于思想、世界、价值、宗教、真理等等哲学问题的思想是一种野心过大的看法——但这却是早期的维特根斯坦要求我们接受的。维特根斯坦在《哲学研究》中驳斥了这种过分简单的看法而提出相反的论点——语言乃是一个由各自具有其自身逻辑的不同活动所组成的广大集合体。《逻辑哲学论》中的理论实际上提出了一种受到严重歪曲的语言观。维特根斯坦在该书中明确地声称语言是命题的总和，他所说的“命题”是指陈述句所断言的内容，例如“这张桌子是褐色的”，“天在下雨”等等，也就是有关事实的陈述。但是认为语言只是用来作出陈述的看法却忽略了语言的一大堆其他用途，诸如询问、发令、劝告、警告、承诺，此外还有许多用途。这些用途中没有一个能够用《逻辑哲学论》中关于语言结构以及怎样通过图像映示关系将意思与命题联系起来的论述得到说明。按照《逻辑哲学论》的原则，由于问题、命令、诺言等等不是命题，也就不是事实的图像，所以它们没有意思。但是由于语言的这些重要领域绝非没有意义，所以需要有一种学说恰当地将其纳入考虑。

总之，《逻辑哲学论》完全忽视了语言极丰富的多样性，这种多样性正是维特根斯坦在其后期哲学中所坚持的主张；这就使得人们有可能接受《逻辑哲学论》中只限于语言方面的一小部分理论。但是即使就这一部分——由陈述句所表达的命题而言，维特根斯坦也驳斥了他在《逻辑哲学论》中表示的观点，因为这一观点说语言—世界之间的最终关联是指示关系，即认为名称的意义就是名称所指示的客体。这样一种观点也经受不住仔细的考察，理由将在后面加以讨论；实际上维特根斯坦在《哲学研究》一书开始便针对这种观点作了较长篇幅的反驳。所以正如维特根斯坦本人所主张的那样，《逻辑哲学论》的语言理论是过分简单和歪曲真相的，因而必须加以驳斥。

人们也许很有理由要问，为什么维特根斯坦——还有包括罗素在内的其他人——在撰写《逻辑哲学论》时没有看到这一点。回答是维特根斯坦——同其他那些人一样——陷进了一种特殊的模式去思考语言与世界。这就是原子论的模式。维特根斯坦的论题建立在以下假定之上,即认为语言和世界是复合的从而是结构化的,由此它们的结构能够被分解为最简单和最基本的成分(或者至少是比较简单和比较基本的成分)。他还假定逻辑是专为描述和分解这些结构而设的。与这些假定相伴的还有其他一些假定;比如说,语言可以被看作一种真值函项结构——只有当人们认为一切语言都表现为命题,即断言性质的陈述句(或者至少是说一切句子都能转化为命题)时才容易接受这种特定的假定。

这些以及与之相关的假定引发了许多重要的问题。弗雷格和罗素的逻辑是否明显就是用来分析语言与世界的唯一正确的选择?"自然语言的逻辑"的其他替代方案已经被人提了出来。这就引起了维特根斯坦后来对于谈及"语言的逻辑形式"时是否确有所指抱有的那种怀疑。不管怎样,语言与世界是否具有不同于其表层结构的"深层结构"?如果有,那么这些深层结构是否很明显就同《逻辑哲学论》中所讲的一样?为什么我们就应该接受维特根斯坦在《逻辑哲学论》前一部分关于这个问题的看法?——因为他在其中并没有论证这种关于语言与世界的观点是正确的。

维特根斯坦在《逻辑哲学论》中对于他的所有基本假定并没有作出说明或辩护。正如我们从这些例子中可以看到的,几乎所有这些假定都需要作出说明和辩护。关于分析、逻辑形式、弗雷格—罗素逻辑——所有这些概念以及其他概念结合成一种模式,这种模式使得《逻辑哲学论》的学说和罗素的"逻辑原子论"成为必然的结论,如果我们接受并使用这些概念的话。将这些概念应用到罗素的著作之中,鉴于他对于这些概念怎样与知觉、判断、认知、确定真伪等日常现象相结合抱有的兴趣，就得出一种比维特根斯坦所提出的更为具体（尽管最后也同样不可接受）的学说；正是由于维特根斯坦完全抽象地使用这些概念才使得《逻辑哲学论》的学说带有类似象棋的性质。但是维特根斯坦本人在完成他的后期哲学时选来供他进行特别攻击的最重要论点就是《逻辑哲学论》对语言的过分简单化和歪曲。这是因为《逻辑哲学论》主张语言是命题的总和；语言具有单一的本质，这种本质可以用谓词逻辑来描述；语言与世界具有通过图像映示关系相联系的平行结构；以及除非我们所说的是事实的图像，我们所说的（因而也是所想的）才有意思。维特根斯坦后来终于否定了这一切。

然而即使我们不去管上面的评论，我们还是会在《逻辑哲学论》的学说中发现其他一些困难。正如我们所看到的，这是一种关于语言与世界相关联的学说；但是正如我们也看到的，维特根斯坦在提出这个学说时拒不说明他所说的“名称”、“客体”、“基本命题”和“事态”是什么意思——我们现在可以考察一个简单但却重要的原由，显示对这些概念不加说明为什么关系重大。

按照《逻辑哲学论》的观点，一个命题如果“映示”现实情形或者与现实情形相对应，那么它便为真。表面看来这似乎是关于命题为真时的情况的无可挑剔的描述，然而稍加探讨便可发现困难。暂且将《逻辑哲学论》放在一边，假定我们去考察“猫在席子上”这个命题，它断言当时有一只特定的真实的猫在一张真实的席子上。这个命题的结构是什么？这件事实的结构又是什么？它们之间怎样确切地“对应”？暂且不管关于“指示”本身的一些问题，我们也许很想将命题分解为两个指示项及一个关系表达式，或者甚至分解为三个指示项，将“在……上”作为指示一种关系而不是一个事物；但是与事实打交道并不存在这样明显的现成方式，因为出现的只有两个事物（猫和席子），很难看出它们之间的关系如何充当这件事实的一个**组成成分**——完全同猫和席子是这件事实的组成成分一样，因为后者是具体的实体，而关系则是抽象的。所以从一开始事实及与之相应的命题就是很别扭地被分解为其组成成分的，因为并不清楚什么才算一个“组成成分”。就“这辆汽车是蓝色的”这样的命题而言，问题变得更加突出，因为在这里表面看来有两个命题组成成分，即一个主语和一个谓语，但是只有一辆蓝色汽车——除非人们偏要认为一辆蓝色汽车的存在这个事实大体上是由一辆汽车和一种蓝色性状组成，即只有一件事物和一种性质。但这是行不通的；为什么不说这个事实是由一辆汽车、一种蓝色性状和四种“轮胎性质”所组成（或者人们可以想到的任何事物和性质的组合）？

这些都是简短粗略的评论，但已足够显示人们在思考《逻辑哲学论》的学说时很难看出维特根斯坦所忽略的“心理学的”探究会产生什么可以代替名称、客体等等的东西。有个实例可以说明原因。就“猫在席子上”这个例子来讲，人们的想法是“猫”这个词可能指示一个客体，即这只猫。但是“猫”这个词不能充当按《逻辑哲学论》所说的意思来理解的“名称”，而一只猫也不能充当一个“客体”，因为猫是复合的可分解的事物——它们可以说是些事态，而客体则是简单的、不变的和不可分解的。由于猫不是客体，“猫”按照《逻辑哲学论》的学说来理解就不是一个名称。但是这样一来——这里就是我们关于《逻辑哲学论》的“象棋”难题——“名称”和“客体”又**是**什么？在没有提示的情况下，人们不可能知道语言与世界之间的图像映示关系是否还有一半理由可信：然而这却是《逻辑哲学论》学说的中心部分。这并不是吹毛求疵。这说明当人们停留在维特根斯坦的主要概念的圈子当中的时候，会有一种增加见解的印象——但是任何探究或者任何想使这些概念与更具体的事物联系起来的努力却似乎都只是给人留下一套无用的概念构架。

这里的问题有一部分涉及一个更一般性的问题，这就是《逻辑哲学论》包含的论证很少。它的论题得到肯定的表述，它们得到各种各样的支持或补充：有时是具体说明；有时是引伸或者是界定；常常是隐喻或明喻。这些情况的出现远远多于在哲学讨论中通常使用的论证或证明。在关键地方对于重要问题提供的唯一说明便是比喻，例如关于图像映示关系的一些关键论述——"这就是图像附着于实在的方式：图像直接伸展而及实在"（《逻辑哲学论》2.1511）；"图像像尺子一样摆放在实在上面"（《逻辑哲学论》2.1512）；"这些相互关联好比说就是图像成分的触角，图像就是凭着它们接触到实在的"（《逻辑哲学论》2.1515）。按照维特根斯坦的观点，哲学在于给出"阐释"，而不在于提出《逻辑哲学论》所讲 的"命题"，这当然是对的；但是读者也许有理由认为如果使用的最重要概念——如"名称"和"客体"——没有得到解释的话，那就什么也没有阐明，所以他还是不了解怎样使用它们；或者如果学说的关键方面——比如说图像映示关系——是通过图像有"触角"这样的隐喻或者说图像"像尺子一样摆放在实在上面"这样的明喻来论及的话，结果也是一样。这些思考对于评价《逻辑哲学论》是很重要的。关于语言及其与世界之映示关系的论题，所得出的结论是一旦我们从结构问题中抽身，开始转而弄清学说的实际意思（用维特根斯坦的话讲就是“正确地看世界”)时,整个方案便证明是行不通的:因为人们确确实实不知道维特根斯坦自己在讲些什么。

类似这样的困难还扩大到维特根斯坦最后关于价值问题的议论。拉姆齐评论说,将伦理学说成是“胡说但却是重要的胡说”太像是既想留下蛋糕又想吃掉蛋糕。他的话真是击中要害。维特根斯坦将一种超越的和超然的性质赋予了价值,但是这种性质却不符合这一事实,即伦理上的关注绝非这样超然:道德上成问题的情境每日都在发生,它们之所以成问题就在于其中重要部分涉及这些情境中的事实。举例说,我们判断无故对动物施加痛苦为不道德,其重要依据在于动物有感受痛苦的能力这类事实(对比之下,踢一块石头便没有什么不道德);所以在这里关于事物在世界上的存在状态的偶然事实会影响到我们在日常生活事务中的行动。另外,如果像维特根斯坦所说,价值果真会“显示自身”的话,那么下面的情况就会令人困惑不解,即对于伦理问题为什么会出现冲突和争执;或者人们为什么会充满激情并诚心诚意拥护一些观点,正如其他人会以同样的激情和诚意拥护相反的观点一样。

如果篇幅允许作进一步的探讨,人们还会提出其他针对《逻辑哲学论》的更加详细的批评。然而有一点应该强调指出,即维特根斯坦虽然在反对或修正他早期的立场上对彼时的自己毫不留情,这并不表示他的后期观点与其早期观点完全相反;正如我们将看到的,在他思想的两个阶段当中,既存在变化也存在连续性。

4. 早期哲学的影响

关于维特根斯坦早期哲学的影响,普遍的看法是:《逻辑哲学论》是维也纳学派所发展的学说即“逻辑实证主义”的一个主要思想来源。一位论述当代哲学史的作家J.O.厄姆森同意这种看法，他觉得可以不加保留地说该学派的一些观点“大部分都来自对他们产生深刻影响的《逻辑哲学论》”。在其他论述这段时期的著作中也有类似的说法。另外，这种普遍看法还认为该影响是单向的；维特根斯坦后期哲学的评论者很轻视下面这种假定，即认为在1920年代以及特别在1930年代中他的思想发生的变化（其中许多很激烈）全是来自他与维也纳学派及其思想的接触。

比较晚近的一些研究显示维特根斯坦的早期著作与维也纳学派之间的关系并非如此简单。他们之间有着联系是没有疑问的；但是维特根斯坦的影响似乎比人们认为的要小得多，因为影响主要发生在学派的两个成员身上，然而他们并未因此与学派的其他成员产生分歧（除了与维特根斯坦学说大体无关的某些论点之外）。

我们将简短谈一下这些问题。首先，重要的是要注意维特根斯坦的工作所产生的一个更早的影响，这种影响在《逻辑哲学论》出版之前许多年便已显露出来。这就是维特根斯坦对罗素的影响。维特根斯坦是由于读了罗素的《数学的原理》一书而投其门下的。这本书和罗素与怀特海合写的《数学原理》对于维特根斯坦产生了重大影响；《逻辑哲学论》的出现以及其中许多思想的形成都要归功于它们。但是1912—1913年间维特根斯坦与罗素一起工作时，他很快便不再是后者的学生了，他们之间的讨论导致各自都发展了某些共同的基本观点和一个相同的出发点，即认为逻辑显示语言与世界的结构，尽管在最后完成的形式上两者有些不同（《逻辑哲学论》与罗素1918年的《逻辑原子主义讲演》)。就基本观点和出发点而言,罗素是主要来源。[有些哲学知识的人会知道罗素从对于弗雷格和莱布尼茨的第一手的研究中受到影响,这些影响形成了罗素著作中的逻辑和形而上学方面;除此之外,还必须提到休谟的影响,后者是罗素大部分认识论的来源。因此维特根斯坦是通过罗素继承这些影响的。他接受的其他影响来自叔本华和(通过叔本华而来自)康德。]但是维特根斯坦对于他从罗素那里学到的东西的反应反过来又影响了后者思想的发展,而正是这种相互影响促成了以后几年中他们各自观点之间的一些相似之处。罗素在发表其《逻辑原子主义讲演》时说其中包含的论点"来自我的朋友维特根斯坦",这是罗素性格上特有的慷慨大度的说法,实际上是言过其实,因为《讲演》中罗素观点的要旨早已存在于他遇见维特根斯坦之前发表的著作中。

维特根斯坦的影响产生了一个重要结果,这就是罗素没有让维特根斯坦初来剑桥时他正在写作的一本书出版。这本书后来被称作《认识论》。书中只有前六章以论文的形式发表;罗素是由于维特根斯坦的敌视态度而放弃其余部分的。罗素在1913年写给一位朋友的信中讲述了来龙去脉:"我们两人都由于激动而不再冷静。我让维特根斯坦看我伏案成果中的一个至关重要的部分。他说这是完全错误的,因为未能看清其中的困难——他曾考察过我的观点,知道它行不通。我不能理解他反对的理由——实际上他并没有讲清楚,但是我确实感到他一定是对的,他看到了我所未看到的东西。"(从有关维特根斯坦的一些回忆录来看,这种通过反对的态度更甚于反对的内容来推倒某人观点——以及信心——的方法是他一生贯用的做法。)从罗素放弃一个如此重要的计划可以看出当时他对维特根斯坦的看重以及两人之间的思想关系的性质。罗素这本书未能面世大概算维特根斯坦对哲学产生的第一次影响。

正如已指出的，维特根斯坦与维也纳学派之间的关系问题讲起来并不这样简单。学派的存在很大程度上归功于莫里茨·石里克。他于1922年来到维也纳担任教授职务，讲授归纳科学的哲学。起初的一个讨论小组后来成了一个更有组织的团体，拥有研究纲领和发表研究成果的刊物——《认识》。学派成员中有许多极有能力的人；除了石里克本人之外，还有鲁道夫·卡尔纳普、奥托·诺伊拉特和汉斯·赖兴巴赫等人。学派自1920年代中期起十多年中一直集会讨论，直到法西斯主义迫使其成员流亡国外才告解体。

学派成员所提出的学说——“逻辑实证主义”的中心内容就是要求在科学与该学派成员照贬义所说的“形而上学”（在他们的用法中这就是“无意义的胡说”的同义词）之间划出一道分界线。他们是通过宣称只有关于事实或者概念之间的逻辑关系的命题才有意义来做到这一点的。不能归入这两类的命题——例如伦理学和宗教的命题——被他们当作具有情感或规劝性质的表达式，不具有认知的内容；严格地讲，它们没有意义。他们说，事实命题以经验为依据，它们之所以有意义乃是因为它们可以被经验证实或证伪。他们把另一类有意义的命题——有关概念之间的逻辑关系的命题——称作“分析”命题，并将这类命题定义为其真值可仅仅通过考察构成它们的字词（或符号）的意义来判定的命题。这些命题包括逻辑和数学的命题。这些实证主义者还主张哲学的目的在于通过对含义作出逻辑分析来澄清经验科学命题，他们将这样理解的哲学当作科学的一部分而不是一门独立的学科。

从表面上看，这些观点与《逻辑哲学论》中的内容有着很多共同点。维特根斯坦说命题是事实的图像；说逻辑是重言式或“分析性”命题；说哲学的任务只限于“阐释”；说一切自然科学、逻辑和数学之外的命题都是无意义的。这些表面上的相似之处使得学派成员在1925年和1926年集会时认真研究了《逻辑哲学论》，并且促使石里克安排与维特根斯坦进行讨论。石里克夫人留下了一份记录，讲述她丈夫在1927年第一次见到维特根斯坦后所感到的兴奋。在一段时间里，维特根斯坦还与学派其他成员进行过谈话，其中就有卡尔纳普和费格尔；但是很快他的定期谈话对象就限于石里克和他的一位名叫弗里德里希·魏斯曼的同事。虽然维特根斯坦在1929年离开维也纳前往剑桥，他还是经常回去探望，通过这些机会和信函与石里克和魏斯曼保持联系。这种关系一直持续到石里克1936年在维也纳大学的台阶上被一个学生谋杀（多半是由于政治原因）为止。

因此维特根斯坦与石里克和魏斯曼的接触是值得重视的。魏斯曼有一份已经发表的1929—1931年间他们与维特根斯坦之间讨论的记录。石里克鼓励维特根斯坦与魏斯曼合作写一本书，解释《逻辑哲学论》的学说以及该书出版以后维特根斯坦的思想发展。魏斯曼打算在维特根斯坦的指导下撰写该书。30年代早期维特根斯坦的思想产生了很大变化，使得这项计划显然不再值得进行；为了使计划进行下去，石里克说服维特根斯坦让魏斯曼改而讲述他的新观点。魏斯曼在这段岁月中随着维特根斯坦思想的改变费力地工作，却很少让后者满意；书写成后是在很久以后的1967年以魏斯曼本人的名义发表的，当时离作者去世已有六年。然而在维特根斯坦与魏斯曼合作期间，魏斯曼还是通过几篇讲演和文章介绍了维特根斯坦新近发展的思想的某些方面。

尽管维特根斯坦与学派中这两个成员有着广泛的接触，这种接触并未对石里克的实证主义产生多大影响。正如学派中其他成员一样，石里克的观点在遇到维特根斯坦之前早已成形；其思想来源是休谟、恩斯特·马赫以及哲学中的经验主义传统，加上罗素和弗雷格的逻辑学（学派的另一位领袖卡尔纳普曾于1910—1914年间在耶拿师从弗雷格）。因此，到学派成员组成一个具有确定思想特征和研究计划的团体时，他们早已牢固树立起基本的实证主义信条。此外，学派中的许多成员，特别是卡尔纳普和赖兴巴赫，都留下了一些关于维特根斯坦对学派的影响的论述，表明《逻辑哲学论》所起的作用较小，在某些方面甚至是消极的。在1925—1926年间他们一起讨论《逻辑哲学论》时，诺伊拉特经常插话喊出"形而上学!"——正如已经讲过的，这是实证主义者用来责骂的字眼。诺伊拉特在一些年后给魏斯曼的一封信中写道："这段研读维特根斯坦的时间让你（在某种程度上还有石里克）离开了我们的共同工作。"卡尔纳普在其思想自传中说："我错误地认为（维特根斯坦）对待形而上学的态度与我们的相似。我不曾充分注意他在书中所作的论述，因为他在这个领域内的感情思想同我分歧太大。"

判定维特根斯坦对维也纳学派产生影响的程度的最有力证据与其说在于其成员的叙述和回忆，不如说更多地在于他们的出版物及其中提出的学说。出自该学派的书籍和论文不仅显示维特根斯坦的影响极小，而且看起来只能如此，因为《逻辑哲学论》的论题与逻辑实证主义的论题之间存在着许多深刻的分歧。第一，这些分歧首先明显表现为实证主义者认为事实知识的基础在于经验观察（后来由诺伊拉特和卡尔纳普不顾其他人的反对修正为一种“融贯说”，即主张确定基本命题的是理论的需要而不是“原始的观察”）；第二是实证主义者特别重视或然性和归纳的理论；第三是实证主义只给予价值关切和宗教以边缘地位——大多数实证主义者显露出对宗教的轻蔑，认为宗教是原始的迷信，而维特根斯坦却终身对宗教怀有最深的尊敬；第四是实证主义者对于“科学的统一”的信念，而根据魏斯曼的记录，维特根斯坦却认为这种信念在概念上毫无吸引力；在许多其他细节方面也是这样。

实际上上述证据显示的是维特根斯坦受到该学派思想的影响而不是学派受到他的影响——并不是说他本人（除了很短一段时间）成了某程度上的实证主义者，而是从反面意思上讲，即他把自己与《逻辑哲学论》中那些同实证主义者的观点相似的（尽管只有表面上的）信条之间的距离逐渐扩大，好像进一步看到《逻辑哲学论》中的实证主义成分使他相信该书在一些重要方面是错误的。维特根斯坦在1932年写给石里克的信中说：“在那本书（《逻辑哲学论》）中有很多很多说法我已不再同意”，这种想法在魏斯曼关于维特根斯坦谈话的记录中也得到强调。因此维特根斯坦后期哲学的动力至少有一部分是源于向实证主义者的学习，这让他再也不能同意自己早期著作中的观点了。

让评论家夸大维特根斯坦对于学派产生的影响的一个理由也许是1920年代后期——当时正值维特根斯坦受石里克的影响而变得最接近实证主义——他在同石里克和魏斯曼的谈话中为实证主义者早已信奉的一个原则作出的简洁表述，即“一个陈述的意义就在于其证实方法”，也就是说一个陈述的意义在于用来确定其真伪的方法。根据维特根斯坦当时准备给

《逻辑哲学论》的学说作出的一种解释，这一思想与他认为命题的真伪全靠其是否正确映示事实的观点相一致。石里克十分重视维特根斯坦讲述这个原则的方式；当A.J.艾耶尔用英语写成《语言、真理和逻辑》(1936年)来传播维也纳学派的思想时，证实原则占了最重要的位置并引起很多争论。但是维特根斯坦所作的贡献是在措词上而不是在思想上。他并没有长期相信证实主义的观点，至少是就实证主义者最直截了当的说法而言。

由于上述以及其他原因，人们不再可能像早先一些评论家所讲的那样将《逻辑哲学论》视为造成一个哲学运动的思想泉源。然而这并不是说《逻辑哲学论》是一部在历史上可以忽视的著作。该书的引人之处在于它是"逻辑原子主义"的一个毫不妥协的甚至极端的范例，从而生动地显示出这类观点所能蕴涵的内容。但是《逻辑哲学论》的重要性主要在于它在部分肯定以及更大部分否定的意义上是维特根斯坦从1930年代早期发展而来的后期哲学的来源。接下去我们就转到这上面来。

第三章
后期哲学

本章的主题是维特根斯坦的成熟著作，包括在他从1930年代中期到1951年去世为止所写的作品中。可是在此前的五年间维特根斯坦的思想经历了一段过渡时期，在这段时期中由于重新思考《逻辑哲学论》而萌发了他后期哲学的主题。我将以简要概述这一过渡时期开篇。

在以下各节中，我将考察在维特根斯坦后期哲学中占有中心地位的大部分思想。然而我却略去他的数学哲学以及身后出版的篇幅较短的著作，不作专门讨论。维特根斯坦在这些著作中的观点与以下要考察的主要著作即《哲学研究》、《字条集》和《论确实性》的观点基本相同。

1. 过渡时期

上一节讲到维特根斯坦与维也纳学派之间的接触，这也是维特根斯坦后期哲学发展经历的一部分。正如该节所显示的，在同维也纳学派成员进行讨论的年月里，维特根斯坦一开始坚持自己早期的观点，经历了一个给这些观点作出实证主义解释的阶段，然后（在1930年代早期）才认为在许多重要方面它们是错误的。1929年回到剑桥之后，维特根斯坦便开始进入一段紧

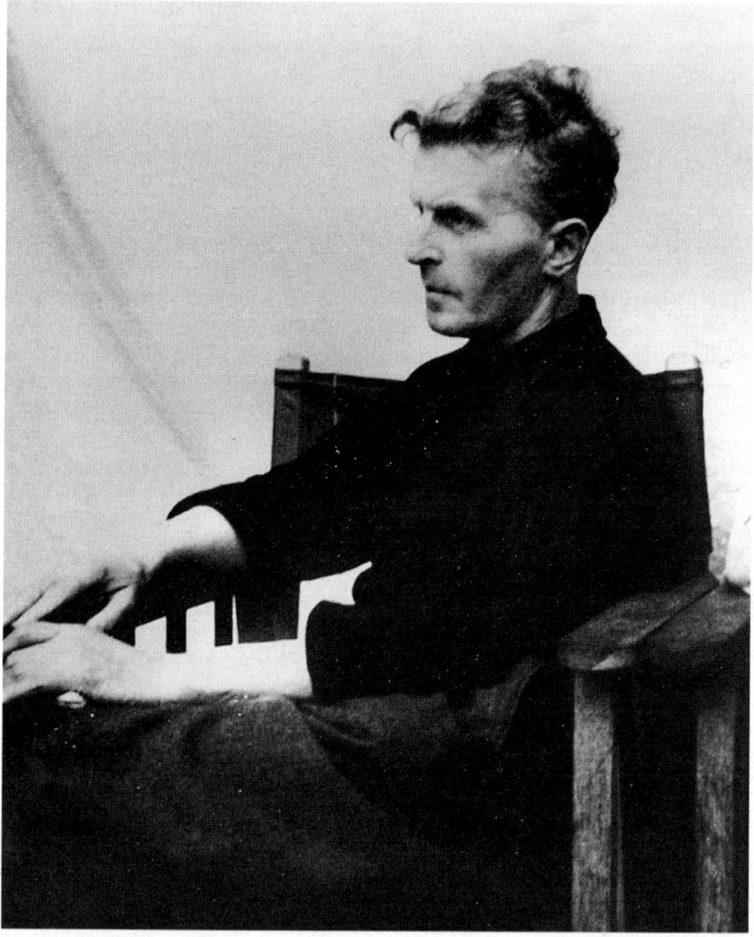

图 5 维特根斯坦生前最后的照片之一，摄于冯·赖特剑桥住宅的花园，其身后是作为背景而挂起的床单。

张的思想活动时期，写了很多东西。这段过渡时期大约延续到1935年，此时，将在《哲学研究》及其他后期著作中见到的许多思想已经在他的手稿中出现了。

他在过渡时期的著作带有真正过渡的性质，其中兼有早期和后期观点的成分。其中一个主题涉及数学哲学；具体地讲，是探讨关于数学命题的地位的一些问题。数学命题是必然真理吗？数学命题能否完全通过逻辑得到说明？如果不能，又能对它们进行何种论述？同这个问题结合在一起以及相关的还有对于语言与含义、心理学概念和知识概念的长期探索性研究。后面这些研究构成了后期哲学本身的中心题目。对于研究维特根斯坦的学者来说，过渡时期的著作是一笔丰富的资料，因为它们预示并铺平了后期哲学的道路，显示出一种涵盖于许多相关内容的思想发展过程。

维特根斯坦在1929年被授予哲学博士学位之后，随即申请剑桥三一学院为期五年的研究员职位。为了表明自己具备候选人的资格，他必须呈交一份他当时进行的哲学研究的较详细的样本，他及时这样做了。这部著作便是构成以后出版的《哲学评论》的大部分内容的手稿。（英译本*Philosophical Remarks*出版于1975年，但是更广为人知的却是以*Philosophische Bemerkungen*为书名出版于1964年的德文原本。）从维特根斯坦给这本著作写序这件事来看，显然他打算出版该书。（实际上，在维特根斯坦一生中剩下二十年中的不同时期，他曾计划并安排出版他的好几部著作；从他与剑桥大学出版社代理人之间的通信可以看出有些计划已经接近实现。结果维特根斯坦的著作没有一部在他生前出版，原因是他对表达自己观点的方式或者安排自己评述的顺序从未感到十分满意。）

《哲学评论》写于1932年为止这段时期，其中有许多迹象显示出维特根斯坦与实证主义者的接触以及他们对他的影响，特别是该书对证实的强调。《哲学评论》为《逻辑哲学论》的一些论题辩护——一个重要的例子便是图像说，但是它这样做时已经有了新的因素，其中的主要因素预示随着岁月的推移日益成为维特根斯坦所关注的东西。最重要的论点之一便是强调“意义就是用法”的观念，下面将对此作出较为详细的讨论。

维特根斯坦在1932年到1934年间继续大量写作，写了一份很长的手稿，最终于1969年以《哲学语法》为书名出版，英译本于1974年出版。这部著作有两部分，标题分别为“命题及其意思”和“论逻辑与数学”，由此可以看出其内容。维特根斯坦在1933—1934年间对这部著作进行修改，同时向学生口授笔记，后来这些笔记以打字稿的形式流传开来，按装订封皮颜色而取名《蓝皮书》。这本非正式出版物与《哲学语法》第一部分之间有着很大的相似性。

《哲学语法》的重要性在于它包含了后来出现在《哲学研究》中的内容，这些内容有时表现为其初始形式，有时则表现为完整形式。《哲学语法》第一部分所探讨的中心问题是我们怎样使意义与由发出的声音和写印的记号所构成的语言联系起来。维特根斯坦在这里的论证简述如下。

一个很自然的观点是说理解语言是一种伴随语言活动的心理过程。按照这样一种观点，当我说话、聆听或阅读时，我心中就发生某种**领会**被使用符号的**意义**的过程。维特根斯坦立论反对这个观点；他说，理解语言不是一种过程，而是一种能力。他为这个论题举出的一个例证涉及“知道怎样下棋的问题”。如果知道怎样下棋是一种过程——某种在大脑中进行的事情，那么就有理由问："你**在什么时候**知道怎样下棋？你一直知道?还是就在你移动棋子的时候？"（《哲学语法》，§ 50）。但是这些问题显然有些古怪；它们的不自然表明将理解和知道当作心中发生的事件是一个错误。

维特根斯坦说我们倒是应该将它们看作能力，看作我们有实际能力去做的事情。他说，"心理过程"的观念本身无论如何是混乱的，容易让人产生误解——维特根斯坦认为这一论断非常重要，因而在他后期著作的哲学心理学中占有主导作用，正如我们将看到的那样。

维特根斯坦在《哲学语法》中继续探讨"思维"和"理解"本身这些关键性概念，其探讨方式很接近以后的《哲学研究》，特别是他主张理解有许多种类，其间的联系不是由于共同具有一组本质上的或界定性的特点，而是由于有一种被他称为"家族相似"的一般性类似关系。这个概念在《哲学研究》中也起着重要作用。它最早见于《哲学语法》，随后在《蓝皮书》中得到更明晰的阐述。在后一本书中后期哲学有了另外的重要发展，特别是意义就是用法的理论：维特根斯坦说，我们不要问"一个词的意义是什么？"而应该问"**说明**一个词的意义是怎样一回事？词的用法是怎样学会的？"《蓝皮书》和《哲学语法》第一部分共同探讨的问题是：是什么"将生命赋予"（将意义赋予）构成语言的声音和记号；维特根斯坦的回答是："如果我们必须说出记号的生命是什么，我们就不得不说那就是它的用法"（《蓝皮书》，第4页）。

维特根斯坦在1934—1935年间将一份手稿口授给他的两个学生；同《蓝皮书》一样，手稿以非正式的方式在剑桥大学内外流传。装订封皮的颜色又一次决定了书名，这一次取名为《褐皮书》。《褐皮书》在内容上非常接近《哲学研究》；实际上这是后一著作的草稿。《褐皮书》的出现标志着维特根斯坦思想过渡阶段的终结；此后进一步发展《哲学语法》及《蓝皮书与褐皮书》中思想的作品也就构成了《哲学研究》的真正草稿，正如G.H.冯·赖特在他重构该书所经历的各个阶段时所指明的那样。过渡时期著作的一个突出特点是其关注的题目绝大部分仍是《逻辑哲学论》所探讨的问题，其中最重要的是“命题及其意思”——这一特点在后期著作中一直贯彻始终；同这些关注相关联并且作为维特根斯坦以新的方式对其进行探讨的必要补充的是关于理解、意向、经验等心理学概念的讨论。至于其理由读者很快便会明白。

在考虑自己的杰作《哲学研究》的出版时，维特根斯坦认为如果与《逻辑哲学论》一并出版，人们会更好地理解它。他的理由是《哲学研究》在许多重要方面是对《逻辑哲学论》作出的一个反应，所以将两者进行比较会有力说明《哲学研究》所要讲的东西。我们即将开始的关于后期哲学的讨论将表明这种说法在什么意义上是正确的。

2. 方法、意义和用法

维特根斯坦在《逻辑哲学论》中的立场是：语言具有一种可以发现的独一无二的本质，一种单一的深层逻辑，它可以通过对语言和世界作出显示结构的分析和对两者之间的“图像映示”关系作出描述而得到说明。图像映示关系本身归根结底依靠名称与客体之间的指示性联结关系；名称“意指”客体。《哲学研究》的论点来自对这种观点的明确否定。在这里维特根斯坦说，不是只有一种“语言逻辑”，而是有许多种“语言逻辑”；语言不具有单一的本质，而是由各有其自身逻辑的实践组成的广大集合。意义并不存在于字词与事物之间的指示关系或者命题与事实之间的图像映示关系；一个表达式的意义不如说就是它在构成语言的多种多样的实践中的用法。进一步说，语言并不是某种完备而独立的东西，可以不考虑其他因素而进行研究，因为语言就交织在人类全部活动和行为之中，由此语言的许多不同用法乃是通过我们的实际事务、我们的工作和我们彼此之间以及同我们居住的世界之间的交往才获得内容和意义的——一句话，语言是一种涵盖一切的“生活形式”结构中的一个组成部分。

我们必须重视维特根斯坦在其过渡时期形成的一种关于哲学方法的性质的观点，尽管其中仍然保留了《逻辑哲学论》中哲学观的核心特点，却有了一个重大的不同。了解维特根斯坦在这个问题上的立场对于阐明他的后期哲学信念会有很大帮助。

正如先前提到的，维特根斯坦《逻辑哲学论》的观点认为哲学问题的产生乃是由于我们“误解了语言的逻辑”。这种信念在维特根斯坦的哲学著作中一直贯彻始终。正如我们刚刚看到的，发生变化的是他对“语言逻辑”含意的看法。但是还有另外一种变化。维特根斯坦已经认识到由于对语言的误解而产生的问题不能通过构建一种系统的哲学理论来解决，像他在《逻辑哲学论》中努力去做的那样。他说，不要设计**理论**去处理哲学问题，而是应该首先通过消除引起问题的误解来“消解”这些问题。这样我们就将哲学设想为一种完全按字面理解的**治疗**活动：“哲学家处理一个问题就像治疗一种疾病。”（《哲学研究》，255）因此，维特根斯坦在其过渡时期和后期著作中放弃了《逻辑哲学论》的严格的系统方法，代之以一种逐步解决的方法，目的显然在于避免产生一种结构性理论。正是这一特点让后期著作显得很不连贯和松散，与《逻辑哲学论》的简约风格恰成对比。

维特根斯坦将他所认为的研究哲学的正确方法和目标等后期观点都写进了《哲学研究》。维特根斯坦说，困惑产生于语言的误用或对语言性质的误解。如果我们对语言运作的方式有不正确的看法，就很容易陷入混乱；例如，我们会把一种表达式的用法归入另一种完全不同的表达式的用法，或者我们会错误地脱离其正常运作的语境去理解一个表达式。维特根斯坦说，“我们陷入混乱发生在语言处于发动机失灵的情况下，而不是在它正常运作的时候”（《哲学研究》，132）；“哲学问题产生在语言**去度假的时候**”（《哲学研究》，38）。治疗的办法是观察语言**实际**运作的方式：“（哲学问题）当然不是经验问题；恰恰相反，它们的解决是靠审视语言的运作方式，从而认识这些运作方式——**尽管**我们有误解它们的冲动。”（《哲学研究》，109）

按照这种观点，哲学问题在语言的运作得到正确理解之后便将消失。在通过“审视”语言的运作来进行治疗之前，哲学家就像飞进瓶子里的苍蝇，无助地嗡嗡乱撞。维特根斯坦评论道：“你的哲学目的是什么？是让苍蝇看到飞出捕蝇瓶的途径。”在这里需要理解维特根斯坦所说的“表层语法”与“深层语法”之间的区别。维特根斯坦所说的“语法”并不是指该词通常被理解的词义；而是指逻辑——更确切地说，是指一种特定语言活动的逻辑。语言活动有许多不同的种类；所以语言的“语法”也就有许多不同的运作方式。按照维特根斯坦的看法，哲学家陷进捕蝇瓶中乃是由于只注意到“表层语法”：“在字词的用法中，人们可能会区分出‘表层语法’与‘深层语法’……比如说，比较一下‘意指’这个词的深层语法与其表层语法会让我们生出疑问。这就难怪我们感到很难找到正确的道路。”(《哲学研究》,664)。所以维特根斯坦说《哲学研究》是一种“语法”研究：“因此我们的研究是语法性的。这样一种研究通过消除误解来阐明我们的问题。”(《哲学研究》,90)这就让人回想到《逻辑哲学论》，其中就将哲学描述为“阐明”——又一个表明维特根斯坦早期与后期思想连续性的实例，但是在《哲学研究》中方法是与所主张的观点紧密相关的，表现为这些观点的内容在某种意义上恰好就是正在运用的方法：因为维特根斯坦关于方法所说的话可以归结为这一主张，即在哲学中我们不应去说明而只应去描述(“说明”表示要构建更多的理论)，因为我们不是在努力发现新的知识，而是与此十分不同地在正确组织(并从而让我们自己正确理解)我们对语言和思想早已知道的东西。

维特根斯坦关于方法所说的话注入了他后期哲学中的全部研究方法。使用这种方法的效果随着我们考察《哲学研究》的主要思想而变得清晰起来，这正是我们现在将要看到的。

按照维特根斯坦在《哲学研究》中的观点，要理解语言的各种运作，第一步就是让我们自己摆脱下面这个诱人的但却是错误的假定，即认为可以给出一种单一的关于语言的描述——也就是用一种单一的理论模式来说明语言的全部运作。在这里他所针对的当然就是《逻辑哲学论》；作为回应，他通过攻击该书在《哲学研究》中提出语言是由许多不同活动组成的观点。《哲学研究》的序言点明了对《逻辑哲学论》的语言观的攻击：“(近来)我有机会重读我的第一本书……我突然想到应该将这些旧的想法同新的想法放在一起发表：这样一来后者通过以我自己的旧的思考方式为背景并与之进行对比才可以得到正确的理解。因为自从我重新开始从事哲学工作以来……我已经不得不承认我写的第一本书中存在严重错误。”

维特根斯坦对这些“严重错误”作了具体说明,他不是去谈《逻辑哲学论》原书,而是讲到圣奥古斯丁在《忏悔录》中关于语言学习的说法。维特根斯坦先引用了奥古斯丁若干行原文,其中有“当长辈称呼某物时……我就明白他们发出的声音就是该物的名称”,然后他说:“在我看来,这些话给了我们一幅关于人类语言的特殊图像。这就是,语言中的单个字词称呼物体,这些名称组合成句子。从这种语言图像中我们发现下面这种思想的根源:每个字词都有一种意义。意义与字词相互关联。字词所代表的就是物体。”(《哲学研究》,1)刚才简述的自然是《逻辑哲学论》的理论,但是维特根斯坦使用了奥古斯丁的说法来表明所说的这种语言观既久远又普遍。另外,维特根斯坦说这种语言观还引导我们以错误的方式去研究语言;我们问些错误的问题,特别是“关于语言、命题、思想的**本质**的问题”,而这就错误地暗示语言的“本质”不是“某种早已展现出来并且经过重新安排便可加以审视的东西,而是某种处于表层**之下**的东西……‘**本质向我们隐蔽着**’:这就是我们的问题呈现的方式”(《哲学研究》,92);因此“我们感到好像必须**透过**现象去看”(《哲学研究》,90)。而这又转而促使人们相信那种被维特根斯坦认为是奥古斯丁和《逻辑哲学论》所共有的错误的语言模式,因为这种模式“看起来好像(我们应该寻找)某种类似语言形式的最后分析的东西,因而也就是寻找每个表达式的**单一的**完全解析的形式。这就好像是通常形式的表达式在本质上未曾分析过似的;好像其中隐藏着某种有待揭示的东西”(《哲学研究》,91)。维特根斯坦对于这种语言图像的反应是明确无疑的：他否认有任何必要去分析、去**发现**隐藏在话语中的**本质**。“哲学只是把一切事物放在我们面前，既不加以说明也不进行演绎。——因为一切事物都已展现出来，也就没有要说明的东西。举例说，隐藏的东西对我们来说毫无意义。”（《哲学研究》，126）关键在于刚刚引自《哲学研究》第92条的话：维特根斯坦认为语言运作的方式是“某种早已展现出来并且通过重新安排便可加以审视的东西”。

维特根斯坦说，“展现出来”的是这一事实，即语言并不是一种**单一的**东西，而是一群不同的活动。我们用语言来描述、报告、告知、肯定、否认、推测、下命令、问问题、讲故事、演戏、唱歌、猜谜语、说笑话、解题、翻译、请求、感谢、祝贺、咒骂、祈祷、警告、回忆、表达感情和完成其他许多活动（特别参看《哲学研究》第23节以及比如说第27、180、288、654各节）。所有这些不同的活动维特根斯坦都称之为“语言游戏”。早些时候他在《褐皮书》中就曾使用这个概念来表示语言中一个经过简化的部分，审视这一部分我们就可以知道一些有关语言本身性质的知识。在《哲学研究》中这一概念获得了更加普遍的意义；它意指我们所做的许多不同的使用语言的活动当中任何一种活动：“‘语言游戏’这个名词旨在突出指明**说讲**语言属于一种活动的一部分，或者说属于一种生活形式的一部分。”（《哲学研究》，23）维特根斯坦谈到“语言游戏的多样性”，他在《哲学研究》第23节中列出一个语言游戏目录（大体如上所述）之后紧接着说：“有趣的是将语言工具及其使用方式的多样性、字词和句子的种类的多样性同逻辑学家（包括《逻辑哲学》的作者）关于语言结构的说法进行比较。”这种比较是在语言游戏的广泛多样性与“逻辑学家”和《逻辑哲学论》作者认为语言有一种单一的深层逻辑结构这种错误观点之间划分的。

维特根斯坦使用“游戏”这个词并不是想暗示报告、描述、询问以及其他等等不同的语言活动有什么轻浮或微不足道之处。这些活动当然是严肃的。他使用这个概念的理由见于下面这段文字：

> 看一看……我们叫作游戏的那些活动。我是指下棋、玩牌、球赛、奥林匹克竞技等等。它们共有的东西是什么？——不要说：一定有某种它们共有的东西，否则它们就不会都叫作“游戏”，而是要观察并**确认**一下是否有某种它们都共有的东西——因为如果你观察它们，你不会看到某种它们共有的东西，而只看到一些相似、一些关系以及整个一系列相似和关系。……这种考察的结果是：我们看到一个由部分重合和交叉的相似性组成的复杂网络……我想不到有比“家族类似”更能刻画这类相似性的表达式了；对于一个家族成员之间的各种不同的类似性来说：体格、面貌、眼睛颜色、步态、脾气等等等等都以同样方式部分重合和交叉着。——我要说，“游戏”构成了一个家族。(《哲学研究》,66—67)

维特根斯坦在说**语言**是由各种语言游戏所组成的时候，(正如我们已经看到的）他想点出的要害恰恰就是语言并没有可用一种整体理论来发现和阐明的单一本质。为了理解语言的运作，我们必须首先认识语言的不同和多样性——“我不去寻找某种为我们所说的语言所共有的东西，我讲的是这些现象并没有一种共同的东西可以让我们用相同的词去称呼它们全体，——但是它们却以各种不同的方式互相**关联着**”（《哲学研究》，65）。按照维特根斯坦的观点，一旦明白了这一点，我们就看出为什么他在《逻辑哲学论》中所持的意义观是错误的：他在该书中主张词的意义就是它所指示的客体；而在《哲学研究》中作者则主张表达式的意义乃是它在构成语言的许多不同的语言游戏中所能派上的用场：“一个词的意义就是它在语言中的用场。”（《哲学研究》，43）

在《哲学研究》的开头引用奥古斯丁的话之后的前面几节中，维特根斯坦表明为什么《逻辑哲学论》所采用的意义的指示理论本身有很大的缺陷。他的论点简单地说就是：如果词的意义在于它与客体的指示联系，那么这种联系就得由实指的定义建立起来，即通过指着一个客体——一般是用手去指——并说出其名称来实现。这就是维特根斯坦认为是奥古斯丁所持的观点。但是指出实物并不能作为语言学习的**基础**，因为要懂得一个客体正在获得称谓，学习者就得至少先掌握一部分语言，即称呼客体这种语言游戏。这个论点可以这样加以说明：假如你在教一个不讲英语的人“table”这个词，你用的方法是在说出这个词时实指（指着）一张桌子。为什么学习者认为你是在称呼桌子而不是讲桌子的颜色、功用或其表面的光泽，或者甚至是命令他爬到桌子底下？当然在这个实例中，学习者由于早已掌握了他的母语，很可能会认为当前的语言游戏是称呼客体；但是一个第一次学习者却不具备这样的知识。这样看来怎样才能开始学习语言呢，如果意义就是指示从而依靠实指的定义？

维特根斯坦对实指的定义进行批判的目的是想让我们看清下列一些暗示：第一，同《逻辑哲学论》的理论相反，称呼并不是意义的基础；第二，称呼关系本身并不仅仅是由实指建立起来的声音(或记号)与客体之间相互联系的问题,而是必须通过名称与称呼参与语言活动的方式来理解。第一点是告诫性的,因为在《逻辑哲学论》中全部语言都是用指示模式来说明的,而如今维特根斯坦在《哲学研究》中则表明这种模式不能作为范例来说明全部语言运作的方式——让它作为范例来用甚至是产生错误和困惑的根源。第二点与“意义就是用法”这一概念相关联;这是《哲学研究》的一个核心特征,其含义需要加以说明。

在《哲学研究》中,作者有意不对“意义的用法理论”作出**系统的**表述。维特根斯坦对于用法概念的使用范围也有意定得宽泛,理由在于表达式的用法正如产生它们的语言游戏一样多变,所以没有单一的公式可以表达其多样性。实际上“用法”这个词本身并没有什么神圣之处;维特根斯坦另外还讲到字词和句子的**功用**(《哲学研究》,11、17、274、556、559),讲到它们的目的和意图(例如5、6、8、348),讲到其职责(402),讲到其作用和用途(例如66以下),目的在于用这些不同的说法使人对**表达式在语言中所起的作用**有个总的认识,中心思想就是认为掌握一种语言在于能够将语言中的表达式应用到其所属的许多不同的语言游戏中去。由于语言游戏的多样性,用法也就不可避免地会是一个含义广泛的概念,所以找不到一个能够概括它的单一的公式。实际上用法这个概念也不应当被视为一个公式;对维特根斯坦来说,“意义就是用法” 这个口号并不是意义的定义。为了掌握这个概念的全部含义,人们必须更多地了解维特根斯坦在《哲学研究》中进行的讨论,特别要结合他关于**意义**与**理解**之间的关系的观点以及他认为理解不是一种内心状态或过程,而是“掌握一种技术”的论点(《哲学研究》,99);这里所说的技术就是遵循规则来使用表达式。

这些问题中有一个在上面一节讨论维特根斯坦的过渡时期时曾经谈过。这就是维特根斯坦终于抛弃了以下思想，即人们通过一个表达式来理解某种东西乃是经历一个内心过程。维特根斯坦特别关注的是反对那种认为理解意义就是有某种东西“展现在人的心灵之前”的观点（像《逻辑哲学论》所提示的，是一个图像或形象）；因为理解一个词并不是一种类似看见红色或感受疼痛的经验（《哲学研究》，140、154、217—218）。这并不是否认也许有一些经验伴随理解过程——某一个词可能唤起一个形象或者由于记忆的联想而产生比如说一次愉快的感受，但是这些经验并不构成词的意义或者人们对词的理解。在这里维特根斯坦是在驳斥那种认为意义的根基在于感官经验的经验主义观点；对于维特根斯坦来说，否定这种观点会导出两个论点：第一，人们并不是通过在学习者心中建立起字词与对某个客体或某种情形的体验之间的联想来教授词的意义的；第二，我们在使用表达式的不同场合赋予表达式意义，而这并不靠每次都有同样的经验或者经历相同的心理过程。

维特根斯坦为了驳斥这种认为理解是“内心状态或过程”的观点给出了好几个理由。一个理由是意义和理解这些概念的逻辑不同于经验概念的逻辑（即他所说的“语法”）。让我们看一下疼痛：这是一种经验，我们能说疼痛延续时间的长短，是脚趾痛还是头痛，是剧痛还是隐痛。我们对于理解表达式却不能讲任何这一类的话；我们不能讲长时间理解表达式，或者在脚趾上理解，或者剧烈地理解。另一个理由是同一个表达式让不同的人联想到不同的形象或作出不同的反应；因此表达式的意义不可能存在于这些伴随的心理现象之中，人们对表达式的理解也不可能如此（参看《哲学研究》，137—138）。第三个也许是最重要的理由是：就理解一个表达式而言，仅发生一种特殊的内心过程是不够的。为了具体说明这句话是什么意思，维特根斯坦以“立方体”一词的用法为例，说以为在“人的心灵前”出现一个立方体心理图像就是理解该词的想法是一个错误，因为这个心理图像本身并不**告诉**而且不能**告诉**人们“立方体”一词是什么意思。一个立方体的心理形象甚至可以与任何数目的表达式（如“盒子”、“糖块”、“几何学”、“冰块威士忌”）联系在一起，所以这一图像并不**决定**“立方体”一词应该怎样正确去理解（《哲学研究》，139—140）；也就是说我们不能从任何可以联想到的形象看清词的意义是什么。

这些思考产生了另外一个更具普遍性的问题。这就是某些哲学家因为认识到维特根斯坦在这里指出的那种困难并从而发现很难将理解与某些**特殊的**心理过程等同起来，于是便转而认为有一种特殊类别的**深层的**（因而是隐蔽的）心理过程，是它构成了对一个表达式“意义的理解”——换句话说，这种过程收进所有构成该表达式的图像或联想（或者其中一个重要子集）并以某种方式将其组合成某种难以确认因而只能通过深入的哲学分析来推导和考察的东西。维特根斯坦完全反对这种看法；实际上他对“内心状态或过程”观点的主要攻击就是针对那种认为理解乃是某种**隐蔽**的东西（不仅在“心中”而且在内心深处）的观点。

维特根斯坦在讲过意义和理解不是什么之后，便进而对它们是什么作出正面的说明。在这里处于核心的是理解的概念。维特根斯坦说：“理解一个句子意味着理解一种语言。理解一种语言意味着掌握一种技能。”（《哲学研究》，199）这就是说，“理解”乃是**知道怎样做**某件事情；就语言来讲，理解语言意味着**知**

道怎样使用语言。这样看来，理解、意义和使用之间有着紧密的关联。由此直接导出两个推论：第一，维特根斯坦反对"内心过程"观点的另一个理由变得清楚明白了——这种观点根本不能说明我们怎样才能够**使用**表达式。对比之下，将"理解"看作我们所做的某件事情——我们施展的一种能力，我们使用的一种技能——的观念是与使用的观念直接关联在一起的，因为使用本身就是一种活动。第二，作为一种实践能力的理解是某种由外界标准——人们从事的活动，人们的行为方式——来确认和衡量的东西，因而是某种公开存在于公共领域的东西，远远不是在个人精神生活内部或者属于私人的东西。我们现在就将看到，这会引出一些重要的推论。

3. 理解与遵守规则

维特根斯坦关于理解语言的论述（照刚才所讲，"理解"就是掌握一种技能或实践能力）借助于遵守规则这一观念，即认为理解表达式的意义这种实践就是遵守表达式在其所从属的各种不同的语言游戏中的用法规则(注意"规则"的说法很自然而且有意地与"游戏"的说法相关联)。维特根斯坦关于遵守规则的讨论主要出现在《哲学研究》第143—242节之间。这并不是一个简单的问题，因而是一个引起很多争论的主题；在阅读下面对该主题的论述时应当记住这一点。

了解维特根斯坦关于遵守规则的讨论的一个办法是再一次回想起《哲学研究》的一部分意图就在于从反面否定《逻辑哲学论》所体现的那种哲学态度。使用语言显然是一种受规则支配的活动，即哲学家所说的"规范"活动。维特根斯坦在《逻辑哲学论》中用来描述语言的规范特征的模式是一种演算的模式，也就是一种由严格定义的、自动运行的规则(逻辑的规则)组成的结构化系统。这样一种演算就像一台机器,给它原料便按照一种精确、有序和不变的方式生产出固定的产品。同样,逻辑规则——(按照《逻辑哲学论》的观点)从而也是语言规则——有其可以确定结果的严格用法。就语言来讲,这种结果便是意义:当人们掌握了表达式的应用规则时便理解了它的意义。维特根斯坦在《哲学研究》中当然并未否定这个观点,因为后期哲学还要借助于它;他所否定的是认为相关的规则形成一种单一的、严格的深层结构,甚至更为重要的是否定这些规则独立于我们之外,像《逻辑哲学论》所暗示的那样。换句话说,维特根斯坦否定演算的概念,而代之以语言游戏的概念:在《逻辑哲学论》中,在全部语言之下有一种单一的、严格一致的演算法;而在《哲学研究》中则有许多不同的语言游戏,其"语法"可以直接加以考察。

《逻辑哲学论》中的以及一般"奥古斯丁式"的语言观是:一个词的正确用法的规则通过某种方式由该词所指示的客体的性质所确定,因为只有通过这种方式该词的意义(所指示的客体)才能支配词的用法。维特根斯坦抛弃了指示说;这就使得词的意义完全成了属于它的用法规则的事情。但是既然只有词及其用法规则事关紧要,那就一定不要受规则概念本身的误导,因为关于诸如逻辑和数学的规则有一种普遍的看法,即认为这些规则决定着我们做事是否正确,并不依赖我们应用或遵守这些规则的实践;而维特根斯坦则认为这是错误的:不仅本身错误,而且它意味着一组规则对于某一特定实践来说构成了一套完全而决定性的算法,意思是说一旦人们掌握了这些规则,他们就能自动看出自己所做的事情是否正确。按照维特根斯坦的观点，逻辑规则的模式应用在语言上是特别有害的，因为在语言中支配表达式用法的规则有很广泛的多样性，而在逻辑中则有一组单一的、包罗一切的严格的规则，这组规则构成了逻辑所赖以存在的“语言”。

演算的观点在处理规则与遵守规则的两个特点的方式上产生了维特根斯坦希望我们避免的那些问题。一个特点是人们在遵守规则时感觉受到规则的指导和强制；规则似乎在**告诉**人们去做什么，似乎在**支配**人们的活动。另一个特点是在一个类似诸如算术的演算中，规则事先就确定了应用规则所能得出的结论：例如，很容易认为一旦我给0—9这十个数的加减运算、相等关系下了定义（即给出支配它们的规则），全部算术过程就会自动引导出来——好像全部的算术真理（及谬误）早已“包含”在这些基本规则之中或受其预先确定。因此，这些规则似乎有着某种不可抗拒的东西，使得我所做的事情的正确与否与我做这件事情本身完全无关。（一班小学生中每一个成员可能用不同的方法将一组数字相加——有人用心算，有人用手指算，其他人则用计算器或算盘——但是遵守相关算术规则的人都会得出一个唯一正确的答案，而这个答案在他们开始做加法**之前**就是正确的。）

关于遵守规则这个概念的一个问题是：一方面感觉受到规则的指导并不保证规则受到遵守，因为某人可能认为自己在遵守规则而实际却在错误地使用规则；另一方面某人行事符合规则可能只是出于偶然——这个人也许根本不是在**遵守**规则；比如说他也许甚至不知道规则的存在。然而规则的指导作用以及不管在任何有关活动中遵守规则就等于**做得正确**这两点对于规则和遵守规则的概念看来都是至关重要的。维特根斯坦说，赞成演算观点的人因此力图找寻一种关于遵守规则的深层基础的统一描述(典型的做法是将遵守规则视为一种内心活动过程),以此来说明这些特征并克服与之相关联的一些问题;并进一步通过提出这种以某种心理**机制**为根据的描述(多半是一种**因果性**的说法)来达到上述目的。维特根斯坦说,所有这一切都是错误的;他的理由仍然是那些他用来反对试图为任何涉及意义和理解的问题提出单一性说法(尤其是想借助于"内在的"和"隐蔽的"心理过程来提出的说法)的理由。

这些指责更多适用于遵守规则的一个特点,即人们主观感受到规则是强制性的或者具有指导行动的力量。另一个谈到过的特点——规则在表面上的"独立性"——照维特根斯坦所说,则暗示出那种认为规则多少会带来**客观性**的错误看法。算术的例子很能表明这是什么意思:正如已看到的,算术规则似乎已经**预先**确定了我们使用规则所得结果的正确与错误。例如对于"56,897+54,214=? "这道算术题存在着一个唯一正确的答案,这个答案就某种意义讲早已**存在**,甚至在我们进行计算之前在规则所允许的范围内就已被确定。我们通过确定这些规则所说的意思来核对我们使用规则的正确性;所以由规则树立的正确性标准就显得独立于我们对规则的遵守,因为规则并不依靠我们的这样一种活动,即将规则当作由其本身所确定为正确的东西来使用。

演算观点集中关注的这两个特点当然是相互关联的:正是规则的外在性或"客观性"才让我们感到受规则的指引或指导。这两个特点结合起来便让人产生一种假想,即认为规则就像铁道线一样,我们沿着它按照固定方向移动(《哲学研究》,218)或者说规则就像一台按照被确定的并且起确定作用的方式工作的机器(《哲学研究》,193—194)。维特根斯坦的反对意见并非针对规则具有**指导性**或者构成**正确性**这一事实;倒不如说他的反对意见针对的是“铁轨”或“机器”这些模式本身,理由(正如我们所看到的)是这些模式将指导的概念转变为强制的概念,并将正确性标准的概念转变为某种“外在的和客观的”东西。维特根斯坦所强调的是这一关键性事实,即**构成**规则的乃是我们对于规则的**集体使用**;遵守规则就是一种由共识、习惯和训练所建立的普遍实践。因此,尽管规则确实指导我们并向我们提供正确性的尺度,但规则并非独立于我们,从而并不构成一种强制的标准,从外界将遵守规则的实践本身强加给我们。维特根斯坦给我们举过一个实例:想一下我们在十字路口或某条小路上可能看到的路标。路标告诉人们要走的方向,但并不是因为路标强制人们去那里;路标的指导作用全靠有一种习惯、一种实践来确立我们通常对路标的使用,以及我们对这种功能的理解。这正是我们所理解的语言的“规则”——“一条规则立在那里就像一个路标”(《哲学研究》,85,参看198)。

这里的中心概念是“习惯”。维特根斯坦说,“一个人只有在经常使用路标这种习惯存在的情况下才会按照路标走路”(《哲学研究》,198);“使用‘遵守规则’这个概念要预先假定一种习惯的存在”(《关于数学基础的评论》,第322页)。通过使用习惯这个概念(他在其他地方使用了“惯例”、“用法”、“实践”等说法,意思是一样的),维特根斯坦意图提出几个论点,其中两个论点特别重要。一个现在已为大家所熟知,即(与演算理论观点恰好相反)认为遵守规则并非一种内心活动,某种隐蔽的东西,而是一种公开的事实;当某人看见一个路标并照其指示方向行走时,他并不是在内心遵守一条规则,然后——作为按照因果关系或其他相关方式紧随“内心”遵守这第一步之后的第二步——再按照规则行事:他选择路标所指示的方向只是由于他遵守相关的规则。因此遵守规则根本不是一种神秘的活动;遵守规则在我们的实践中显示自身,它是明摆着的。为了理解规则和遵守规则,我们只需提醒自己注意在所有我们的那些不同类别的规范性行为(下象棋、照食谱烹饪、做算术等等以及在所有各种不同类别的语言游戏中使用语言)中所熟悉的东西。另一个论点是认为遵守规则本质上是一种社会实践,即某种存在于社会群体之中的事物,并认为建立我们所遵守的规则的正是存在于社会群体当中的**共识**:维特根斯坦说,“‘共识’一词与‘规则’一词是彼此相关的,它们是堂兄弟。如果我教人学会其中一个词的用法,他便随之学会另一个词的用法”(《哲学研究》,224)。遵守规则本质上是一种以社会为基础的活动这一事实意味着没有任何可以被看作“私自”遵守规则的东西——不可能有一个规定并随即遵守某一规则的鲁滨孙·克鲁索,因为这样一个人无法知道自己从一个场合到下一个场合是在遵守这项规则——他很可能认为自己是在这样做,但他却没有核查的手段。某个人是否在遵守一项规则依赖于有无检验他这样做的公开标准:“因此‘遵守规则’也是一种实践。而**认为**人在遵守规则并不就是遵守规则。因此不可能‘私自’遵守规则:不然认为人在遵守规则就同遵守规则成了一回事。”(《哲学研究》,202)。(私自和“标准”这些概念对维特根斯坦来说是些重要的概念,我在下面还要谈到它们。)

维特根斯坦除了坚持以共识为基础的规则和遵守规则在本质上具有社会性质之外,还坚持要照字面意义去理解“习惯”这一观念,将其看作某种经常的、反复的、已确立的事情。他说:

"应用'遵守规则'的概念要预先假定一种习惯的存在。因此下面的说法是没有意义的:在世界历史上某项规则(或者一个路标的指示,做一次游戏,说出或理解一个句子,等等")只被人遵守一次。(《关于数学基础的评论》,第322—323页)

因为规则建立在为一个社会群体同意和接受的实践之上,所以维特根斯坦说规则就是其本身的合理根据。在遵守规则上,除了受这一事实——如果一个人的活动不符合社会群体在某种情况下的习惯做法,他便没有遵守一项定下的规则——的限制之外,不存在任何外在的或客观的因素。这就证明维特根斯坦的观点已经远离《逻辑哲学论》的看法,后者认为存在某种凌驾于语言之上并构成对其客观限制的东西;维特根斯坦在《哲学研究》中的观点是:想为我们的实践找到某种外在的合理根据或理由是一种错误。这种合理根据或理由就在我们的实践本身之中;维特根斯坦在某个相关的地方说:"给出理由……总有个尽头,尽头……就是我们付诸行动,行动才是语言游戏的底层。"(《论确实性》,204)这就使他能够进一步说遵守规则是我们不加思考(《关于数学基础的评论》,第422页)甚至是盲目去做的事情:"当我服从一项规则时,我并非经过选择。我盲目地服从着这项规则。"(《哲学研究》,219)他说的话的意思可以通过观察比如说象棋来理解;对于"为什么王棋一次只能走一个方格?"这个问题来说是没有答案的,因为如果人们下的是**象棋**,那么这本来就是定下的规则。所以实际上维特根斯坦的观点就是:遵守规则是一种习惯性实践,是作为我们的语言群体的青少年成员时所接受的一种训练:"遵守规则类似服从一项命令。我们是受到训练才这样做的"(《哲学研究》,206)。他在《蓝皮书与褐皮书》(第77页)中将这一论点讲得更加明白:

“孩子通过接受语言用法的训练从成人那里学习这种语言。我使用的‘训练’一词十分类似我们讲动物接受训练去做某些事情时所指的意思。”

4.“生活形式”、私人语言和标准

我们将以上两节中考察的内容结合起来看，就能够将维特根斯坦关于意义和理解的学说描述如下。一个表达式的意义就是我们在理解该表达式时所理解的东西。理解就存在于知道该表达式在跨越各种各样的语言游戏时的用法，而这一表达式就出现在这些语言游戏中。知道表达式的用法就是具有一种能力：有能力在那些各自不同的语言游戏中遵守使用表达式的规则。遵守规则并不是一种神秘的内心过程，即理解某种类似在客观上树立正确性标准的演算那样的东西；倒不如说这是一种植根于一个社会群体的习惯和共识的实践，而作为一种实践来看，遵守规则本质上则是公开的事情。规则确实指导行动并提供正确性的标准，但是规则做到这一点乃是由于它们建立在共识之上；正确遵守规则就是遵循社会群体已成习惯的实践。我们是通过作为该社会的成员接受训练才获得使用语言表达式，即遵守其用法规则的能力的。

这个概述是想讲明意义、理解、用法、规则等概念之间的关联以及它们是以语言使用者组成的社会群体中的共识为基础的道理。但是人们不应认为这意味着可以**一个一个**地去理解语言表达式，因为按照维特根斯坦的看法，说某个人只理解一个或几个句子或者说他只遵守一项或几项规则是没有意义的。理解任何一个特定句子就是理解它所从属的语言游戏；相应地说，遵守一项规则就是掌握了对遵守规则本身的实践。

维特根斯坦关于意义和理解的说法直接显示一个问题，即如果一种语言的用法规则是语言社会群体中成员的共识的产物，不附有以“事实”或“世界”为表现形式的外在的客观限制，那么**真理**是否随之也是我们的共识的产物？维特根斯坦意识到了这个问题并作了回应：“‘你是否在说人们的共识决定什么是真和什么是伪？’——真和伪是人们**说**出来的；而人们的共识就在他们使用的**语言**之中。这并不是意见上的共识，而是**生活形式**上的共识”（《哲学研究》，241，强调形式是另外加上的）。

“生活形式”这一概念在维特根斯坦后期哲学中起着重要的作用，因为每逢他的探讨到达其他哲学家想为我们在思考和交谈中所用的概念开始寻求更深层的或更基本的合理根据的时候，他总是求助于这个概念。维特根斯坦用“生活形式”所表达的意思是：语言的和非语言的行为、假定、实践、传统和天然爱好等方面的基本共识才是作为社会存在的人所共有的，因而也是在人们使用的语言中被预先假定的；语言被编织成人类活动和性格的方式，语言表达式的意义是其使用者共同的观点和天性赋予的（《哲学研究》，19、23、241；《哲学研究》第二部分，第174、226页）。所以一种生活形式就存在于社会群体协调一致的自然的和语言的反应之中，这些反应产生了界定、判断以及随之而来的行为上的一致。因为存在于实践之中的语言用法的所谓“基础”就是语言编织成的生活形式，所以在维特根斯坦看来关于寻找体现于我们思想和谈话之中的概念的最终解释或合理根据的问题很快就会走到尽头——我们的语言用法的合理根据就是作为用法基础的生活形式，事情就是这样：更多的话既不必说也确实不能说。生活形式是我们学会在其中工作的参照框架，是我们在社会群体的语言中接受训练时获得的；所以学会这种语言就是学会该语言与之密不可分并且从中获得其表达式的意义的观点、假定和实践。这就是为什么解释和辩护都不必也不能超越关于生活形式的一种姿态："如果我对正当性的证明已经走到尽头，那么我就碰到了基岩，我的铁锹也会转向，这时我就想说：'这正是我做的事情'"(《哲学研究》，217)；"人们可以这样说：必须接受的事物，被给予的事物就是生活形式"(《哲学研究》第二部分，第226页)。

生活形式的概念是同维特根斯坦所强调的语言**在本质上的公共**性质紧密相关的；正如我们已看到的，这一后期哲学的主题出现在他对下面观点的反驳中，即认为意义和理解——因此还有遵守规则——都是心灵"内在的"、"隐蔽的"状态或过程。维特根斯坦就此提出一种论证，这一论证我们至今尚未谈到，但在讲述《哲学研究》的文献中却占有十分重要的地位。这就是"私人语言论证"，其要点是说不可能有一种由单独一个人发明且只能为其所理解的语言。这个道理直接来自维特根斯坦认为语言**本质上**是公共的这一观点，他维护这一观点乃是由于上面讨论过的所有理由；但是维特根斯坦在《哲学研究》第243—363节中却由于另外一个重要理由而对私人语言问题作出了广泛的探讨。这就是在从笛卡尔开始的哲学传统中，人们总是认为一切知识和解释的起点都在于对我们自身的经验和心理状态的直接感知。所以笛卡尔的出发点是"我思"，认识到这一点保证了"我在"；而经验论者则认为正是我们的感官经验和对经验的反思提供了我们相信外界事物和其他心灵存在的基础。依照这些观点，一种私人语言显然是可能的，因为它们接受下面这种想法(在某些情况下它们就来自这种想法)，即认为一个天生的鲁滨孙·克鲁索能通过私人的、内心的实指定义来联结字词与经验，从而构建一种语言。与此相关，私人语言的观念就蕴涵在我们关于在语言中怎样获得指称自己的疼痛、心情、感受等等的表达式的常规看法之中，因为这些状态只有我们自己知道：没有另外一个人得知这些状态，除非当事人通过语言或行为表现它们；没有另外一个人能够感受我的心情或疼痛，甚或觉察出其存在，假如我不愿意的话。由于这种情况，我们就认为自己在通过一种内心的实指为我们的感觉“命名”，好像我们在胃疼时“指着体内”说“这就是胃疼”。而这就暗示一个人能够通过对自己说出在原则上无法为任何其他人知道的他自身的感觉和内心生活来构建一种语言——这种“在原则上”的说法表示这样一种语言并非只是一种任何其他人都不能真正理解的密码，而是类似谜码或佩皮斯日记，也许可以破译，但是除了说话人之外没有任何别人能够理解它：简单地说，这是一种在逻辑上只有说话人懂得的语言。

维特根斯坦在《哲学研究》上述章节中猛烈抨击的正是这种在逻辑上只有说话者自己知道的语言观。早已给出的主要理由是：理解一种语言就是要能够遵循使用这种语言的规则，没有什么可被认为是私人在遵循规则，否则在遵循规则与只是认为——也许是错误地认为——我们在遵循规则之间就没有区别了（《哲学研究》，202）。然而还有其他理由。对于维特根斯坦来说，正如我们已经看到的，讲一种语言就是参与一种生活形式；而共同参与一种生活形式就在于接受共同参与这种生活形式的训练；这种训练显然必定在公共的场合发生，否则它就不是一种共同参与赋予语言以意义的生活形式的训练了（参看《哲学研究》，244、257、283）。由此可知，“私人的”经验与我们用来讲述它的语言实际上都不是**私人**的；使用有关疼痛、心情以及其他等等的表达式有而且必须有**公共的标准**，即使为了这些表达式的存在也要这样。维特根斯坦说，要讲明白这一点，一个方法就是考察我们在讲述自己的情况时怎样使用“疼痛”这个词。按照他所反驳的那种观点，“疼痛”是某一种感觉的名称，我们通过一种内心的实指行为来为那种感觉命名。但是正如我们以上所看到的，实指的定义只有在一种先前已被理解的惯例或语言游戏的背景下才有效果，在这一背景下，指出、发音等行为都能被参与者识别，从而构成为某个事项附上指示标签的过程。在这里不可能有这种先前早已存在的语言游戏。既然“疼痛”并未通过实指使其与相关的感觉联系起来，“疼痛”也就什么也不**指示**；“疼痛”不是一个标签。那么“疼痛”又是怎样与我们用它讲述的那些感觉联系在一起的？维特根斯坦说，“一种可能”是**讲述**疼痛是通过学习获得的对作为疼痛的自然表露的呻吟和抽搐的代替（《哲学研究》，245、256—257）；“小孩因弄伤自己而哭喊；这时大人对他说话并教他感叹词，后来还教他句子”（《哲学研究》，244）。要点在于我们通常认为属于私人的状态或过程——疼痛、发怒等等——都是我们人性的一些特征，因而在行为上都有其自然表露形式（比如说婴儿能用语言之外的手段告诉我们他/她疼痛或发怒），而我们用来讲述它们的语言手段就是在公共生活中学会的取代那种行为的替换物。

这一看法在我们怎样使用关于疼痛的话语来讲自己的疼痛与我们怎样使用它来讲他人的疼痛之间建立了联系。按照一个传统的观点，我们认为在适当情况下自己有理由相信疼痛或类似的“内心”状态也发生在他人身上，其方式是通过与自己的情况进行类比：如果我刺伤了手指，流了血，并发出呻吟，那么如果他人刺伤了手指，流了血，并发出呻吟，我就会推断出他必定在内心同样感到疼痛。但是这种论证——叫作类比论证——是一种无力的论证；它在逻辑上并不保证我所作的关于他人内心状态的推论有效，因为他也许在假装或作戏，或者他甚至是个巧妙设计的毫无感觉的机器人。这就是对他人心灵抱有怀疑态度的根源：既然类比的论证无效，我又怎能认为我有理由相信宇宙中除了我自己的心灵之外，还有其他人的心灵？维特根斯坦的观点为这个问题提供了一个答案。他说，使用“疼痛”以及其他心理表达式的规则是公共的规则，不管是谈到我自己还是他人都同样适用；对于这类表达式不存在两组规则，一组支配为属于我自己的状态寻找原因，另一组则支配为属于他人的状态寻找原因。因此，我说某人感到疼痛，其理由就来自他的行为加上我所掌握的使用“疼痛”这个词的规则。

不应把这种观点理解为一种简单的“行为主义”学说，即主张“疼痛”所指的不过是由抽搐和呻吟构成的身体信号。维特根斯坦说，这些信号还不如说就是使用“疼痛”这个词的“标准”；我还知道这类行为可能是假装、掩饰等等。理解这一点就是理解疼痛话语的一部分。但是有了这种理解，即理解这类行为进入我们的活动和实践的网络的方式并且理解这些事情与我们的天性之间的关系，也就告诉了我什么时候适合说他人感到疼痛（以及什么时候适合说“这是一例伪装”之类的话）。

维特根斯坦关于“标准”的概念引起了很多讨论。这是为使用表达式提供一类合理根据或保证的概念，这是为了使用表达式而提供的一种介乎演绎理由与归纳理由之间的保证。我们可以用下述方式来说明它的意思。“演绎理由”就是这样一些理由，它们蕴涵或决定性地确定以下情况，即只要这些理由存在就要求使用某一特定表达式，因为这些理由穷尽了该表达式的全部意思。这个观点的一个实例是刚才谈到的那种原始的行为主义;支持这一观点的人就从某人抽搐和呻吟推断出他感到疼痛。但这是一种过分强势的学说,因为在将支持说出“他感到疼痛”的理由等同于“疼痛”的意义时,演绎主义者忽略了其他考虑,例如假装等等,它们表明该词的意义不能被定义为使用它的理由。

对比之下,“归纳理由”是这样一些理由,它们将某人的抽搐和呻吟当作征候或线索,并且以此为根据可能推论出他感到疼痛。然而这些线索本身并不是“疼痛”这个词的意义的一部分;照归纳主义者的观点看,这种意义是某种由“疼痛”所指示的事物,是某种私人的、隐藏在那个人主观性中的事物,即那种内心的、私人的疼痛感觉。照归纳主义者的观点看,在以抽搐和呻吟为一方与以内心的疼痛感觉为另一方之间的关联只是一种偶然的关联。

正如我们已看到的,维特根斯坦关于标准的讨论有意落脚于这两种观点之间。他说,我们关于抽搐和呻吟(行为信号)在表现疼痛上所起的作用的理解是我们掌握“疼痛”这个词的意义的一部分——这些信号不仅是疼痛的偶然征候,但同时它们并不是将疼痛归于某个抽搐和呻吟的人的演绎理由,因为我们对于“疼痛”的理解也包含这类行为并不表现疼痛的实例。简单地说,用来将疼痛归于某人的标准来自包括将疼痛归于某人在内的语言游戏;当我们学习怎样使用“疼痛”一词时,学会的是体验、识别和谈论疼痛的实践。

讨论私人语言问题和关于疼痛、心情以及其他被推定为私人心理状态的问题将我们带进维特根斯坦的心灵哲学或者通常称为他的“哲学心理学”的领域。维特根斯坦在这个方面所讲的话是他关于意义和理解的观点的一个重要推论——照某些批评家的看法，这甚至是他的语言哲学的基础——因此有必要在下面作进一步的探讨。

5. 心灵与知识

维特根斯坦在《逻辑哲学论》中将“心理问题”——其中包括关于经验和知识的问题——简单地归为“经验性的”，从而不属于哲学而属于科学。由于这个原因，他在《逻辑哲学论》中几乎未提及这类问题。与此形成强烈对比，这类问题在后期哲学中却随同意义的讨论占据了中心位置。既然维特根斯坦努力争辩说，理解语言表达式并不存在于个人心理状态或过程之中，这样做便是十分自然的事情；因为他的观点意味着不仅这种思路不对而且普遍来讲“个人心理状态”这一概念本身也不正确。因此，从《蓝皮书》开始，但主要是在《哲学研究》、《字条集》以及其他后期著作中，维特根斯坦一直攻击这个想法：认为经验、思想、感觉、意图、期待以及诸如此类的概念具有内在性和私人性，只有拥有它们的人才得知晓。

之前我们已经讲到维特根斯坦所攻击的是自笛卡尔以来在哲学史上一直占有统治地位的观点。这种观点赋予主观经验一种特有的原初性和重要性。这种观点说，我们直接知晓的事物是我们自己的个人心理状态，由于这些状态的直接呈现而让我们对其内容和性质有着完全可靠的知识；这些状态，包括感官经验在内，为我们提供了一切知识和信念的出发点，这些知识和信念不仅涉及我们自己而且涉及我们身外的一切事物（主要是外在世界和他人心灵）。笛卡尔哲学的出发点是自我，人们对自我的存在只能感到是确实的；对于经验主义者来说，正是感官经验为我们关于世界的信念提供了不可动摇的基础。按照这种看法，关于心理状态的第一人称的知识是完全没有问题的，而关于心理状态的第三人称的知识则完全不同，理由是在他人身上发现这些心理状态——甚至在有理由相信这些状态在自己身外存在的情况下——充其量不过是从本质上不可靠的线索（他人表现出来的明显信号、行为等等）中进行推理得到的结果。

维特根斯坦在攻击这个笛卡尔命题时逆转了困难的顺序：他说，成问题的并不是第三人称的心理状态的归属问题，因为这类归属是以比较简单的公共标准为基础来使用心理字眼的（例如上面讲过的关于"疼痛"的使用）。相反，需要探讨的倒是第一人称的情况，因为维特根斯坦说正是在这里笛卡尔和这个哲学传统中的其他人犯了一个根本性的错误，即认为心理状态的第一人称归属（"我有一次疼痛"，"我期待……"，"我希望……"，"我的意图是……"）是本质上属于个人内心活动的**记录**或**描述**。维特根斯坦否认这些说法名副其实，而争辩说是些**表露**或**表现**，它们构成了使用相关心理概念的行为的一部分。在这里，中心概念就是"表现"。

维特根斯坦在他对第一人称的疼痛话语进行的探讨中讲明了他所用的"表现"所指的意思。在上面曾部分引用过的《哲学研究》第244节中，他说"一个人是怎样懂得感觉名称的意思的？——例如'疼痛'一词。这里有一种可能：一些词与这种感觉的原始的、自然的表现相关联并用来代替这些表现。小孩因弄伤自己而哭喊；这时大人对他说话并教他感叹词，后来还教他感叹句。他们教给孩子新的疼痛行为"。维特根斯坦的主张是：某个人说出"我感到疼痛"就是他的疼痛的一种表露，这并不是某种另外发生在内心的事物的外在信号，而本身就是他的疼痛行为的一部分。这是疼痛的一种表现，正如呻吟和抽搐是疼痛的表现一样，但这却是学来的取代那些较原始的表现的替代物。尽管上面引用的话中的“这里有一种可能”暗示第一人称的心理话语也有可能通过其他方式来理解，然而维特根斯坦却将“表现”这个概念作了广泛的应用。就意愿、期待和记起——只举全部心理概念中的三个为例——来讲，维特根斯坦说，“基于天性以及一种特殊训练……我们在某些外界环境下往往倾向于让意愿得到自发的表现”(《哲学研究》,441)；“‘我随时都期待听到砰的一声’这个陈述就是期待的一种**表现**”(《哲学研究》,253)；“我用来表现记忆的言语就是我的记忆反应”(《哲学研究》,343)。因此，有时向往某种事物的愿望的本质部分就在于说出“我的愿望是……”，而期待某种事物的本质则部分在于说出“我在期待……”。期待也可以用其他方式表现；人们也许感到紧张，或者走来走去，或者常看手表；但是说出“我在期待……”与这类行为并无不同——更不是关于期待的记录或描述，它就是期待的一**部分**。当然，因为语言行为是学来的，它比走来走去这种“原始”行为复杂；维特根斯坦采用了这种观点，即对语言的掌握带来了不使用语言的动物无法拥有的丰富和细致：“一只狗相信主人在门口。但是它也能相信主人会在后天来吗？”(《哲学研究》第二部分，第174页）但是语言行为与其他行为之间的差别只是程度上的，而不是类别上的；语言行为是期待、疼痛等自然表现的延伸，而自然表现则要随情况而表现为走来走去或者抽搐等形式。

维特根斯坦对心理概念采取这一思路的理由当然是认为“疼痛”、“期待” 之类词语的意义不能由个人内心实指来确定；

照维特根斯坦的观点看，这一论点是靠私人语言论证建立起来的。更确切地说，同所有字词一样，这些词的意义就是它们的用法，而它们的用法又是在共享的生活形式下由大家公认的使用它们的规则所决定的，正是这种共享的生活形式才使得这种公认成为可能。因此，心理字词的使用是完全一致的，不存在用于第三人称是一套规则而用于第一人称是另一套规则的情况。规则是同样的，都要依照同样的公共标准，“没有什么是隐蔽的”。所以正如心理字词的第一人称归属依靠它们是疼痛、期待以及其他等等表现因而也就是疼痛等行为本身的一部分那样，心理字词的第三人称归属也就是我们对于他人做出的行为的表现：“确信某个人感到疼痛，怀疑他是否感到疼痛等等都是对于其他人做出的许多自然的、本能的行为，而我们的语言只是从属于这种关系并对其进行了进一步延伸。我们的语言游戏是原始行为的一种延伸。（因为我们的语言游戏就是行为。）”（《字条集》，545）这就表示照维特根斯坦的观点看，自笛卡尔以来一直困扰哲学的“他人心灵”的怀疑论问题并不存在，因为刚才说过的想法——关于构成心理字词的意义的公共标准从而也关乎我们对使用它们的保证的想法——表明一切被传统哲学家视为**本质上**是内心的状态都有并且都必须有外界的标准；并且表明人们可以通过十分平常的并不神秘的方式，如实观看、确知某个人所处的状态：“另外一个人脸上的意识。审视另外某个人的脸，就看见他脸上的意识，一种特有的显出稍许不同的意识。看见快活、冷淡、兴趣、兴奋、麻木等等直接或含蓄地表现在脸上。为了在他的脸上看出怒气，你还需要审视**自己**吗？这在他脸上正如在你胸中一样明确无误”（《字条集》，220）；“意识表现在他脸上和行为上正如在我自己身上一样明确无误”（《字条集》,221);"'我们看见情绪'——与什么相对照?我们并不是看见面部的异样并据此推论出(像医生做出诊断一样)快活、悲伤、厌倦来。我们会直接说一张悲伤、快活、厌倦的脸,甚至在我们不能就面貌特点给出任何其他描述时也是这样。——我们会说悲伤在脸上被拟人化了。这属于情绪概念的范畴"(《字条集》,225)。

对于维特根斯坦来说,从所有这些论点引出的一个重要推论是:这些论点迫使我们重新考察另外一个极其重要的概念,即知识的概念。在哲学传统中,人们认为我们对自己心理状态的熟知所特有的原初性为我们能够知道或者至少有理由相信一切其他事物提供了基础;因为按照传统的观点,我们确实知道我们自己的思想、经验等等的内容,但是超出这个范围便只能根据它们作出多少带有疑问的推论。与这种观点相反,维特根斯坦争辩说对于知识概念的这种用法是完全错误的,理由在于我们只能知道可以有意义地加以怀疑的事物,而因为只有当人们感到疼痛或期待听到砰的一声响时才不会怀疑这两种感受,所以我们不能说**知道**人们感到疼痛或具有这种期待。这一论点通过观察维特根斯坦对于G.E.摩尔关于知识和确实性提出的某些论题的回应可以极其明白地看出来。

摩尔在一篇题为"关于外在世界的证明"的有名论文中争辩说,存在着一些他能完全确实知道它们为真的命题。一个命题是"他有两只手";他说,"证明"(如果需要的话)就是他能高举双手并展示它们。因此还有许多可以同样确实知道的其他这类命题。摩尔在这里是以批评的态度暗指笛卡尔在其《沉思录》中提出的主张,即一方面人们只要想到就能够确实知道作为一个"会思维的事物"(心灵)的自身存在;另一方面却可以对人们有“手和身体”提出合理的怀疑(《沉思录》,第一部分)。按照摩尔的“常识”哲学,这一类怀疑可以极其容易地驳倒;证明有手存在简单到只需展示双手。维特根斯坦虽然站在摩尔对笛卡尔关于知识和怀疑的观点进行的实事求是的反驳这一边,但他认为笛卡尔和摩尔两人对这些概念的思考都是错误的。正如已经指出的,他的理由是当怀疑本身没有意义时要坚持对知识的主张也是没有意义的;因为除了在极少的不幸的场合,人是否有手的问题根本不会而且不可能有理由出现,所以“我知道我有两只手”这句断言涉及对“知道”一词的误用。维特根斯坦的论证理由依靠对怀疑性质的思考,以及他对于构成我们日常知识和我们日常生活的“基础”的事物的看法。这些思考有如下述。

维特根斯坦说,怀疑本身只有在一种语言游戏的背景下才是可能的。如果要让关于我是否有手的怀疑清晰易懂,我就必须理解谈论“手”和我“有”手是什么意思。但是这样一来,这种理解由于它以使其可能存在的语言游戏为基础,本身就使得这类怀疑没有意义;因为有了怀疑就威胁着所使用的词带有意义这种状况本身。“我在我的句子中不假思索就使用‘手’这个词以及所有其他的词, 实际上如果我甚至想去怀疑这些词的意义,我便会面对着虚空的深渊——这表明不容怀疑属于语言游戏的本质。”(《论确实性》,370)应该记得,一种语言游戏就是一种生活形式;这是一种实践或者一组实践,需要具备关于字词用法规则的共识。根据维特根斯坦常说的“我们讲话的意义来自我们的其他行为”(《论确实性》,229),可以推论出“如果你什么事实也不确知, 你也就不能确知你所用的词的意义”(《论确实性》,114)。这不仅表明除了在极其不寻常的情况下,怀疑人有双手在语言游戏内部是没有意义的,而且表明语言游戏本身不能作为整体或从“外部”加以置疑：作为一种生活形式，语言游戏是“早已给予的事实”。维特根斯坦指出，一个小孩比如说正在学习历史，他就必须先接受语言游戏，然后才能提问某件事情是否真实或者是否存在（《论确实性》，310—315）；他说，“怀疑出现在信念**之后**”（《论确实性》，160）。如果学生继续怀疑世界的存在是否超过几个小时或几年之久，那么他们学习历史的任务就不可能完成。维特根斯坦说这样的怀疑是“空洞的”怀疑（《论确实性》，312），因为实际上这样的怀疑是让整个语言游戏本身成为不可能。但是如果语言游戏是不可能的，那么怀疑本身也就不会有任何意义：“一种怀疑一切的怀疑就不成其为怀疑。”（《论确实性》，450）

这些思考所排除的是与我们的语言及其他实践的基础相关的怀疑。维特根斯坦并不是说对任何事物都不能有任何怀疑，因为这当然可以有。但是合理的怀疑只能在一个本身不能被怀疑的框架的背景下才有意义：“怀疑这种游戏本身就预先假定了确实性。”（《论确实性》，115）所以摩尔肯定自己的手存在的主张——以及推广到任何肯定物质事物的存在、这个世界的历史连续性等等基本事实的主张等——就不是可以合理加以怀疑的事物，因为这些事物构成了我们全部实践的参照系。维特根斯坦说：“我的**生活**就在于我满足于承认许多事情”（《论确实性》，344）；“我的生活证明我知道或者确信在那边有一把椅子或者一扇门，等等”（《论确实性》，7）。因此在维特根斯坦看来，摩尔——以及（笛卡尔的）哲学传统，其观点影响了摩尔对这些问题的看法——的错误在于未能看清他不知道并且不能知道他认为自己知道的东西：“我想说的是：摩尔并不知道他断言自己所知道的事情，但是这些事情对他来说是不可动摇的，正如对我来说也是这样。将其看作绝对稳固的东西是我们进行怀疑和探索的**方法**的一部分。"（《论确实性》，151）"当摩尔说他知道某些事情时，他实际上是在列举许多我们无须特别检验就可以肯定的经验命题。这些也就是在我们的经验命题体系中完成特殊逻辑作用的命题。"（《论确实性》，136）

关于某些命题的"检验"及"特殊逻辑作用"的想法令人想到维特根斯坦在其后期著作中其他地方就相关事实所讲的话，即具备理由或给出证明终得有个结束。它们结束的地方就是构成语言游戏的生活形式；这就是赋予我们的行为以可理解性的框架结构。检验我们的信念只能以无需检验的信念为背景来进行。"我们所提的**问题**和我们的**怀疑**依靠这一事实，即某些命题是不容怀疑的，它们好像是这些问题和怀疑赖以转动的枢轴。"（《论确实性》，341）。这些不容置疑的命题就是"语法"命题，即构成我们的语言和实践的框架的命题，它们构成了在其中进行一切检验的体系（《论确实性》，83、90—92、105）。维特根斯坦以不同的说法描述了这些命题所表示的信念，以说明它们所起的基础性作用：他说我们对它们的确信乃是由于我们的天性（《论确实性》，359），它们在"我们的参照系中所起的特殊作用"（《论确实性》，83）在于它们就是我们日常可检验的信念的"来源"（《论确实性》，162）或"支架"（《论确实性》，211）。

尽管维特根斯坦说这些信念构成了我们的语言游戏的"基础"（《论确实性》，401、411、415），他所用的这个词的意思却不同于哲学家通常所指的意思。"基础信念"通常用来指那些固定且持久的信念；所以有些哲学家主张，有一些信念是任何可以作为思想或经验的事物在逻辑上的必要条件，甚至火星人或神灵都得具备它们才可以享有任何被认作经验的事物。与此相反，维特根斯坦却说基础信念的基础性只是相对而言的——它们就像确定一条河的流向的河床和两岸（《论确实性》，96—99）；河床和两岸由于长时间经受腐蚀而移动，但这是一个长期的过程；从日常谈话和实践的观点看，人们可以把基础信念视为“稳固的”和“可靠的”东西（《论确实性》，151）。但是重要的论点是：“语法”命题所起的基础性作用在于其在实践或行为中的不容置疑性：“某些事情**实际**上是不受怀疑的，这一点属于我们科学探究的逻辑。”（《论确实性》，342）

维特根斯坦关于怀疑与确实性的探究的要点包含在一个不必回答的反问中，即“人们能够说‘没有疑问的地方也就没有知识’吗”（《论确实性》，121）。这句话的目的在于从根本上推翻笛卡尔认为第一人称的知识才是**知识**的观点，从而支持了维特根斯坦对于下述观点的攻击，即个人心理状态具有特许权，哲学家在其中找到了不仅是知识的而且是意义和理解的来源。方才所讲的维特根斯坦关于知识的思考虽然来自《论确实性》，代表比《哲学研究》晚些而且更为详尽的对这些问题的看法，然而这种看法的基本主张也表现在维特根斯坦后期哲学的其他部分，表现在每当维特根斯坦想表明心理概念并不适用于某种本质上属于个人的东西的地方。维特根斯坦在《哲学研究》中有一段与自己的对话，可以说明这一点：

> 我的感觉在什么意义上是**属于个人**的？——的确，只有我才知道我是否真感觉疼痛；旁人只能猜测。——从一方面讲这是错误的，从另一方面讲则是无意义的。如果我们正在照通常用法使用“知道”这个词（我们又怎能用另外的方式使用它？），那么其他人往往知道我感觉疼

痛。——是的，但是仍然不像我自己知道得那么确实！——就我来讲根本不能说(除非是开玩笑)我**知道**我感到疼痛。这句话除了可能表示我**确实**感觉疼痛，还会表示什么意思？(《哲学研究》,246)

6. 一些思考与评论

以上各节表明维特根斯坦的后期哲学是一个由相互关联的论题构成的复杂结构。然而其基本意图却是清楚的，表达这一意图的关键概念——用法、规则、语言游戏等等——在所有后期著作(包括讲数学基础的著作)中都占有显著的地位，所以辨认它们和大体上看清它们的预定任务并没有什么困难。我现在将就维特根斯坦后期哲学的工作规划并就其中心概念作一个简短的考察。有许多细节需要作出评论，但我的讨论只限于就维特根斯坦哲学的要旨作一些关键性的评述。

有批评眼光的读者对他的后期著作的直接反应是：其中的主要观念不是含糊不清，便是隐喻式的，或者两者兼有。"游戏"的观念是一个隐喻；"用法"和"生活形式"的说法也不明确。这当然是有意为之；维特根斯坦的方法就是避免作系统的理论阐述，而坚决维护语言的**多样性**，他的动机是不要掉进《逻辑哲学论》中所说的陷阱，即建立一种严格统一的语言、思想观，从而只会曲解或者至少过分简化有关的论题。但是后期哲学的读者也许会怀疑维特根斯坦已在急于抛弃一种整体的观点时转而走向另一极端；代替早期哲学中发现的单一的固定构架的是由各种不同实践结合起来的大拼凑，维特根斯坦说，这些实践是如此多样，以致对于意义和理解的性质不能给出系统的说明(而对于它们所不具备的性质即个人的任何心理状态或过程在他看来却可能给出系统的说明)。人们也许会同意维特根斯坦的看法,即认为寻找《逻辑哲学论》所提供的那种理论是一个错误;但是这并不能推论出对语言不能作系统的说明,因为尽管在考察一组互相关联的和成型的实践——不管是涉及骑自行车或是说一种语言——的时候不能作出系统的说明是有道理的,对所谈的问题给出理论的表述(进行叙述,提供描述,甚至给出说明)却应该是可能的。维特根斯坦并没有说过让我们相信这类事情是无意义的或不可能完成的话。相反,维特根斯坦本人在讨论规则、语言游戏等等时似乎就恰好做了这类事情,尽管他曾正式否认要提出正面理论。但是他的说明是高度概括性的,所以在一些至关重要的方面显得过于含糊;人们觉得我们对所讨论的问题会有进一步的理解,假如维特根斯坦对他的观点赋予更加确切的内容并且大胆讲出他认为这些观点怎样用于实践的话。

对于他的后期哲学的一项重要批评也许就是认为普遍诉诸"用法"和"遵循规则"等观念——特别由于维特根斯坦认为"用法"和"遵循规则"的意义由于语境的不同而有很大变化——提供的说明少得令人难以满意。如果人们以劝人相信意义就是用法为例,看一看人们从中学到多少东西,上面这种保留意见便会显得更加明晰。

首先必须看到"用法"的概念本身就是一个多样性的概念。人们可以说怎样使用某种东西,为了什么目的使用它,什么时候适合使用它,甚至可以说用在什么事情上(例如说"用猪油来烘焙食物")。就前两项来说,以锤子为例,人们可以用握住锤柄并让锤头平面对准目标来说明怎样使用锤子,而十分不同的则是使用的目的,即打进钉子、打平表面、让会场安静等等。这样的说明向我们讲出关于锤子的一些情况，尽管它们并未唯一确定地讲出我们所说的东西是锤子——有许多我们要握住其手柄的东西（高尔夫球棍、行李箱）或者可以用来打进钉子的东西（鞋的后跟、一块石头）。显然人们可以照维特根斯坦的提示用类似的方式谈论字词的用法；人们可以说明怎样使用一个词，什么时候适合使用它，以及能用它做什么工作。但是这类说明在什么意义上是关于**意义**的说明？假如我告诉你怎样使用一个词：如果我说这个词用得很有效，或者说用得很无礼，或者说用得富于思想见解，那么我就是一点也没有谈到它的意义。假如我告诉你某个给定的词可以用来达到什么目的：如果我说它可以用来侮辱、安抚或启发，那么我仍然一点也没有谈到它的意义。

这些评论表明意义与用法之间的关联并不像维特根斯坦的说法有时暗示的那样紧密和明显。毫无疑问，坚决赞成意义与用法是一回事的学说是错误的。这可以从下列事实得到证实，即人们可以知道词的意义（按照这个短语的完全通用的意思）而不知道其用法，人们也可以知道其用法而不知道其意义。例如人们可以知道拉丁文"jejunus"一词意指"饥饿"而不知道怎样用在句中；反过来说，人们可以知道怎样使用"阿们"和"证毕"（QED）这些表达式而不知道其意义。另外，许多词有用法而无意义——人名、介词、连词等都是恰当的实例。因此用法决不是意义的全部内容，用法可能是意义的部分内容，但却未能穷尽意义所包含的所有内容。此外，说用法是意义的部分内容这句话本身没有提供多大帮助——充其量只是一个起点；因为构成人们使用表达式的能力的知识或行事能力是什么并不能由用法概念本身得到说明；人们必须作进一步（或更深一层）的观察。

维特根斯坦在其后期哲学中将用法作为一个关键性概念主要是由于他想将注意力集中在用字词做什么上面，因为照维特根斯坦看来，讲明这一点就等于（通过某种并不完全清楚的方式）讲明了意义本身。评价这个关键性概念的一个方法就是看到在维特根斯坦的思想对哲学产生最直接影响的时期，这一概念曾与关于语言用法中所谓“言语行为”这方面的讨论紧密关联在一起。让我们看一看使用“停止！”“它在什么地方？”“它在桌上”这些表达式时做了什么事。第一个是命令，第二个是询问，第三个是陈述——命令、询问、陈述是我们在使用语言时所完成的行为，因此叫作“言语行为”。还有许多其他言语行为，例如许诺、评价、批评、称赞和开玩笑。这里的观点是：表明怎样用一个表达式来完成一种言语行为就是告诉我们该表达式的意义。举例说，在一种经过多次讨论的道德话语理论中，有人提出“好”这个词在言语行为中的作用就是称赞和评价，这就使得我们可以说，当我们说明“好”是**用来**称赞某件事物或对其作出正面评价时，我们也就说明了“好”的意义。同样，有人主张当我们看到用“真”这个词来确认、支持、承认或同意某种意见时，我们也就掌握了“真”的意义。这些建议也许使维特根斯坦本人较为含糊的看法显得更为精确，从而也就更加言之成理，但是它们又一次表明不能令人满意。讲明原因会帮助说明人们对无条件诉诸用法概念所感到的不安。

让我们看一看这个主张，即认为“好”是用来完成称赞这一言语行为的。如果某个人说“这是一支好钢笔”，那么显然他是在称赞这支钢笔。但是如果某个人问“这是一支好钢笔吗？”，那么同样明显的是没有进行称赞，即使“好”在此处是按原义来用的。维护言语行为理论的人也许会说“好”并不是**一成不变**地用来称赞，但它出现在话语中通常表示称赞这一言语行为即将发生，所以“这是一支好钢笔吗？”可以被解释为具有“你称赞这支钢笔吗？”的含意。但即使这样也不行，因为类似“我拿不准这是不是一支好钢笔”，“我不知道这是不是一支好钢笔”，“我希望这是一支好钢笔”等句子都与称赞无关，这一点可以从以下事实得到证明，即人们并不是在说“我拿不准我是否称赞这支钢笔”，“我希望我称赞这支钢笔”等句子。

这些思考表明：以为只要想到“好”、“真”这些字词的主要用法本身就足以解决我们所有关于它们意义的问题是一个错误。事实上人所共知的情况是好与真的问题是典型的哲学上的大问题，不能仅靠观察“好”与“真”在日常用语即在其通常出现的语言游戏中的实际用法来解决。维特根斯坦的观点似乎蕴涵着这个推论，即如果我们“想到”这些用法，哲学上关于好与真的困惑就会消失。事实远远不是这样。

这些评论表明有一个理由让人们对他的后期哲学感到不满意，这就是维特根斯坦的一些关键性概念——这里讲的是用法——的含糊性。另一个理由是：他的思想的这个特点实际上不是解决而是招来常见的哲学上的困难，其中有一些是很难解决的困难。举一个例子说，他的后期哲学有时似乎向我们提供了一种语言观——更确切地说是涉及语言的各种不同种类的实践的拼凑，即将语言看作在某种程度上独立的东西。好像语言是一种浮游于一切事物之外的客观实在，自成一个世界，完全不同于《逻辑哲学论》所提出的语言观，其中一方面是独立的事实领域，另一方面则是与之相对的语言（思想），前者限制并确定后者，由真、伪构成两个结构之间的对应或不对应。与此形成对比，后期哲学则有时似乎暗示：世界依存于包括语言在内的"生活形式"；至少谈不上由某种独立于语言的东西来确定语言的正确使用——我们在语言使用上的对与错并不依靠我们是否正确描述客观事实，而是要看我们是否遵循我们的语言群体共同同意并遵守的规则。整个群体的运作也谈不上对与错，只是运作而已；对于用法的唯一限制都来自内部且基于共识和习惯。假定用法的改变是系统的、覆盖整个群体的话，那么任何改变都将不会——因为任何改变都不能——被发现；这个群体也许会合作改变规则的使用，不管是以渐近的还是随意的方式，而这却不会为人所知或至少被认为无关紧要。实际上，这些评论不会有什么意义，因为它们预先假定了某个可以进行比较的有利观点——但是这一观点由于是生活形式之外的东西，所以是不可能有的。

在对维特根斯坦的著作文本进行一番研究之后，我们并不容易理解这一点。大多数信奉维特根斯坦主张的人否认他的后期哲学是一种"反实在论"，但同时维特根斯坦本人却似乎认为关于独立存在的实在这个问题，人们最多只能说我们的语言游戏，即我们借以处理一些比如说椅子、桌子等等事物的语言游戏，就**预先假定**了我们对其存在的确信。这就是《论确实性》所表达的观点，即认为许多信念的有效性存在于它们在语言中担当的角色；我们关于外在世界（其中有手和存在了很久的物体）的谈论的意义恰好就依靠我们毫不置疑地将这些信念本身（我们在这里有更多的隐喻）当作那种语言游戏本身的"河床和河岸"或"支架"。维特根斯坦在提出这个论点时说，类似"物体存在"这样的命题是"语法性的"，它们在我们的话语中的特殊任务是构成使话语有意义的条件的一部分。同样，宗教话语也是一种语言游戏，在其中谈论上帝也是类似地完成一种基本任务，因此宗教话语的有效性是某种内在于自身的东西(许多神学家怀着感激之情从维特根斯坦那里将这一论点接受过来，因为它有助于反对那种认为不存在独立的手段去证实宗教主张的批评)。这里谈不上提问，更谈不上回答这些语言游戏作为一个整体的有效性问题；语言游戏依存于"生活形式"(共同的经验、一致的意见、习俗、规则)，后者是前者的基础并赋予它内容。所以照维特根斯坦的观点看，语言与思想在某种意义上似乎是从内部决定自身和构建自身的，因而实在并不像他在《逻辑哲学论》中所认为的那样，是独立于语言和思想的。

这样一种观点产生的问题很多。其中一个问题是：如果我们接受这样一种观点，我们就得说明在日常经验中世界对我们**显示**的独立存在的特性。如果不存在一个限制我们行动、思想和谈话的真正独立的世界，那么为什么看来似乎存在一个这样的世界？为什么至少表面上看来我们的实践和思想总是努力适应某种难以驾驭和独立的东西？世界显得独立于我们而存在这一事实确实可以由反实在论的学说加以说明，甚至那些认为存在物由思想或经验决定的彻底反实在论的说法也可以做到。但是这样一种学说的**细节**是极其重要的，因为这个学说的可接受性完全依靠它们。所以如果维特根斯坦确信这一看法，即认为实在并不独立于语言和思想，那么他就有(但并未完成)一种责任，要更详细地讲明为什么我们的经验与信念这样明显地带有实在论的色彩。

维特根斯坦的观点产生的这些问题引起了另外一个有关的问题，即这些观点有时似乎将维特根斯坦推向了**相对主义**。这是一个不仅让哲学家而且让人类学家感兴趣的问题，它也部分说明了为什么后者对维特根斯坦发生兴趣。我们可以对相关内容说明如下。

广义来讲，有“文化的”和“认知的”两种相对主义。文化相对主义主张：在各种文化或社会之间或一种文化或社会的不同阶段之间，在社会的、道德的和宗教的实践和价值上存在着差异。举个实例说，在区分当代西方社会与比如说印度社会的事物当中，求爱和结婚的习俗就有明显的不同。在印度社会中，婚姻是由别人安排的，在举行婚礼前双方只在家人的陪伴下有一两次短暂的会面。在西方求爱的开始完全是靠机遇，而决定其是否继续和最终结果的则是个人的选择。显然在这两种社会中婚姻制度有着不同的意义。

文化相对主义并不产生哲学上的问题，因为显然我们能够认识上述这类差异就预先假定了我们能够接触其他文化，让我们能够认识差异**之为**差异；这就表明各种文化之间有些共同点，使得相互接触以及随之而来的相互理解能够发生。

认知相对主义是一件完全不同的事情。这种观点认为对于世界或经验有着不同的感知和思考方式，这些方式非常不同，以致属于一个概念群体的成员根本不能理解属于另一个概念群体的成员的情况。有些哲学家争辩说，就不同于我们自己文化的任何文化而言，甚至就我们自己文化历史上一个早期阶段而言，我们对于其成员的情况最多也只能有一种不确定的理解。他们声称，这是因为任何世界观都带有很强的理论性和解释性，而我们让一种陌生的世界观——一种陌生的概念系统或维特根斯坦所说的“生活形式”——变得可以被理解的努力不可避免要通过我们对陌生人的概念以及信仰和实践的再解释来进行，因为这是我们根据我们自己的观点可以理解它们的唯一途径。照这种观点看，可能甚至非常可能存在着与我们自己的概念系统非常不同的概念系统，以至我们不能认识到它们的存在——或者即使我们能够认识到，它们却仍然完全处在我们从内部察看其一鳞半爪的能力之外。由认知相对主义得出的一个直接推论当然是：真理、实在、知识、道德价值等等都是**我们的**真理、**我们的**实在等等；它们不是绝对的，而是相对的；它们只限于对我们适用，甚至只限于对我们占有的这段历史适用；因此存在着许多关于“真理”、“实在”和“价值”的不同观念，正如存在着不同的概念系统或“生活形式”一样。

维特根斯坦有时看来似乎赞成刚才所讲的认知相对主义。他说：“即使狮子能讲话，我们也不能理解它”（《哲学研究》第二部分，第 223 页），“我们不能理解中国人的手势，正如我们不能理解中文句子一样”（《字条集》，219）。这些说法暗示相对主义适用于各种“生活形式”；维特根斯坦可能在讲，因为意义和理解是以参与生活形式为基础的，而且因为狮子和中文以不同方式所参与的生活形式与我们的生活形式完全不同，所以我们也就不能理解它们，即我们无法理解他们的事物观，反之亦然。在《论确实性》中，维特根斯坦似乎相信相对主义适用于贯穿时间中的某种生活形式，他说我们自己的语言游戏和信念在改变（《论确实性》，95、96—97、256），这就表明我们在认知上也许不能理解我们祖先的事物观，正如不能理解狮子的或同样不同的中国人的事物观一样。

认知相对主义是一个令人头疼的论题。考察一下这个论点，即认知相对主义让真理、实在和价值等概念成了共同参与一种生活形式的人在某一特定时间、地点所碰巧形成的概念，而其他生活形式则在其他时间、地点产生了关于它们的不同的、也许是十分不同的甚至相反的概念。实际上这表明所说的概念并不是我们通常所愿意理解的**真理**等概念，而只是意见和信念等概念。如果认知相对主义为真（但是这里“真”的意思是什么？），我们认为“真理”和”知识”具有我们通常赋予它们的意义就是错误的，因为只有“相对的”真理，只存在**我们**在**这个**思想群体之历史的**这段**时期中所理解的实在。

认为维特根斯坦抱有这样一种观点是与他在其他情况下所说的许多话相一致的。对维特根斯坦来说，语言表达式的意义就存在于我们对它们的使用上，这种使用遵循一起参与一种生活形式的人所同意的规则。这对于“真”和“实在”等表达式本身来说大概是适用的——确实，维特根斯坦的论点恰恰认为一旦我们想起了这类表达式的通常用法，它们就失去了哲学上的重要性。由此可以得出：有可能存在具有不同共识和规则的其他（即使只有一种）生活形式就因此意味着每一种生活形式都对“真”和“实在”赋予其自己的意义——所以“真理”和“实在”都是相对的而非绝对的概念。这是一个关系重大的主张。

根据维特根斯坦的一些说法——特别是关于“天然表现”，即人们由于人的天性而易于采取的感受和行动的方式的说法——我们也许会认为一切人类群体都具有相同的生活形式，因此真理就是人类的真理，实在就是人类的实在。这就是说，维特根斯坦所主张的相对主义也许干脆就是人类中心论。这种解释得到他下面说法的支持，即“人类的共同行为是我们借以解释一种未知语言的参照系”（《哲学研究》，206，参看207）。但是他关于中国人的谈论（与刚才引用的说法相冲突，参看《字条集》，350）却似乎在提出一种更彻底的相对主义；与被“生活形式”概念所接受的一种解释相符，维特根斯坦也许抱有这样的观点，即认知的相对性遵循的是与文化的相对性相同的分界线。这确实算是一种极端的相对主义。

然而人们却无须拿这样一种极端形式的论题作为批评的靶子来说明认知相对主义不可接受。这一点可以证明如下。假定认知相对主义是对的，我们又怎样识别另一种生活形式之为另一种生活形式？认得出某种事物是一种生活形式并看出它不同于我们的生活形式的能力确实要求我们有一种**手段**去确认其存在并指明将其与我们的生活形式区分开来的东西。但是，如果这种另外的生活形式不为我们所知，即对我们试图对其进行足够的解释从而说明其为生活形式的努力大门紧闭，那么这种手段就是不可得的。这就表示**如果**我们要从根本上谈论"其他生活形式"，我们就必须能认出它们是生活形式；我们就必须能认出构成生活形式的行为和实践的形式的存在，而在参与该生活形式的人中间有着共识并以此作为参照系来使实践得以持续。另外，如果我们想要看到这种生活形式与我们自己的生活形式之间的不同，我们就必须能够识别这些不同；这只有在我们能够充分说明其他生活形式，使这些不同之处变得明显之后才有可能。因此在两种生活形式之间就必须有足够的共同点才能作出这种说明。这种共同点必须包含两个相关的因素：第一，我们必须与其他群体的成员具有某些共同的知觉和认知方面的天然能力和反应，因此至少有着某些相似的关于世界的信念；第二，我们必须能够与其他群体的成员共同遵守某些支配这些信念的原则；举个重要的实例说，即人们相信并因此作为行为依据的东西被认为是真的。正如已经讲过的，这是必然如此的，因为只有在一个共同的背景下才能察看出不同来；如果一切都不相同，那么参与一种生活形式的人甚至不可能对另一种生活形式的存在展开猜想。

但是这种不同生活形式相互之间可了解性的要求就表明了认知相对主义的谬误。原因在于“不同的”生活形式中有些方面具有一个经验上和概念上的共同基础,使得不同的生活形式之间有可能相互了解,正是这些方面让我们对这些生活形式根本不能作认知相对主义的解释。作为一个不仅无懈可击而且重要的论题,文化相对主义本身确实只有在认知层面上各种文化之间可以相互理解的条件下才有意义。因此,将会变得明显的是能够存在的唯一可以令人理解的相对主义就是文化相对主义。

维特根斯坦的相对主义或者至少有时看来是由其观点引申出来的相对主义并未在文化相对主义与认知相对主义之间作出区分。确实,他似乎并未注意到从他的一些说法特别是他的“生活形式”概念可能引申出一种不可接受的相对主义来。然而这一概念支持着他的全部后期哲学,作为“既定条件”或“基本原则”为意义、用法、规则、知识和心理概念提供了最终的基础。因此,这一概念固有的含糊性及其不可接受的或者明显的相对主义的推论为维特根斯坦的整个后期哲学提出了一个问号。

以上讨论涉及的是维特根斯坦哲学的一般论点。现在我来讲一个较为具体的问题,即维特根斯坦关于遵守规则和私人语言的讨论。这构成了他的后期哲学中最核心和最重要的方面。但是这里同样存在一些问题,最主要的是维特根斯坦的这些观点并不具备一贯性。这一点可以阐明如下。

维特根斯坦驳斥私人语言的论证通常被认为是这样一种论证:它否认在逻辑上属于私人的(即只有一个人能够知道的)

语言存在的可能性。这就预留了私人语言可以偶然存在的可能性，即事实上只有一个人知道但别人也许能够理解的语言——简单地说，这种语言可以翻译成公共语言。人们有时会想到佩皮斯的《日记》是偶然存在的私人语言的一个实例；但这只是一种用密码写下的公共语言，并不构成在哲学上令人感兴趣的私人性。一个更好的实例也许是某个生下来就孤独生活的人——一个终其一生的鲁滨孙·克鲁索可能发明的语言。这样一种语言在某种令人感兴趣的意义上会是私人性的，但它只会是偶然存在的私人语言，因为别人也许会理解它。根据维特根斯坦的观点，鲁滨孙·克鲁索的语言只是因为大家可以理解才算是一种**语言**。

评论家关于维特根斯坦力图排除逻辑上的而不是偶然存在的私人性的一贯主张来自这一事实，即偶然存在的私人语言这一概念似乎是完全合理的；人们广泛认识到这类语言有可能存在，而且很难作出与此不同的论证。

然而当我们审视维特根斯坦关于遵守规则的论述时，却发现他本人站在一种不同于主张不可能存在逻辑上的私人语言的观点、而且比这种观点还要坚定得多的立场上。对于遵守规则的考察可以推出语言本质上是公共性质的。概括地说，这种论证就是认为使用语言乃是一种遵守规则的活动，而规则又是由一个语言群体当中的共识形成的（只有在这样一个群体内人们才能做到遵守规则，否则人们就不能区分遵守规则与只是以为自己在遵守规则；只要不能作出这种区分，便不会有遵守规则从而也就不会有语言）。但是照维特根斯坦的论证看，如果使用语言是一种遵守规则的活动，而这种活动本质上又是一件基于共识的事情，那么语言在本质上，即在逻辑上就是公共性质的。

维特根斯坦面对的问题就在这里:如果语言在逻辑上是公共性质的,那么就不可能有任何意义上的私人语言。不可能有一个生下来就是鲁滨孙·克鲁索的人来发明并使用一种甚至是偶然存在的私人语言,因为按照遵守规则的论证,他(由于不是一个语言群体的成员)不能区分遵守规则与只是以为自己在遵守规则,从而也就根本不可能是在使用语言。

为什么根据维特根斯坦的原则不可能有偶然存在的私人语言?这里确实还有一个相关的深层原因,即这类语言是无法启动的。这是从前几节中提到的维特根斯坦关于语言学习所讲的话得出的,而语言学习要求有一个公共的背景,初学者能够在自己语言群体的实践(主要是遵守规则的实践)中得到训练。一个生下来就过着鲁滨孙·克鲁索式生活的人不可能有这样的开始,因而(按照维特根斯坦的观点)也就不会有语言。

这样一来,维特根斯坦的观点的明显冲突就是介乎坚决主张语言在逻辑上具有公共性质的观点与较温和的主张不可能有逻辑上的私人语言的观点之间的冲突。前者排除了偶然的私人语言存在的可能性,而后者则不排除这种可能性。维特根斯坦在详细讨论规则时维护前者,而在详细讨论私人语言时则维护后者。然而就他总的立场来讲,关于遵守规则的看法及其涉及的各个方面(共识、语言群体等等)都具有根本的重要性。因此,如果要作出选择的话,维特根斯坦看来必定坚持彻底的论点,从而摈弃较温和的论点。但是这样一来代价却是维护了不可能有偶然存在的私人语言这一存在争论的论点。(另一个选择——放弃较彻底的论点——则是维特根斯坦不能接受的;如果采纳这种论点的话,他就是放弃了他后期哲学中至关重要的部分。)

维特根斯坦的立场所遇到的这些困难让人想到,遵守规则和私人性等问题产生了又一个严重的问题。这个问题我们早已讲过:它涉及这一事实,即如果规则的形成来自一个语言群体中的共识,而不是由任何在语言群体之外的事物来决定,那么一个假定的私人语言使用者面临的问题——即他不能确定自己是在遵守规则还是只是**以为**自己在遵守规则——也是整个语言群体面临的问题。这个群体怎样确定它是否在遵守规则?维特根斯坦给出的答案是:不能确定。这一承认便是问题的要害。就个体的情形来讲,如果作出这一重要区分无关紧要的话,那么照维特根斯坦看来,这个人根本没有遵守规则,从而也就没有使用语言。但是这不适用于语言群体吗?如果适用,那么看来就会出现悖论,即该语言群体并没有使用语言。

在近来关于维特根斯坦的讨论中,人们已在努力解决这些以及其他困难。实际上这些困难是严重的,从根本上动摇着维特根斯坦的观点。综合上面概述的较为普遍的批评,可以说维特根斯坦的后期哲学并不像表面看来那样有说服力。

第四章

维特根斯坦与晚近哲学

A.J.肯尼把维特根斯坦称作"20 世纪最重要的思想家"。G.H.冯·赖特认为他是"我们这个时代最伟大和最有影响的哲学家之一"。J.N.芬德利虽然反对维特根斯坦的观点,但也把他说成是一位"有重大影响和独创见解的思想家……思想深邃……才华横溢"。类似的说法在论述维特根斯坦的文献中比比皆是。

任何一个人读到这类高度评价,自然都会以为维特根斯坦是 20 世纪哲学领域最具影响力的人物。实际并非如此。为说明这一点,最简便的办法就是指出:在维特根斯坦生前和死后,除了他的少数学生所做的工作外,哲学界的大部分活动恰恰是维特根斯坦著作所贬斥的东西——也就是说,哲学家进行系统研究的正是那些他所说的在人们适当注意语言之后就会消失的"哲学问题"。事实上,大多数现当代分析哲学家根本不同意这种主张。实践表明,他们完全没有接受维特根斯坦的看法,弗雷格和罗素的哲学遗产对他们所起的作用超过了他的影响。因为其中一个理由就是他们仍然属于维特根斯坦力图否定的主流哲学传统。这对了解维特根斯坦在当代哲学中所占的地位是件重要的事情,因为正如我们在前面各章已经看到的,他对哲学传统的否定就表现在他对该传统所指定和界定的哲学问题的否定上。除了他自己的学生,大家都不同意他对这个中心问题的看法；这就表明维特根斯坦对当代哲学的影响远远不像肯尼、冯·赖特和其他一些人所说的那样大。

然而这样说并不是对维特根斯坦的哲学地位提出一种相反的评价。判断维特根斯坦是否可以同诸如亚里士多德、洛克、康德这些大家并列还为时过早,这些人在哲学史上的地位是由于后世对他们的著作价值的肯定而确定下来的。理由也很明显,即对当代的和在世的哲学家难以作出确切的历史评价。纵观哲学史就可以发现有半打思想家在我们看来占有很高的地位；在他们身边还有一打有着持久影响力和重要性的哲学家。这是一批英才。人们很容易忘记此外还有许多人写过和教过哲学,其中有的在当时和之后还颇有名气,然而他们的声誉却没有流传久远。马勒伯朗士就是一个例子。这位 17 世纪末、18 世纪初的法国神父在当时誉满知识界,他的著作让许多人竞相仿效,也招来许多反对意见。洛克就曾为他写过一部专论;青年时期的贝克莱在游访巴黎时还特别想和他晤面。洛克和贝克莱的著作继续有人研究,而马勒伯朗士的著作却被人遗忘。在那些一般来说受到尊重但是除了少数哲学家和信奉者便很少有人去阅读的哲学人物当中,还可以举出一些不那么引人注目的实例;普罗提诺、阿奎那和叔本华是随意举出的也许带有倾向性的例子。尽管这些思想家在生前和死后一段时期受到人们的赞赏和尊重,在当时(正如事实所表明的)对于他们是否会获得和保持住真正重要人物的地位贸然作出历史判断还是有风险的。甚至重要人物的声誉有时也有起伏,时而显赫,时而低落。

这些考虑在这里必然有其重要性。关于维特根斯坦哲学地位的一些说法,如果有什么价值的话,只能是关于他死后的那段时期；由于上述理由，这些说法不会对未来思想家可能把多大的重要性赋予他的著作这一点提供任何指导。所以在试图确定维特根斯坦的地位这件事上，最好还是暂不作出上面那种判断，而是尽可能按照事实讲话。

描述维特根斯坦在近代哲学中的地位有着某些复杂情况。这些复杂情况主要来自维特根斯坦对其后期哲学思想所抱的保密和犹豫态度。这是因为他不愿让自己的思想尚未臻于完善就散播开来，更不愿让别人仿效或是剽窃自己的思想。因此，他不愿让别人先于自己将这些思想公之于世；但他又从未感到完全有把握发表它们，过长时间的犹豫终于使他的全部后期著作等到本人死后才得以出版。所以有两件事需要加以说明：一件是维特根斯坦与那些跟他同代或接近同代的人在观点上的关联，他们同维特根斯坦一样在哲学上对语言感兴趣；另一件是由少数人组成但却独树一帜的“维特根斯坦学派”怎样在他生前崛起并从此兴盛起来。

正如我们所知，在 1930 年代和 1940 年代的部分时间，维特根斯坦在剑桥教书和写作，他的某些著作曾以打字稿的形式在有限范围内流传。通过他的学生们的活动以及这些打字稿的流传，他的某些思想不可避免地随意流传进哲学界。这些思想的痕迹可以在吉尔伯特·赖尔、J.L.奥斯汀和某些其他人的著作中看到。主要在 1950 年代风行牛津并与奥斯汀联系在一起的所谓“日常语言哲学”有时被认为是维特根斯坦思想教导的结果，但事实上他的影响远非这样直接；奥斯汀确实不曾承认自己的思想来自维特根斯坦。维特根斯坦的观点在倡导 20 世纪中叶占主导地位的对语言的哲学关注方面无疑起到某些作用，即使这种影响只占一部分并且是经过第二道手或第三道手的；

但是同样确实的是维特根斯坦曾觉得“日常语言哲学”有些方面不合自己的心意。那些当时在哲学界享有盛誉的人(除了赖尔和奥斯汀之外,还有比如说摩尔、布罗德、罗素和艾耶尔),没有一个属于维特根斯坦学派;他们当中大多数人并未受到维特根斯坦后期思想的影响,有些人还是对其持坚决反对态度的。

因此,维特根斯坦对他哲学上的同代人的影响是散乱而有限的。一个“维特根斯坦学派”的产生也许因而令人迷惑不解,但是却可由这一事实加以说明,即维特根斯坦在剑桥的一些学生成了他热烈的信徒,而在他死后这段时期他那些学生又通过使徒般的一脉相承而让另外一些人受命成为传人。维特根斯坦学派的人因此成了当代哲学中一个人数虽比较少却能独树一帜的团体。他们认真研究维特根斯坦的原著,应用他的方法,其中还有人由于新的哲学发展有些背离维特根斯坦的思想而不去认真对待。这些追随者出版了相当多的论著,从评注到圣徒传记都有,也包括一些有时引起争论有时又激发思想的有独创见解的著作。

就本文目的而言,最重要的是哲学界对于维特根斯坦思想继续作出的普遍反应。在这里,情况是简单明白的。正如以上所说,根本不存在与维特根斯坦的基本主张有什么普遍的甚至是广泛的一致。确切地说,哲学界对维特根斯坦著作作出的反应正如对任何包含令人感兴趣的思想的著作的反应一样:可获益之处就吸取,不敢苟同之处就表示异议。因此维特根斯坦的某些思想也就引起哲学界的广泛讨论。维特根斯坦后期哲学中有关意义的说法有许多并不令人信服,尽管承认用法是意义的重要部分这个一般的(事实上并不确切的)思想广为流传,而维特根斯坦的著作在传播这一思想上又起过很大作用。哲学界获益最多之处来自维特根斯坦的精神哲学。就意义和精神两方面而言，维特根斯坦的主要想法是否认字词是通过指示即代表事物而有意义的，这也就是他在《逻辑哲学论》中从罗素和其他人那里采纳的观点。许多哲学家已经不是靠维特根斯坦而是独立地认识到这种观点的错误；他的后期哲学最能激发思想（尽管并非都是赞同）之处在于把这种否认应用到心理话语上来，即主张不存在由心理学词汇所指示的隐蔽的或属于私人的客体。与此以及与支持它的意义观相关联的是遵循规则和私人语言这些重要问题，它们都引起了很多讨论。然而许多在其他方面支持维特根斯坦的哲学家在所有这些问题上都持谨慎的态度，因为很难对他所说的话给出明白的解释；维特根斯坦的方法和文体风格所产生的晦涩难懂使得人们对他的一些主要概念（"标准"、"语言游戏"等等）可以作出各种不同的解释，因而很难对他的立场作出确切的说明。由于这种原因，有关维特根斯坦的很多论著都在努力做澄清和解释的工作。

如果人们能找到一项单一的理由来说明为什么很少有哲学家同意维特根斯坦的基本看法，那大概就是哲学家们无法接受他对于哲学困惑的症结作出的诊断。维特根斯坦说问题的出现是由于我们误解了语言的运作。他说我们受到语言的"迷惑"；他还说我们有时有一种误解语言的"冲动"。但是这种说法并不令人信服。不同的哲学家如柏拉图、培根和贝克莱都教人慎重对待语言，而且道理讲得很好，有些道理在上面第一章讲述罗素观点时就提到过；但是说一切哲学困惑都来自对语言的误解则是言过其实。首先，语言是一种可以精确使用的工具。精确使用语言就能够清楚表达和探讨哲学上的困难问题。如果维特根斯坦的观点是对的，那么人们如果相当粗心，有时就只能够描述一个已知哲学问题所涉及的内容了。其次，把维特根斯坦的观点付诸实践的努力表明它们并不能成为解决哲学困难的一种方法。维特根斯坦说我们应该常常记起词语的日常用法以“消解”这类困难。但是正如我们已经看到的，注意“好的”、“真的”和“实在的”的日常用法本身并不能解决我们对“善”、“真理”和“实在”所感到的哲学困惑。事情如果不是这样，人们恐怕早就完成那种令人感激的发现了。

然后我们看到维特根斯坦得到评论家的赞扬，这些人高度甚至过高地评价他的思想和著作的品质。然而他决不是 20 世纪哲学的中心人物。这里并没有什么矛盾之处。大体上讲，衡量一个哲学家的重要性有两个尺度：一是论述他的文献的数量，这是一个比较粗略的尺度；另一个尺度是他的思想如何确定他那个时代及以后哲学讨论的内容和方向——这是一个精确得多的尺度。就第一种标准来看，维特根斯坦是一个重要人物。但这只有在注意到他并不是唯一得到大量评述的近代哲学家时才是正确的；人们会想到弗雷格、罗素和胡塞尔也是许多人研究的对象。注意到这一点会有助于正确看待有关维特根斯坦的文献。然而起关键性作用的却是第二个尺度。正如前面所指明的，进入 21 世纪的哲学的内容和方向（它的问题、关注对象、方法）并非由维特根斯坦的思想所形成。如果像 D.F.皮尔斯所说，维特根斯坦的著作“确实伟大”，那么这种情况就可能改变；未来几代哲学家可能会随着了解的过程而同意詹尼克和图尔明在《维特根斯坦的维也纳》一书中所说的话，即分析哲学家们整体误读和误解了维特根斯坦，因而可能逐渐与当代维特根斯坦学派的人同样基本上信奉他的看法和方法。迄今为止，这样的事还没有发生。

在结束本章时，我要从维特根斯坦的著作在近代哲学中的地位转而谈谈人们关于他的著作本身作出的某些更加偏重于印象的评论。需要讲明的是人们对维特根斯坦著作所持的许多保留意见来自解释上的困难。这些困难产生于维特根斯坦的哲学观和他进行哲学工作的方法。这种哲学观与这种哲学方法是紧密相关的。正如我们所见到的，维特根斯坦认为哲学是一种治疗方法；要紧的是消除错误，而不是建立解释性体系。因此文章风格也就紧紧为这种意图服务。文体是预言式的，好似神谕；由一些短论组成，旨在纠正、提醒、解惑。这就让他的后期著作看来像是拼凑而成的杂论。这些杂论之间的联系往往不够清楚，其中有大量的隐喻和寓言；有暗示、反问句、含义丰富的连字号；还有大量的重复。其中大部分是有意这样做的（这一点已在前面多次得到强调），因为维特根斯坦的文体很明显有意想达到他的治疗性目标以对抗构建理论这种"错误"。然而很少有人会认真向（比如说）学生们推荐这种研究哲学的方法。维特根斯坦的方法在不适当的人手中是很好的掩盖学术欺骗的外衣，因为这种方法**有意地**避免构建体系，从而也就放弃了理论著作所要求和哲学家所普遍追求的必要的清晰、严格和精确。几乎任何人，包括研究哲学以外学科的人，都能为了迥然不同的有时甚至相反的目的从维特根斯坦的著作原文中摘选出需要的语句来。这一事实对于想仿效他的人来说是一个警告；一旦某人的著作成了形形色色的搜寻格言警句者的资料来源，那就充分表明他没有完成一项主要职责，即把意思表达清楚。

这些评论是以承认维特根斯坦本人关于治疗和避免构建理论的正式说法为前提的。当然，前面的讨论证实在维特根斯坦的后期著作中实际上是有一种理论的；这是一种可以清楚表述出来的理论，从关于用法和规则的考察开始，然后表明这些最终都建立在一种生活形式的一致上。这种理论有一种可以辨认的结构和内容，尽管两者都没有得到也许可以实现的明白的叙述和充分的阐明。阅读维特根斯坦著作的大部分困难在于这种理论并不是作为理论来表述的，因为构建理论完全不是作者公开表示的意图——这种理论是零零碎碎地和为了特定目的而显现出来的，因而其中心概念表达得很不清楚且往往缺少论证。

正如在以前各章中一样，在这里受到指责的不清晰性却偶然地被人说成是维特根斯坦著作的一个优点；冯·赖特说："我有时想，使一个人的著作成为经典的条件往往正是这种（可能作出的解释的）多重性。解释的多重性让我们同时既渴求又排斥清楚的理解。"这是替晦涩作出的巧妙辩解；认为这话没有说服力应该是无可厚非的吧。

维特根斯坦比喻的生动性、出乎意料的实例和思想的转折，这些都让人感到他的著作所表达的思想有着某种深奥的东西。从某些方面说，维特根斯坦是个诗人。人们一旦仔细考察过他的著作原文，不再被他的隐喻的光辉和诗的特质所惊服，就会发现其远远达不到对哲学研究的期望和要求——论证很少，关键思想也非常缺少确定性。这是令人失望的。但是维特根斯坦著作的价值也许正是体现于其诗的特质因而也就是体现于其暗示性，正如体现于其实质内容一样。毫无疑问，在这一方面维特根斯坦的著作已经激发出深入的见解和新的观点，特别是在哲学心理学上这些见解和观点有助于推进有关这些问题的思考。带来这种效果的哲学工作总是受到欢迎的。

因为在这里不可能对维特根斯坦的贡献进行详细的评价，

所以用纯属我个人的意见作为结束也许是适当的。同许多人一样，我也不可能不受到维特根斯坦著作的非凡特点的打动，这些著作甚至对于那些披上比较平凡的外衣就是相当常见的思想和观点也会赋予一种奇特的独创性外貌。但是我发现当人们越过表达形式而思考其内容时，就产生一种不可抗拒的感觉：走过维特根斯坦那迂回的、充满隐喻的、有时是难以理解的否定和暗示的旅程是漫长的；但是这段旅程的距离却很短。

回想前文，加上有关维特根斯坦的回忆录和生平记述，让我想到我最后的结束语。后世可能会也可能不会把维特根斯坦看作伟大哲学家当中的一个。然而即使不会把他当作伟大的哲学家，也一定总会把他看作哲学领域的大人物。限于我们的视野，很容易把其中一种人错当作另一种人；时间将告诉我们他是哪一种人。

索 引

（条目后的数字为原文页码）

L

M

N

O

P

R

S

T

U

V

W

Z

A. C. Grayling

WITTGENSTEIN

A Very Short Introduction

Contents

Preface

In this brief account of Wittgenstein I aim to do two things. The first is to make clear, for a non-specialist readership, the main outline of Wittgenstein's thought. The second is to describe the place of his thought in twentieth-century analytic philosophy.

Neither of these aims is easy to fulfil in the confines of a short book. There are a number of reasons for this. The main one is that Wittgenstein's writings are numerous, complicated, and obscure. As a result they invite competing interpretations, and have received many. Full justice to Wittgenstein would require a detailed and therefore lengthy examination of his own writings, together with some account of the voluminous literature which has grown around his work. Nothing of the kind can be offered here. My aims, therefore, are modestly conceived. By 'outline' I mean just that; and I assume no prior knowledge of philosophy on the reader's part.

Followers of Wittgenstein argue that it is a mistake to attempt short introductory sketches of his views. One of Wittgenstein's chief disciples, Norman Malcolm, has written: 'An attempt to summarise [Wittgenstein's work] would be neither successful nor useful. Wittgenstein compressed his thoughts to the point where further compression is impossible. What is needed is that they be unfolded and the connections between them traced out.' Wittgenstein's followers add as a further reason the fact that summaries of philosophical views tend naturally to take the form of a systematic account, in the sense of an orderly setting-out of theses point by point, whereas Wittgenstein in his later philosophy expressed an aversion to systematic philosophizing and refused to engage in it. Therefore, brief sketches of Wittgenstein's views, his followers say, seriously misrepresent not just their content but their intention.

I am not convinced by these points. Wittgenstein's writings seem to me not only summarizable but in positive need of summary, especially now that they run to a large number of posthumously published volumes containing much overlap and repetition. Nor is it true that Wittgenstein's writings contain no systematically expressible theories, for indeed they do. It is the difference between what Wittgenstein says and the way he says it that is relevant here; the fact that his later writings are unsystematic in style does not mean that they are unsystematic in content. In both his 'early' and 'late' work, Wittgenstein puts forward certain key theses, with relations of logical dependence between them, which can be discerned, stated, and explained just as with any philosophical theory. This – briefly and in an introductory way – is what I set out to do here.

The wide latitude for competing interpretations of Wittgenstein nevertheless creates problems. Every commentator tries to give as accurate an account as he can, only to find himself charged with distorting Wittgenstein's views by those who have a different response to them. This might, dismayingly, seem to suggest that there will never be a consensus about what Wittgenstein meant. I do not, however, think such pessimism warranted, for it seems to me that the literature on Wittgenstein already contains substantial agreement about which themes are most central to his work. This is not to deny that difficulties remain; but it does mean that one can identify with some confidence the aspects of Wittgenstein's work which should be discussed in an introduction like this. Like anyone writing about Wittgenstein, however,

I must, to be properly cautious, add that the views I attribute to him are what I interpret those views to be; the qualification 'as I read him, Wittgenstein means . . .' should therefore be understood throughout.

The second of the two aims mentioned above is less difficult to attain. It is to situate Wittgenstein's work in twentieth-century analytic philosophy. This is a narrow aim, for it is not at all the same thing as situating his work in twentieth-century *thought* in general. To relate Wittgenstein's ideas to currents in literature and art, or to speculate whether, say, his early work is 'modernist' and his late work 'post-modernist', or to search for the wellsprings of his philosophy in the intellectual ferment of pre-1914 Vienna – this is not the task I set myself in what follows. Such a task would be interesting and in many ways valuable, but here I fasten upon what is immediately relevant only. Wittgenstein's work, considered strictly in its philosophical aspects, is in general taken to belong to the mainstream of recent and contemporary analytic philosophy. It is in this setting that I discuss it.

It should, however, be mentioned that Wittgenstein's name, and occasionally one or other of his ideas, also appears in writings on anthropology, theology, literary theory, and other subjects. Philosophers in continental Europe, whose recent traditions of thought are rather different from those in the English-speaking analytic tradition, have likewise come to pay attention to Wittgenstein's work. A detailed study might take these wider considerations into account. But here, as remarked, I concentrate on Wittgenstein's thought in its primary setting. Judging whether any value attaches to the use made of it in these other spheres in any case depends on first understanding the ideas themselves. Nevertheless, here and there I point out connections with other fields; this happens mainly in discussion of Wittgenstein's later views.

Exposition and explanation take more room than criticism in what follows. This is because space is limited and my primary task is to make the main aspects of Wittgenstein's thought accessible to non-philosophers. It is, however, part of such a proceeding to indicate what critical responses have been evoked by a thinker's views, and to provide some indication of the degree to which those views are persuasive or otherwise, and why. Accordingly, I make some brief and untechnical forays in this direction.

In discussing the relation between Wittgenstein's work and other twentieth-century analytic philosophy I offer minor revisions to the standard view, my suggestion being that Wittgenstein's place in recent philosophy – in terms of his actual effect upon its content and direction – is not quite what it is usually said to be.

Introductory books should encourage their readers to investigate at first hand the subjects with which they deal. In some cases, however, it is simply too ambitious to expect non-specialist readers to do this without first acquiring a substantial minimum of background knowledge. Wittgenstein is such a case. Despite claims by his followers to the contrary, he is very much a philosopher's philosopher. His writings, like those of Aristotle, Kant, and certain others, cannot be read with profit by someone who does not have at least a modest grounding in philosophy, for their point would be wholly obscure to someone who did not recognize what was being argued for and against. Since this account assumes no philosophical training on the reader's part, I have tried to make it self-contained; the aim is to give a sketch of Wittgenstein's thought which will be informative even to someone who is not, and does not intend to become, a student of philosophy in any systematic sense. Nevertheless, if what follows succeeds in prompting some of its readers to tackle Wittgenstein's own writings, and to do so with greater understanding, that will be a major gain.

My thanks go to Anthony Kenny, Anthony Quinton, Jim Hopkins, Dan Rashid, Henry Hardy, and Keith Thomas for reading the entire manuscript and making valuable comments and criticisms; and to

Carolyn Wilde and Norman Malcolm for helpful discussion of certain points in the *Investigations*. The usual constraints and exigencies dictated the outcome, but these advisers ameliorated it, and I am grateful to them.

This is dedicated to Jenny – '*Invenio sine vertice aquas, sine murmure euntes, perspicuas ad humurn*.'

Note on references

The most frequent references to Wittgenstein's works are effected by the following abbreviations:

B	*The Blue and Brown Books*
C	*On Certainty*
P	*Philosophical Investigations*
R	*Remarks on the Foundations of Mathematics*
T	*Tractatus Logico-Philosophicus*
Z	*Zettel*

Numbers following these abbreviations refer to paragraphs, except in the case of B, for which page numbers are given. All other references are explained in the section on further reading.

List of illustrations

Chapter 1
Life and character

Ludwig Wittgenstein was a philosopher. Philosophy in the twentieth century has become a pursuit for specialists, and accordingly most philosophers who have recently acquired reputations are famous only among their fellows. Wittgenstein, however, is famous far beyond the boundaries of philosophy. Among non-philosophers his name is mentioned surprisingly often and in a surprising variety of connections. It seems that by many he is regarded as quintessentially representative of twentieth-century philosophy, as if he exemplifies – not just in his work but in his personality – what philosophy itself is like: difficult and profound. Perhaps for this reason his writings are plundered for aphorisms. They lend themselves to that treatment because of their style and structure, and because they seem to distil something of wisdom.

The layman's estimation of Wittgenstein derives from the fact that many contemporary philosophers think he is the twentieth century's greatest thinker. Whether or not that is true remains for history to decide; the judgement of peers is not infallible. Whatever the decision is, however, it will not alter the fact that Wittgenstein's life and thought were, at the very least, extraordinary.

Ludwig Josef Johann Wittgenstein was born in Vienna on 26 April 1889, the youngest in a family of eight children. His father was an industrialist, and one of the richest men in Austria; the Wittgensteins' home was a centre of Viennese social and cultural life.

Wealth and culture had characterized both sides of Wittgenstein's family for several generations. His paternal grandfather was a wealthy Jewish wool-merchant from Hesse who had converted to Protestant Christianity and married the daughter of a Viennese banker. Soon afterwards he transferred his business headquarters to Vienna, where he and his wife established themselves as patrons of the arts. They gave their son Karl, Ludwig Wittgenstein's father, an expensive classical education, but Karl rebelled and at the age of 17 ran away to America, where for two years he lived by working as a waiter and giving violin and German lessons. On his return to Vienna he studied engineering. Within decades he had added a fortune to his inheritance by successful involvement in the iron and steel industry, establishing himself as one of the foremost industrialists of the Austro-Hungarian Empire. He was able to retire in his early fifties, and devoted part of his time thereafter to publishing articles on economics in the Viennese press.

It was Wittgenstein's mother Leopoldine who did most to encourage the family's cultural and musical activities. She too was a banker's daughter, with connections among the Styrian landed gentry. Her musical interests were particularly strong. At her invitation Brahms and Mahler were regular visitors to the house, and with her encouragement Wittgenstein's brother Paul became a concert pianist. Ravel and Strauss were among those who wrote one-handed concertos for Paul after his loss of an arm in the 1914–18 war. Wittgenstein himself was gifted with a fine musical sensibility. In adult life he taught himself to play the clarinet, but his most striking musical talent was the ability to whistle entire scores from memory.

Leopoldine Wittgenstein was a Roman Catholic and Wittgenstein was therefore brought up in that persuasion. Religion remained a powerful theme throughout his life; on several occasions he seriously

1. The Wittgenstein family at the dinner table in the Hochreit (left to right): housemaid Rosalie Hermann, Hermine, grandmother Kalmus, Paul, Margarete and Ludwig.

contemplated becoming a monk. His religious sentiments were unorthodox, however, and he kept their exact nature a secret. Hints of them appear in his writings.

Perhaps because of his own experiences Karl Wittgenstein's views on education were idiosyncratic. He had all his children taught at home, to a curriculum of his own devising, until they were 14 years old. The plan was not a success. When the time came for Wittgenstein to attend school he could not get into a *Gymnasium* (the equivalent of a grammar school) or even a *Realschule* (the equivalent of a secondary modern) in Vienna, because he had not attained the required standard. Eventually he passed the entrance examinations for a provincial *Realschule*, in Linz, where his exact contemporary Adolf Hitler was also a pupil. He spent three unhappy years there, leaving in 1906 without the qualifications for university entrance. This was a setback because he had conceived an ambition to study physics with Boltzmann in Vienna. However, he had always shown an aptitude for engineering, his father's profession; it is said that he demonstrated this in childhood by constructing a working model of a sewing-machine. His parents accordingly sent him to a technical college in Berlin-Charlottenburg.

Wittgenstein was not happy there either and left after three terms. He had, however, developed an interest in aeronautical engineering, then the newest branch of his prospective profession. He went to England in 1908 and spent the summer flying experimental kites at the Upper Atmosphere Research Station near Glossop in Derbyshire. In the autumn he entered as a student of aeronautical engineering at Manchester University.

Wittgenstein remained on the register at Manchester for two years, although for most of that time he was in Europe. By the end of his stay he was working on the design of a propeller with jet-reaction nozzles at the tips of its blades. He became intrigued by the mathematics of the design, then by mathematics itself, and finally by philosophical

2. Ludwig Wittgenstein with William Eccles, at the kite-flying station in Glossop, Derbyshire, summer of 1908, before becoming a student of aeronautical engineering at Manchester University.

questions about the foundations of mathematics. He asked acquaintances what he could read on this subject, and was directed to Bertrand Russell's *Principles of Mathematics*. The impact of this book on Wittgenstein was great. Hitherto his philosophical reading had been limited; he had read some of Schopenhauer's work but little besides. Russell's book introduced him to the latest developments in logic and philosophy, developments for which Russell himself and Gottlob Frege were responsible. Wittgenstein was excited by these ideas and decided to study them. In 1911 he contacted Frege at Jena University to show him an essay he had written and to seek his guidance. Frege advised him to study with Russell at Cambridge. Early in 1912, accordingly, Wittgenstein arrived in Cambridge and registered as a student.

Wittgenstein spent a mere five terms at Cambridge. Nevertheless it was an immensely formative time for him. He discussed logic and philosophy with Russell, who in a letter written at the time said of him '[he is] the ablest person I have come across since Moore'. The relationship between Wittgenstein and Russell quickly ceased to be that of pupil and teacher, and although Wittgenstein's friend David Pinsent remarked in his diary 'it is obvious that Wittgenstein is one of Russell's disciples and owes enormously to him', the influence was not all one-sided, as we shall later see.

Travel interested Wittgenstein greatly. In 1913, with Pinsent, he visited first Iceland and then Norway. He was attracted by Norway and returned later in 1913 on his own. In a remote corner of a farm near Skjolden he built himself a hut, and remained there, apart from a short visit to Vienna for Christmas, until the summer of 1914. He devoted his time to research in logic. G. E. Moore came on a visit, and while there, took notes of some of Wittgenstein's work. This work represented the earliest phase of progress towards Wittgenstein's first book, the *Tractatus Logico-Philosophicus*.

When war broke out in 1914 Wittgenstein was at home in Vienna.

Within a few days he had enlisted in the Imperial Army. For most of the next two years he served as a mechanic with an artillery workshop unit on the Eastern Front, first in Cracow and then near Lwow. In 1916 he was sent to Olmütz for officer training. While there he met Paul Engelmann, and they discussed religion together; Engelmann subsequently published a record of their friendship which shows how much significance religious questions had for Wittgenstein at that time.

Wittgenstein rejoined his regiment in 1917 and served as an artillery observer. Early in 1918 he was posted to a mountain artillery regiment in the Tyrol on the southern front. When in November the Austro-Hungarian war effort collapsed, most of the Imperial Army in the south, Wittgenstein included, was taken into captivity by the Italians. Wittgenstein remained a prisoner near Monte Cassino until the later part of 1919.

The war had a significant effect on Wittgenstein in at least two ways. One was that it caused in him a profound change of personal outlook, particularly in connection with possessions and manner of life. Before the war he had been left a substantial fortune by his father. Prior to that he had lived as one might expect a generous millionaire's son to live. For example, it is reported that when one day he missed a train from Manchester to Liverpool he promptly set about trying to hire a private train, at that time something one could do if rich enough. Again, Pinsent records that on their trip to Iceland (for which Wittgenstein paid) they travelled so royally and with such a long train of attendants that they attracted the sardonic notice of other tourists. And it seems that before the war Wittgenstein was scrupulous in his choice of neckties. All this changed. Wittgenstein gave the whole of his fortune to his siblings – he took the view that since they were already rich more money would not corrupt them – and thenceforth lived with complete simplicity and lack of ornament, among other things rarely, if ever again, wearing a necktie.

The reasons for the change are not wholly clear. Possibly they relate to the fact that on the eastern front, at some time during the first half of 1915, Wittgenstein acquired and read Tolstoy's account of the Gospels, *The Gospels in Brief*, and was profoundly moved by it. (It seems that later, when he read the Gospels themselves and found them to be somewhat different, he had to be persuaded of their superiority over the Tolstoy version.) Also it may have been that the austerity and simplicity of army life proved congenial to him; he had shown traces of ascetic inclination before the war, as his Norwegian solitude suggests, and the experience of army ways may have confirmed that predilection. In any case, Wittgenstein's letters and recorded conversations show that he had a dark sense of what he took to be his own sinfulness, perhaps because of his homosexuality, and in consequence he was given to self-mortification. Whatever the reasons, when Wittgenstein left the prisoner-of-war camp in 1919 he had recognizably become the unusual, even eccentric, often prickly individual whose later years are so well described by the chief memoirists.

The second matter of significance was that when Wittgenstein was taken prisoner, he had in his big knapsack the manuscript of his book, the *Logische-Philosophische Abhandlung,* known to its English-language readers as the *Tractatus Logico-Philosophicus* (a name suggested for it by Moore in imitation of Spinoza's *Tractatus TheologicoPoliticus*). Wittgenstein had been working on it throughout the war years, and it came to completion in the Monte Cassino camp, where by good fortune he met someone interested in logic with whom he could discuss his ideas.

During the early part of 1919, Wittgenstein managed to send letters to Russell from Italy, telling him of the *Tractatus*'s existence and even, through the influence of John Maynard Keynes, getting a copy of the manuscript to him. After his release Wittgenstein made a number of attempts to have the book published, all unsuccessful. In despair he left the matter to Russell, who eventually arranged publication by agreeing to contribute an introduction. The *Tractatus* appeared in German in 1921 and in English translation in 1922. When Wittgenstein saw Russell's introduction he was angry, complaining that even though he and Russell had discussed the book line by line at a meeting in Holland in late 1919, Russell had misunderstood his views and misrepresented them.

The *Tractatus* was the only philosophical book Wittgenstein published in his lifetime. When it was finished he thought he had solved all the problems of philosophy, and consistently with that view gave up philosophical work and turned his attention elsewhere. He had decided while imprisoned to become a schoolteacher, and quickly put this decision into effect. He took a one-year course in primary school teaching, graduating in July 1920. That autumn he commenced as schoolmaster in Trattenbach, a village in the hills south of Vienna. He spent two increasingly unhappy years there before transferring to Puchberg-am-Schneeberg. Here, as at his first post, friction arose between Wittgenstein and some of the parents of his pupils, and within two years he transferred again, this time to Otterthal. While there he wrote and published a pronouncing dictionary for use in primary schools. Yet again trouble arose with parents; it seems that Wittgenstein's temper and the alleged severity of his disciplinary methods caused complaints. In April 1926, before official action could be taken over the complaints, Wittgenstein resigned and returned to Vienna.

The failure of his schoolmastering career depressed Wittgenstein intensely. He took a job as a gardener at a monastery in Hütteldorf outside Vienna, and for the third time contemplated becoming a monk (the first was just before the Great War, the second after his release from prison camp). He went so far as to make enquiries about joining an order; at the interview he was advised that his motives for wishing to become a monk were inappropriate ones, and that he would not find in monastic life what he sought.

From this despairing state Wittgenstein was rescued by two developments. One was that he became increasingly involved in the design and construction of a house for one of his sisters. At first he worked in collaboration with the architect, who was his friend Paul Engelmann, but soon assumed full control. Every detail of the house received his painstaking attention; heating radiators, for example, had to be exactly positioned in order not to disturb the symmetry of the rooms. From some the house has evoked high praise; in the opinion of G. H. von Wright it has the same 'static beauty' as the *Tractatus*. It is a building in an ornamented modern style, influenced by the work of Adolf Loos whom Wittgenstein admired.

The excursion into house building did much to restore Wittgenstein after his difficulties, and it disposed him favourably to the second development, which was that philosophers at Vienna University contacted him and invited him to have discussions. Wittgenstein agreed, and in consequence began slowly to resume philosophical work. He had in fact been in touch with philosophy during his schoolmastering years through the medium of a young English philosopher, F. P. Ramsey, who had assisted in making the English translation of the *Tractatus*, and who visited Wittgenstein in Austria on a number of occasions. But although Wittgenstein discussed the *Tractatus* with Ramsey in some detail he could not be persuaded by him to take up philosophy again. Now, however, he was sought out by Moritz Schlick, professor at Vienna University and founder of the 'Vienna Circle', an active group of philosophers and scientists who worked closely together from 1925 onwards. Schlick did not succeed in drawing Wittgenstein into the Circle itself, but he and various of his colleagues met Wittgenstein on an occasional basis. As Wittgenstein's philosophical interests revived he saw that his *Tractatus* did not, after all, solve the problems of philosophy. This was the stimulus to the development of his second and in many ways quite different phase of philosophical work.

An important result of Wittgenstein's contacts with Schlick and others of the Circle was his return to Cambridge in 1929. He had discovered that he could submit the *Tractatus* for the degree of Ph.D. after one further year's residence. He duly registered, with Ramsey as his supervisor and Russell and Moore as his examiners. Moore, who with others of the older generation disliked the Ph.D. degree, then a new import from the United States, is said to have written in his examiner's report: 'The *Tractatus* is a work of genius, but it otherwise satisfies the requirements for a Ph.D.' After the award of his degree, Wittgenstein set about securing a position at Cambridge. He applied for a five-year Fellowship at Trinity College, and with Russell's generous help, given in a report to the college on Wittgenstein's research proposals, was awarded it in 1930. He now entered upon his most fertile and productive philosophical phase, in which he wrote copiously.

When his Fellowship was drawing to a close, Wittgenstein decided to emigrate to the Soviet Union, then enjoying a certain vogue in Cambridge circles. As a passionate admirer of Tolstoy and Dostoevsky he had in any case long nourished an admiration for Russia. Accordingly he learned Russian and in 1935 visited the USSR with a friend. It is not clear why he reversed his decision to settle there, but after a year in his hut in Norway, he returned to Cambridge and in 1939 succeeded Moore as Professor of Philosophy. Before he could begin his professorial duties war broke out. Until 1944 Wittgenstein worked as a porter first at Guy's Hospital in London and then at the Royal Victoria Infirmary in Newcastle upon Tyne. He had taken British nationality and was therefore not subject to internment.

In the two academic years 1945/46 and 1946/47 Wittgenstein lectured in Cambridge. Life as a don was highly distasteful to him, particularly in its detail; he found, for example, High Table conversation so disagreeable that he avoided dining there. At the end of 1947 he resigned his Chair and went to Ireland, living for part of the time in a cabin on the Galway coast, and later in a Dublin hotel. Here he completed the major work of his later philosophy, the *Philosophical Investigations*. His health was poor; after a short visit to the United States in 1949 he discovered that he had cancer. From then until his death in 1951 he lived with various friends in Oxford and Cambridge. He continued to make notes of his philosophical ideas, whenever his health permitted, until close to the end.

There are vivid portraits of Wittgenstein in memoirs and reminiscences. Most of these were written by people much influenced by Wittgenstein, and consequently do not offer impartial views of him. Nevertheless, when taken together with the few more objective depictions that exist, and Wittgenstein's own letters, they provide a dramatic picture of the man and his character. In them Wittgenstein appears as a powerful, restless, dominant individual, an intense and complicated man, to whom people responded either with adulation or aversion. The chief memoirists came to know Wittgenstein when they were young students and he was nearing fifty years of age, which may in part explain their hero-worship. They describe him as about five feet, six inches tall, with a transfixing gaze and a fierce, uncompromising manner. Almost everyone who has left a record of encounters with Wittgenstein comments on the power of his personality, and mentions the way people fell under his spell as if mesmerized by the intensity of his expression and the striking gestures he made when discoursing.

Wittgenstein taught by thinking aloud before a group of students in his rooms at Trinity. They knew him to be famous because of the *Tractatus*, yet during those seminars he was repudiating many of that book's central tenets and working out a series of new philosophical ideas in their place. They therefore felt they were witnesses to something important. And not just important but dramatic; it was Wittgenstein's style of teaching to struggle with his problems before them, at times crying out 'I'm stupid today!' and at other times sitting in intense, prolonged silences. Remarks from students, if they did not meet his

3. A portrait of Ludwig Wittgenstein in Swansea, communicating the power of his gaze and intensity of his personality.

approval, evoked crushing replies. The ordeal of Wittgenstein's classes did not suit everyone's taste, but so profound an impression did they leave on some that they were unable to think of philosophy in any but Wittgenstein's way thereafter.

The picture of Wittgenstein which has him seated in a deckchair in his sparsely furnished Trinity rooms, conducting his classes in the manner just described, is in a way an unrepresentative one, for Wittgenstein spent only a small part of his life teaching in Cambridge. He was, in truth, a nomad, a rootless wanderer, trailing from one country to another and one place to another, varying longer stays with many restless shorter travels, living alone except when visiting or journeying with friends. His sojourns in one place rarely lasted more than a few years. This was paralleled by the number of different occupations which circumstance or his own choice led him to take up: student, soldier, primary school teacher, gardener, architect, gypsy, don – none of which appears to have given him satisfaction. His was therefore a fragmented and displaced life, and, it seems, not often or for long a happy one.

To some people Wittgenstein showed kindness. Before the 1914–18 war he made an anonymous and generous gift of money to two poets. He was capable of close friendships, and although he was fiercely demanding as a friend, most of those who had this relation to him became deeply attached and loyal. He had some particularly close relationships with several of his pupils. To others, however, Wittgenstein could be cruel and dismissive. Some memoirists – those who were not disciples – speak of him as capable of arrogance, intolerance, and rudeness. He caused anxiety among the families of some of his pupils because of the strength of his sway over them. He always sought to discourage people from pursuing academic careers; several gifted pupils abandoned philosophy at his insistence, one of them – to Wittgenstein's satisfaction – spending the rest of his life employed in a canning factory.

One neglected consideration which may go towards an understanding both of Wittgenstein's character and of his philosophy is the nature of his formal education. The sketch given of it above shows that after being taught at home under his father's eccentric regime he had three years at school followed by short stays at various institutions, ranging from a Berlin technical college to Cambridge University. Apart from his teacher's certificate, Wittgenstein's only academic qualification was the Cambridge Ph.D., gained at the age of forty. He was by no means a scholar; he did not study the classic philosophers carefully (most of them he did not study at all) and he actively discouraged his students from doing so.

In contrast to this scattered and piecemeal education, there is the fact that Wittgenstein's early years were spent in a highly cultured home. In addition to musical interests he acquired several languages, and later added others, including Latin, Norwegian, and Russian. Undoubtedly, he took an interest as a young man in the flourishing intellectual life of Vienna. An indication of this is that he read some of Schopenhauer's philosophy, then fashionable among Viennese intellectuals and artists (one of Mahler's gifts to the young Bruno Walter was a complete set of Schopenhauer's works). This mixture, with on the one hand Wittgenstein's fragmentary formal education and on the other his cultured and patrician home background, may in some part explain the unusual character of his mind and interests. Perhaps unorthodox educations foster originality; or it may be that native originality is stifled by too much formal schooling. Whatever the case, Wittgenstein was not the product of a typical education, and the character of his work bears testimony to that fact. It gives him another distinction: he may well be the last considerable figure in philosophy not to have followed a strict and orthodox academic regime as a condition of being taken seriously by the philosophical community.

Chapter 2
The early philosophy

In this chapter I discuss Wittgenstein's early philosophical work, the *Tractatus Logico-Philosophicus*. An appreciation of the main doctrines of this book makes Wittgenstein's later philosophy much easier to understand. Sections 2 and 3 are devoted to the *Tractatus* itself. Section I contains an explanation of several background matters which help to make the *Tractatus* more intelligible. The chapter ends with some remarks on the influence of Wittgenstein's early work on other philosophers (section 4).

The scene-setting in section 1, although intended to be a general preparation for discussion of the *Tractatus*, is particularly addressed to those who are quite new to philosophy. It contains an account of certain technical conceptions in logic and philosophy which play an important part in Wittgenstein's early thought. I have set these out in a straightforward way.

Aims and background

Wittgenstein's aim in the *Tractatus* is stated in its preface. It is to show that the problems of philosophy can be solved by coming to a proper understanding of how language works. He puts this by saying that we shall solve the problems of philosophy when we understand 'the logic of our language' (T, pp. 3–4). This, indeed, is the dominating thought in all

Wittgenstein's philosophy, and it represents what is continuous between its earlier and later phases. As we shall see, however, Wittgenstein's views about 'the logic of language' differ markedly in these two phases, with the later taking as its basis a repudiation of some of the earlier phase's most central themes.

There are two aspects to Wittgenstein's aim as just stated. His objective is *to solve the problems of philosophy*, and he intends to do so by *showing how language works*. Why an understanding of language should solve the problems of philosophy is what the *Tractatus* sets out to demonstrate – as does, in its different way, his later philosophy also. We turn to that demonstration shortly. First, it is necessary to see what is meant by the phrase 'the problems of philosophy'.

One can describe philosophy as the attempt to make clear, and if possible to answer, a range of fundamental and puzzling questions which arise when, in a general and inclusive way, we try to understand ourselves and the universe we inhabit. Among many other things these questions concern existence and reality, knowledge and belief, reason and reasoning, truth, meaning, and value both ethical and aesthetic. The questions themselves are of the form: What is reality? What kinds of things ultimately exist? What is knowledge, and how do we come by it? How can we be sure that our claims to knowledge are not in some systematic way mistaken? What are the canons of correct reasoning? What is morally the right way to live and act, and why?

Philosophical problems are not problems that can be solved by empirical means – by looking through a telescope or microscope, or by conducting experiments in a laboratory. They are conceptual and logical problems, requiring conceptual and logical investigation. Over the millennia a great investment of genius has been brought to the task of clarifying and answering the questions of philosophy. Some philosophers have attempted to construct explanatory theories, occasionally very elaborate and ambitious in scope; others have tried to clarify and resolve particular questions by painstaking analysis and criticism. Almost all those who have contributed to philosophy throughout its history have agreed that the matters mentioned above – existence, knowledge, truth, value – are deeply important; and it is upon this consensus that the philosophical debate, which has gone on at least since classical antiquity, has been based.

Wittgenstein runs against this current. His view is that the proper task of philosophy is not one of engagement with the issues mentioned, for in his opinion they involve illusory problems which arise as a result of misunderstandings about language. The *proper* task of philosophy, he says, is to make the nature of our thought and talk clear, for then the traditional problems of philosophy will be recognized as spurious and will accordingly vanish. Wittgenstein's work – both his early work as embodied in the *Tractatus* and his later work – is dedicated to solving the traditional problems of philosophy in this way.

What is fundamental to the *Tractatus* is the thought that language has an underlying logical structure, an understanding of which shows the limits of what can clearly and meaningfully be said. The importance of this, in Wittgenstein's view, is that what can be *said* is the same as what can be *thought*; so that once one has grasped the nature of language, and therefore of what can clearly and significantly be thought, one has shown the limit beyond which language and thought become nonsense. It is in this realm, beyond the boundaries of sense, where in Wittgenstein's opinion traditional philosophical problems arise, and where their arising is precisely the result of our trying to say what is unsayable – the same, in his view, as trying to think the unthinkable. He puts this point at both the beginning and the end of the *Tractatus* in the now famous assertion that 'what can be said at all can be said clearly, and what we cannot talk about, we must consign to silence' (T, p. 3 and cf. T 7). Wittgenstein gives the claim fuller expression in a letter to Russell: 'The main point [of the *Tractatus*] is the theory of what can be expressed by propositions – i.e. by language – (and, which comes to the same thing, what can be thought), and what cannot be expressed by propositions, but only shown; which, I believe, is the cardinal problem of philosophy.'

The issue of these claims for Wittgenstein is that the proper task of philosophy is 'to say nothing except what can be said, i.e. the propositions of natural science – i.e. something that has nothing to do with philosophy – and then, whenever someone else wanted to say something metaphysical, to demonstrate to him that he had failed to give a meaning to certain signs in his propositions' (T 6.53). But this negative result is not the whole story, for in Wittgenstein's view such matters as ethics and aesthetics, religion, and the 'problems of life' (T 6.52) are not themselves ruled out as nonsensical; it is only the attempt to say anything about them which is so: 'There are, indeed, things that cannot be put into words. They make themselves manifest. They are what is mystical' (T 6.522). Here 'showing' rather than 'saying' is all that is possible. Sometimes Wittgenstein speaks of the 'more important unwritten second half' of the *Tractatus*, meaning by this that the truly significant issues are identified by what the *Tractatus* does *not* say, for the *Tractatus* shows from within the limits of language what is important. In another letter he says 'For the Ethical is delimited from within, as it were, by my book . . . All of what *many* are *babbling* today, I have defined in my book by remaining silent about it.'

The task Wittgenstein sets himself in the *Tractatus* is therefore to explain, with a view to establishing the foregoing points, how language works. More specifically, his task is to reveal the nature of language and its relation to the world, which in effect amounts to explaining how meaning attaches to the propositions we assert. Accordingly, he devotes the major part of his attention in the *Tractatus* to describing what propositions are and in what their meaning consists. And this, for Wittgenstein, is as we have seen the same as identifying the limits of *thought*; since the limits of language and thought are the same, an investigation of the former constitutes an investigation of the latter.

This feature of Wittgenstein's project must be borne in mind throughout, for it is central.

Both Wittgenstein's aim and the way he attempts to attain it cannot be understood properly unless one knows something of the philosophical background to his work. This background consists in developments in logic and philosophy, many of them owing to the writings of Frege and Russell, which had appeared in the decades before the *Tractatus* was published, and which Wittgenstein had learned from Russell while studying with him at Cambridge. I shall therefore begin by setting out its relevant features.

One matter it is convenient to deal with first concerns the notion of a *proposition* in philosophy, for talk of propositions occurs often in what follows. Leaving aside certain complications, we can say that a proposition is something asserted or proposed for acceptance as true, for example, 'the table is brown', 'this book is about Wittgenstein', 'it is raining'. But propositions are not to be confused with the *sentences* used to express them. A sentence is a grammatically well-formed string of words in any language, written or spoken by someone at a certain time and place. A sentence has only to obey the grammatical rules of the language to which it belongs in order to be a sentence; it does not have in addition to be 'meaningful' – strings of words like 'green ideas sleep furiously' qualify as sentences despite being nonsensical. A proposition, on the other hand, is *what is asserted* when a sentence (more accurately, a declarative sentence) is meaningfully and non-idly used, and therefore propositions and sentences are quite different things. This difference can best be grasped by noting that different sentences, uttered or inscribed by different people at different times and places, may all say the same thing, that is, express the same proposition; and that the same sentence, used on the same or different occasions by different people, may say different things, that is, express different propositions. Here are some examples: the sentences 'it is raining', 'il pleut', 'es regnet', and 'xia yu' drawn respectively from English, French, German, and Chinese, all express the same proposition, namely that it is raining. This illustrates the first case. Conversely, when I say, 'I have a headache', and you say, 'I have a headache', two different things are being said (two different propositions expressed) by different uses of the same sentence. This illustrates the second case.

Some philosophers have suggested that we should think of a proposition as the *thought* conveyed by a use of a sentence (or a set of synonymous sentences, whether in the same or different languages). Some, again, have talked of propositions as the *meaning* of sentences, or as the objects which lie before the mind when one knows, believes, remembers, or hopes that something is the case. For example, if Jack believes that Jill loves Jim, then on this view the object of Jack's act of believing is the proposition 'Jill loves Jim'. These proposals are not exclusive of one another; propositions might be all of these things at once. These matters need not detain us now – further and other considerations about the nature of propositions appear later, and for the present this sketch will suffice. What it is important to note now is that in Wittgenstein's theory a proposition is the uttered or written expression of a thought; our interest here, accordingly, does not concern particular sentences of English, German, or Chinese, but the *thoughts expressed* when those sentences are used.

The important background matters relevant to an understanding of the *Tractatus* are the developments in philosophy which resulted, as mentioned above, from work by Frege and Russell. A fruitful way to begin an account of these developments is to look at a problem dealt with by Russell in a celebrated piece of logical analysis.

The problem in question concerns the fact that ordinary language is often philosophically misleading – which is to say, is often misleading as to what we can legitimately think about the world. The problem can be demonstrated in the following way. Consider the two propositions (1) 'the table is brown' and (2) 'the lateness of his arrival was annoying'.

The traditional theory of the *structure* of propositions treats them as having two components, namely a subject ('the table', 'the lateness of his arrival') and a predicate ('is brown', 'was annoying'). The subject term refers to something, and the predicate says of that something that it has a certain property or quality. So in (1) the property of brownness is asserted of a given table; in (2) the property of annoyingness is asserted of the lateness of someone's arrival. Now this way of thinking about the structure of propositions, and in particular about the work done by their different parts, leads straight to a difficulty, which a contrast between (1) and (2) brings out. Proposition (1) appears to be unproblematic, because there are indeed tables in the world for the subject term to denote, and we can assert of any suitable one of them that it is brown, which is what we use the predicate term to say. But if we apply the same analysis to (2) then, on the face of it, we seem to be saying that there are *latenesses* in the world, and this should give us pause, for although people and things can indeed arrive or be late, we clearly do not think the world contains things called 'latenesses', at the very least in the same sense as we take it to contain tables. The point therefore is that the surface forms of sentences in ordinary language can mask important differences between what is really being said, and therefore thought, in different cases; and this can, and often does, lead to philosophical problems and misunderstandings.

Of course, proposition (2) does not present a genuine difficulty, for we can easily rearrange it in such a way that apparent reference to 'latenesses' disappears. We could say 'he arrived annoyingly late', for example. And in order to avoid mistakes in our thinking about the world some such paraphrase is appropriate. This shows that, from a philosophical point of view, it is sometimes necessary to take care with ordinary language in order to keep our thought clear, even to the extent, as in the example just given, of having to recast what we say into a form which avoids misleading implications. This is particularly so when we consider a more serious way in which a proposition can be problematic: which is when, this time, it has what appears to be an unexceptionable subject term, in that, like 'the table' but unlike 'the lateness of his arrival', it appears to be a natural and proper expression for occupying the subject place in propositions, in the sense that it appears to denote some existing thing, but which nevertheless does not refer to anything. It is to this more difficult case that Russell's famous analysis applies.

Consider the proposition 'the present king of France is wise'. This is perfectly meaningful, and because it is so it seems natural to ask whether it is true or false. And to this there seems an equally natural answer. There is no king of France at present; the subject term fails to refer to anything. Therefore, it seems that the proposition should be considered false. But there is a problem here, concerning how to demonstrate why it is false. This is because if in normal circumstances we say of something (call it 'x') that x is wise, the proposition 'x is wise' will be true if x is wise, and false if x is not wise. But what if there is no x? How can we say of something that does not exist that it either is or is not wise?

Initially Russell accepted a solution to this puzzle which had been proposed by the nineteenth-century philosopher Alexius Meinong. This solution was to say that every expression with a referring or denoting function in a sentence *does* denote something, either an actually existing item, as with the table in 'the table is brown', or a 'subsisting' item, where by 'subsistence' is meant non-actual existence – a kind of real but half or 'courtesy' existence. On this view, the universe contains everything that can be thought or talked about, including the present king of France; but only some of what the universe contains is actually existent. Accordingly the descriptive phrase 'the present king of France' does indeed denote, and what it denotes is a subsistent – that is a real but non-actual – king of France.

Meinong's view is not as extravagant as it seems, for it is based on a consideration which is both right and important. This is that thought is intentional, that is, is directed towards or focused upon an object, where what is meant by an 'object' is whatever is mentioned when one answers the question 'what are you thinking about?' Suppose someone asks me this question when I am thinking about my table, and I therefore reply 'the table'. The table is the object 'intended' by my thought: it is what my thought is about. Similarly, if I am thinking about a dryad, the object or 'intention' of my thought is a dryad. In the first case what I am thinking about, the table, actually exists in the world; in the second case, the object of my thought has merely intentional existence, that is, exists only as an object or intention of a thought. In either case the object intended by the thought is whatever the thought is about or is directed towards. So far, there is no difficulty. But Meinong went further by arguing that since a dryad can be intended by your thoughts as well as mine, her existence as an object of thought is in an important way independent of either of our acts of thinking about her, and that therefore she has a real existence even although she is not actual in the sense of being encounterable in the world in the same way as the table. In Meinong's terminology, in short, the dryad subsists.

Russell could not rest content with this theory for long. The idea of subsisting entities is obviously difficult to swallow, and Russell said of it that it soon came to offend his 'vivid sense of reality'. One quick way of showing why is to note that if this theory were right, each of us would have infinite numbers of subsistent but non-actual brothers and sisters; they, along with all the infinities of other subsistent entities, together with all the actually existing ones, would make for an overcrowded universe indeed. Accordingly Russell set about finding an analysis of propositions like 'the present king of France is wise' which would explain their meaningfulness and their falsity without having to invoke a notion of subsistence. He did so by arguing that names and descriptive phrases occupying grammatical subject place in sentences are not genuine referring expressions at all, and that therefore sentences which contain them in grammatical subject place are misleading as to the proper logical form of the propositions they express. Thus 'the present king of France is wise' should correctly be seen as shorthand for a conjunction of three propositions asserting (1) that there is a king of France, (2) that there is only one king of France (this takes care of the definite article, 'the', which implies uniqueness), and (3) that whatever is king of France is wise. Since (1) is false, the original proposition is false. Proper names like 'Henry' are to be treated in the same way, for they can be viewed as disguised descriptions; if we say 'Henry is wise' we are asserting (1) there is something which is Henry, (2) there is, in the relevant context, only one such thing, and (3) that thing is wise. If all of (1)-(3) are true, 'Henry is wise' is true; if either (1) or (3) is false, 'Henry is wise' is false. What is happening here is that we are analysing the given propositions into their logical *form*, represented by the conjunction of (1)-(3) in each case; and this reveals what we are really saying (and therefore thinking) in a quite perspicuous way – a way which, moreover, involves no appeal to subsistent entities and the like.

Russell's 'Theory of Descriptions', as the foregoing analysis is called, illustrates something centrally important for an understanding of Wittgenstein's *Tractatus*, namely what is meant by talk of the logical structure or logical *form* which underlies ordinary language, investigating which promises to tell us much of philosophical significance about the nature of language and thought themselves. And it is, as noted above, just such an investigation which constitutes the chief task of the *Tractatus*. Wittgenstein much admired Russell's 'Theory of Descriptions', which in his early period he took to be a paradigm of how philosophical problems should be dealt with. He comments in the *Tractatus*: 'All philosophy is a "critique of language" . . . It was Russell who performed the service of showing that the apparent logical form of a proposition need not be its real one' (T 4.0031).

The concept of logical form involves more than has so far appeared, however, in particular concerning the nature of the logic in terms of which that underlying form is to be described. This too is important –

indeed, essential – for an understanding of the *Tractatus*, and accordingly something must be said about it.

When Russell gave an analysis of the sentence 'the present king of France is wise' to reveal its logical form, he did not do so by using the three English sentences numbered (1)-(3) above, for the reason that the risk of misleadingness which attaches to the original sentence might well reappear in the analysis represented by (1)-(3), since (1)-(3) are themselves sentences of ordinary language. Instead he used the language of logic, which he regarded as 'the perfect language' because of its precision and clarity. The attraction is obvious; if one can translate or at least paraphrase sentences of ordinary language into a wholly perspicuous formal language which reveals exactly what is being said without risk of misunderstanding, then one can lay bare to one's view the structure of legitimate thought about the world. Wittgenstein later described this as uncovering the 'hidden essence' of thought. And this project becomes yet more attractive when one realizes that there are certain other features of the 'perfect language' which promise to help us understand the nature of thought. One such, apart from the notion of 'logical form'already encountered, is that of 'truth-functionality'. To explain this and other notions requires a brief account of logic itself, as follows. (There are some simple technicalities in the next few pages; the symbols used will not reappear elsewhere in what follows, although the ideas associated with them will, which is why it is important that they be explained.)

Modern treatments of logic begin with Gottlob Frege, whose major works were written in the closing decades of the nineteenth century. Until Frege, logic had in essentials retained the character given to it by Aristotle, who made the first systematic investigation of the subject two and a half millennia ago. Logic was indeed regarded as a completed science well into the nineteenth century. Frege's discoveries and innovations were revolutionary, rendering logic at once simpler, more powerful, and more extensive than traditional logic. In important part this was because he invented a symbolic language, based on arithmetic, which enabled him to explore the subject with greater facility and depth than had hitherto been possible. He called his symbolic language a 'concept script', and used it to construct a set of new and fundamental logical notions which are now central to the subject. Wittgenstein's argument in the *Tractatus* in part turns on these notions, and develops certain of them in original ways. In order to explain them I shall not use Frege's 'concept script' but a common variant of the symbolism invented by Russell and his collaborator A. N. Whitehead in *Principia Mathematica* (1910–12). This symbolism has so many advantages over Frege's pioneering attempts that it now constitutes the basis of standard logical notations.

The primary concern in logic is to identify and classify valid forms of inference. The notions of 'validity', 'form', and 'inference' are the key ones. They can be explained in the following way. Consider these two arguments: (1) 'Either Tom broke the clock or Harry did. Harry did not break the clock. Therefore Tom did.' (2) 'Either it rained on Tuesday or on Wednesday. But on Wednesday there was no rain. Therefore it rained on Tuesday.' Each of these arguments has two premisses from which a conclusion, introduced by 'therefore', is drawn. The premisses constitute the grounds for the conclusion. To draw a conclusion from premisses is to infer it from them. If a conclusion can be inferred validly from its premisses, then we say that the premisses *entail* the conclusion or that the conclusion *follows from* the premisses.

The briefest inspection shows that (1) and (2) have the same structure or form; they each say 'either p or q; not q; therefore p'. What the logician is interested in is the question whether, leaving aside particularities of clocks or the weather, arguments of this form are such that their conclusions always follow from their premisses. More precisely, his interest is to identify those forms of argument which are such that if their premisses are true, their conclusions are guaranteed to be true also.

It is important to note that the logician's only interest concerns an argument's form, not the truth or falsity of its premisses and conclusion. When it happens that the premisses of a given valid argument are in fact true, then such an argument is said to be not just valid but sound, which is a further matter. The distinction between validity and soundness is a significant one, for many arguments can be valid with respect to their form ('formally valid') without being sound, that is, without guaranteeing the truth of their conclusions, as in this case: (3) 'either the moon is not made of green cheese or it orbits the earth. But the moon does not orbit the earth. Therefore it is not made of green cheese.' This argument is valid, but unsound, for its second premiss is false. There are many other ways in which arguments can be valid but unsound. This is why validity is explained in terms of an important 'if': validity is the property an argument has when its *form* is such that if the premisses are true, the truth of the conclusion is guaranteed.

Given that it is validity and not soundness that constitutes the logician's primary interest, it is unnecessary to take account of particular considerations about clocks, the weather, the moon, or any other matter of fact, but only the structure or form of arguments. This permits a useful simplification; one can use symbols to stand for propositions, as was done above in illustrating the form shared by (1) and (2), (and also (3)). The letters 'p', 'q', and their successors in the alphabet are standardly employed for this purpose. The letters so used are of course not themselves propositions; they are *formulae* which 'stand for' propositions in the literal sense that they occupy the places in the argument where the proposition would occur if we were to write out in full the sentences which express them.

The next step is to look at the way propositions can be combined together to make more complex ones. In (1) the first premiss, 'either Tom broke the clock or Harry did', is a complex proposition made up of two simple propositions, 'Tom broke the clock' and 'Harry broke the clock', connected by 'or'. The form is 'p or q'. The compound formula 'p or q' is of course a *single* formula; it differs from the uncompounded or 'atomic' formulae, namely 'p' taken by itself and 'q' taken by itself, only in being compound. Compound formulae can themselves be elements of larger compounds. Suppose we have 'p or q' and another compound formula 'r or s'. Then we can combine them with 'or' to yield the single formula '(p or q) or (r or s)', using the brackets in an intuitive way to keep everything clear. This process of building up more and more complex formulae can go on indefinitely.

Apart from 'or' there are other connectives of great importance, namely 'and' and 'if . . . then . . . '. These also join atomic formulae together to make compound formulae. We can write such formulae 'p and q', 'if p then q' respectively. To simplify matters further, logicians use signs to stand for 'or', 'and', and 'if . . . then . . .' thus: the sign 'v' serves for 'or' (it is drawn from the Latin *vel*, 'or'); the sign '&' serves for 'and'; and the arrow '→' serves for 'if . . . then . . .'. So we write 'pvq', 'p&q', 'p→q' respectively.

How these connectives work is the really important issue, both for an understanding of logic and an appreciation of Wittgenstein's early philosophy. Indeed, the account now to be given of these connectives is drawn from a treatment of them suggested by Wittgenstein in the *Tractatus*. The central idea is that the truth or falsity (for short, the 'truth-value') of a compound proposition depends wholly upon the truth-values of its constituent atomic propositions. For example, the truth value of a proposition symbolized as 'p&q' depends upon the truth-values of 'p' and of 'q' taken separately. This is expressed by saying that compound propositions are *truth-functions* of their component atomic propositions. A simple table illustrates what is meant. Under the atomic formulae 'p' and 'q' we write all the possible combinations of truth-values which they can have between them, like this:

p	q
T	T
T	F
F	T
F	F

Here 'T' stands for 'true' and 'F' for 'false'. Next we show under what conditions the compound formula 'p&q' is true. What this asserts is that *both* 'p' and 'q' are true. So we add a column under the heading 'p&q' to show that the only case in which 'p&q' is true is when each of 'p' and 'q' is independently true:

p	q	p&q
T	T	T
T	F	F
F	T	F
F	F	F

This table, called a 'truth table', is in effect a picture of how '&' works. The same can be done for the other connectives. For example, understanding 'pvq' to mean 'either p or q or both', we write the truth table as follows:

p	q	pvq
T	T	T
T	F	T
F	T	T
F	F	F

This shows that 'pvq' is true if at least one of 'p' or 'q' is true, and false only if both 'p' and 'q' are false, just as we would expect. The important point is that the truth-value of the compound formulae 'p&q', 'pvq' is determined by – that is, is a *function* of – the truth-values of their constituent atomic formulae and the way these are combined. Accordingly the connectives '&', 'v', '→' are called *truth-functional connectives*, or, more generally 'truth-functors'.

There is another important logical word, namely 'not', which, although not a connective (it does not join together propositions or the formulae which symbolize them), is nevertheless a truth-functor. Logicians use the sign '- ' to serve for 'not', and write '-p' for 'not p'. The way '-' works is described by its simple truth table:

p	−p
T	F
F	T

When 'p' is true, '-p' is false; when 'p' is false, '-p' is true. It follows that if a compound formula, say 'pvq', is true, then its negation, written '- (pvq)', is false; and vice versa. Note how the brackets are used to show that the negation sign applies to the whole formula 'pvq'; if we were to write '-pvq' we would be saying something quite different, namely 'not p, or q'.

The letters and truth-functors are the elements of a language which, together with certain rules of inference taken as primitive or axiomatic, constitute what is called the 'propositional calculus'. It allows logicians to explore the logical relations between whole propositions in a completely systematic way. The addition of a few more symbols and rules enables logicians to get *inside* propositions, as it were, in order to examine the nature of valid inference when the internal structure of

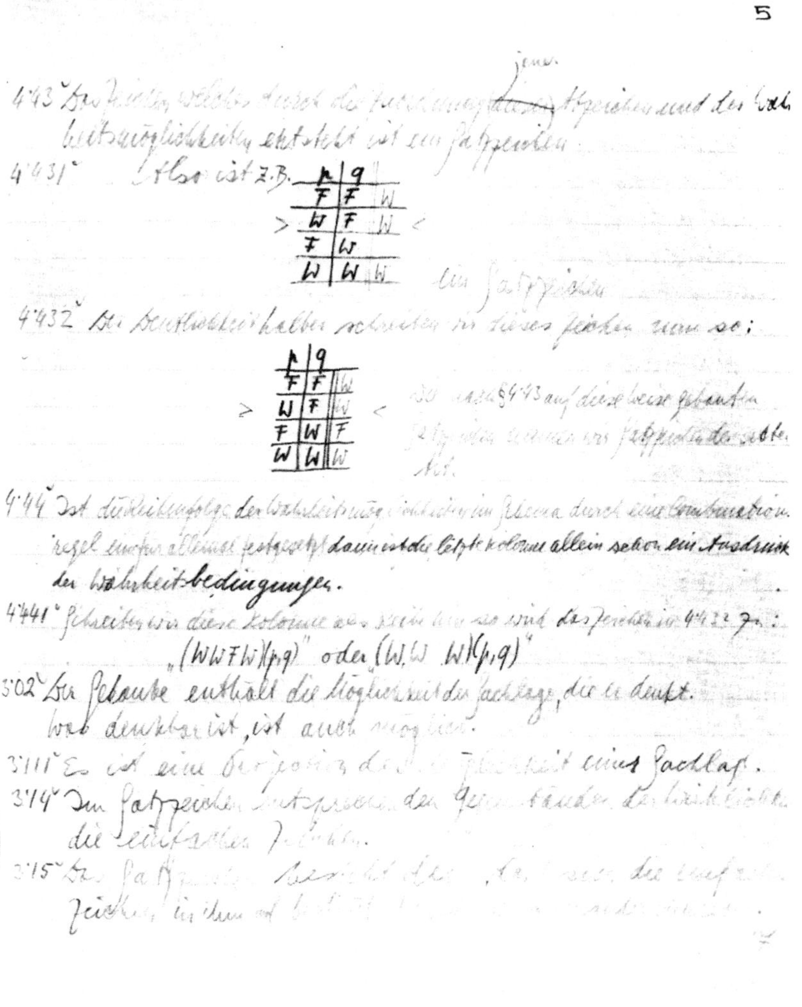

4. **Wittgenstein's invention of truth tables, which became standard in logic, in an early manuscript of the *Tractatus*.**

propositions matters. For example, a proposition like 'the table is brown', which would be represented by, say, 'p' if a logician were concerned only to investigate its relations to other whole propositions, can be symbolized for these more detailed purposes as 'x is F', or, more succinctly, 'Fx', where 'x' is an individual variable (stands for individual things) and 'F' is a predicate letter standing in this case for 'is brown'. Then we get formulae like 'Fx v Gx', pronounced 'x is F or x is G'. Note that the truth-functor 'v' continues to function in accordance with its truth table as demonstrated above.

A final step is to introduce ways of symbolizing propositions like 'all humans are mortal' and 'some humans are tall'. These contain *quantifier* expressions, 'all' and 'some', indicating how many things have a certain property – in this case, how many humans are mortal or tall. Logicians write '(x)' to symbolize 'all x' or 'every x'; thus 'all humans are mortal' is in symbolic form '(x) (Hx→Mx)', pronounced 'for all x, if x is human then x is mortal'. The quantifier 'some' can most usefully be expressed as 'at least one', and logicians write '(∃ x)' to symbolize 'there is at least one x' or more briefly 'there is an x'. Thus 'some humans are tall' is symbolized '(∃ x) (Hx & Tx)', pronounced 'there is an x such that x is human and x is tall'. When these notions are added to the propositional calculus the resulting language is called the *predicate calculus*; it is a simple but extremely powerful language which equips logicians to explore the forms of valid inference, and which provides philosophers with a tool for investigating the structure of language and thought.

This language, the language of the predicate calculus, is what Russell called 'the perfect language'. In the case of 'the present king of France is wise', Russell used it to give the full analysis of that problematic sentence, that is, the complete description of its logical form. The analysis is:

$$(\exists x)\ ((Kx\ \&\ (y)\ (Ky \rightarrow y = x))\ \&\ Wx)$$

where 'K' stands for 'king of France' and 'W' for 'wise'. The whole formula is pronounced 'there is something, call it x, such that x is king of France; and for anything else, call it y, if y is king of France then y and x are identical (this shows that there is only *one* king of France); and x is wise'. This may look somewhat complicated, but is not so; the chief point is that there is nothing misleading about the logical formula into which 'the present king of France is wise' has been analysed, and hence, once the eye is accustomed to symbolism, all is perspicuous – we know exactly what is being said and hence thought, for the analysis brings its logical structure explicitly into view. Recall Wittgenstein's aim: it is to show that the problems of philosophy will be solved once we grasp how our language works. The workings of language depend upon its underlying logical structure; therefore to solve the problems of philosophy we must, says Wittgenstein, make clear to ourselves the nature of that underlying logical structure. This shows the importance of logic in Wittgenstein's *Tractatus*.

A central notion in the foregoing account of logic is *truth-functionality*, explained, as we have seen, in terms of the truth tables showing how the truth-values of compound formulae depend upon the truth-values of their constituent atomic formulae and the way they are combined. One more example will help to fix this idea clearly. Consider the complex formula '(pvq) & (rvs)'. The truth-value of this formula depends upon that of 'pvq' and of 'rvs' taken independently; and the truth-values of these two formulae, in their turn, depend upon the truth-values of their parts – in the case of 'pvq' on the truth-values of 'p' and of 'q' taken independently, and in the case of 'rvs' on the truth-values of 'r' and 's' taken independently. So the whole complex formula '(pvq) & (rvs)' has a truth-value which in the end depends on that of each of the simple or atomic formulae 'p', 'q', 'r', 's', which are its ultimate constituents or 'atoms'; it is a truth-function of those atoms and the way they are put together by means of the connectives 'v' and '&'. This idea plays a crucial role in the *Tractatus*.

The argument of the *Tractatus*

Armed with the foregoing sketch of background ideas we can now turn to Wittgenstein's *Tractatus* itself. A preliminary point to note concerns how the *Tractatus* is structured. It was Wittgenstein's method, one which he employed throughout his life, to write down his ideas in the form of theses and remarks upon these theses, subsequently arranging them into an appropriate overall order. In the *Tractatus* Wittgenstein expresses his view in the form of seven theses, and the bulk of the book consists in comments upon and expansions of each of the first six, together with subordinate comments upon and expansions of these higher-order remarks themselves. To keep the structure of the argument clearly in view Wittgenstein uses a system of decimal numbering. The system is one which anyone familiar with business or official reports can quickly grasp; chief points are marked with whole numbers (1, 2, etc.), comments subordinate to these with a single decimal (1.1, 2.1, etc.), points subordinate to these latter with two decimals (1.11, 2.11, etc.), and so on in the standard way. The *Tractatus* is rather elaborate structurally, yielding remark numbers with as many as five decimals, for example 2.02331; but the principle of the arrangement is straightforward, as described. References to the *Tractatus* are always effected simply by quoting the relevant remark number.

A second point to note is that although the *Tractatus* is a short book, the range of topics it covers is very wide. In the course of its main argument concerning language, the world, and the relation between them, the *Tractatus* also deals with the following: the nature of logic and logical form; probability; the concept of number; induction and causality; the purpose of philosophy; solipsism; and questions about ethics, religion, and life. The treatment accorded most of these topics is very brief, and in consequence the *Tractatus*'s comments upon them seem aphoristic and obscure. But Wittgenstein's views on these matters are either consequences or corollaries of his main argument, to which all these topics are intimately linked, and accordingly a grasp of that argument makes his meaning in these respects fairly clear, as we shall see when we consider some of them.

I shall begin by setting out the main argument of the *Tractatus* in summary form, afterwards returning to explain each of its main themes in more detail. Both language and the world, Wittgenstein says, have a structure. Language consists in propositions, and these are compounds made up of what he calls 'elementary' propositions, which in turn are combinations of names. Names are the ultimate constituents of language. Correspondingly, the world consists in the totality of facts, and facts are compounded out of 'states of affairs', which in turn are compounded out of objects. Each level of structure in language matches a level of structure in the world. The objects, which are the ultimate constituents of the world, are denoted by the ultimate constituents of language, the names; names combine to form elementary propositions, which correspond to states of affairs; and each of these further combine to form, respectively, propositions and the facts which, in a sense to be explained, those propositions 'picture'. Here, in a crude preliminary form, is a representation of the two parallel structures:

Language	↔	*World*
|		|
propositions	↔	facts
|		|
elementary propositions	↔	states of affairs
|		|
names	↔	objects

This representation is crude because it does not show how the vertical and horizontal relationships between the two sets of levels work; but it is a useful preliminary sketch.

The correspondence between elementary propositions and states of affairs is constituted by the fact that the names out of which elementary propositions are built denote the objects out of which their correspondent states of affairs are built; the arrangement of the names logically mirrors or pictures the arrangement of the objects in states of affairs. It is in virtue of this picturing relation that the propositions compounded out of elementary propositions have sense. This is the 'picture theory of meaning' which lies at the heart of the *Tractatus*, constituting the explanation of how language and the world are connected, and therefore of how meaning attaches to what we say when we use language correctly. Much more will be said of this below.

The elementary propositions are logically independent of each other. Because this is so, we need to say which of them are true and which false in order to give a complete account of reality. This is equivalent to saying that reality consists of all possible states of affairs, whether existing or non-existing. In other words, how everything actually is in reality depends upon what is and what is not the case; and that is why we need to know which elementary propositions are true and which false, for only then can we specify how things actually stand in reality.

Propositions are formed out of elementary propositions by the truth-functional connectives (more exactly, by a single truth-functional connective in terms of which all the others can be defined). They are therefore truth-functions of elementary propositions. Because they depend for their own truth-value on the truth-values of the elementary propositions which constitute them, propositions will be true or false according to the distribution of the truth-values among the elementary propositions. But there are two important cases where this is not so: one in which a proposition is true no matter what its constituents' truth-values, and the other in which a proposition is false no matter what its constituents' truth-values. In the first case the proposition is a *tautology*, always true; in the second it is a *contradiction*, always false. The true propositions of logic are tautologies, and the true propositions of mathematics may be considered so too. Neither logical nor mathematical propositions say anything about the world, however, because in virtue of their always being true they are consistent with *any* way the world could happen to be (with the existence or non-existence of *any* state of affairs).

When a sign or string of signs fails to express a proposition it is nonsense. It is not that such a sign or string of signs says something *false*; it is that it says *nothing at all*, for it fails to picture anything in the world and hence has no connection with the world. Wittgenstein includes 'most of the propositions of philosophy' in this class. Because this is so, he says at the end of the *Tractatus*: 'My propositions serve as elucidations in the following way: anyone who understands me eventually recognizes them as nonsensical, when he has used them – as steps – to climb up beyond them. (He must, so to speak, throw away the ladder after he has climbed up it.)' (T 6.54; the image of the discardable ladder comes from Schopenhauer.) The limits of what can significantly be said, and therefore thought, thus turn out to be imposed by the structure of both language and the world, and by the way they connect with each other through the 'picturing' relation. Only when such a connection obtains do our signs (the expressions of our language) have sense. And because the content of ethics, religion, and the 'problems of life' lie *outside* the world – outside the realm of facts and their constituent states of affairs – nothing can be *said* about them. To try to say anything about them is, given the way language works, to fall into nonsense. This does not, as mentioned, mean that ethics and the rest are themselves nonsense. It is only the attempt to talk about them which is so. In Wittgenstein's view, matters of ethical and religious significance show themselves; they cannot be *stated*. Wittgenstein considered this to be a crucially important point, and was careful to indicate that the ultimate aim of the *Tractatus* is indeed to reveal, via the argument about language (thought) and the manner of its connection with the world, just what the status of ethical and religious values is.

This summary of the *Tractatus*'s argument is very compressed. Making it clearer requires going through its main points step by step, adding some of the detail which explains Wittgenstein's intentions more fully. The first step is to grasp more clearly Wittgenstein's views about each of the levels of structure in language and the world; the second step is to understand his 'picture theory' of how language and world are linked.

What Wittgenstein says about the structure of language and the world is very abstract. He does not, when talking of how the world is, give examples of facts, states of affairs, and objects; nor does he give examples, in describing the structure of language, of propositions, elementary propositions, and names. This is deliberate. He relies on an undefined and perhaps intuitive grasp of what 'propositions' and 'facts' are, and then specifies their respective finer structures in terms of what these structures must be like in order for it to be possible that language should (as it manifestly does) succeed in connecting with the world. In Wittgenstein's view it is the task of an empirical enquiry, specifically psychology, to determine the practical question of how we link language to the world in our experience and activity, just as it is the task of natural science to describe the structure and properties of physical things. The task in philosophy, in Wittgenstein's view, is by contrast the wholly conceptual one of identifying the logical conditions which must obtain for there to be a link between world and language.

A comparison with Russell's views is informative here. Working from some of the same basic ideas (because of his early collaboration with Wittgenstein) but with empirical considerations expressly in view, Russell likewise argues that the relation between language and world depends upon the fact that the simplest elements of each are directly linked. But in Russell's theory the mechanism is somewhat different. The link between language and the world is, for Russell as for Wittgenstein, the relation of denotation. But for Russell the 'atoms' of language are the demonstrative pronouns 'this' and 'that', and the atoms of the world are 'sense-data', that is, bits of information (for example, colour-patches, sensations of touch, sounds) gathered by our five senses. The link is forged by the use we make of the demonstrative pronouns to refer directly to sense-data. So in Russell's view language connects with the world because at this most basic level we 'name', by means of the demonstratives, the items of sensory information that constitute our immediate experiential contact with the world. It is interesting to observe that in his notebooks Wittgenstein shows that he began by thinking much along the same lines as Russell. Nevertheless he decided to restrict attention to the logical basis of the issues, and therefore did not investigate their 'psychological' aspects as Russell had done. It is this which gives the *Tractatus* its highly abstract character.

Wittgenstein's account of the world's structure occurs at the beginning of the *Tractatus*. It is useful to look at the way he sets out his principal theses before embarking on a discussion of them. From the sketch given above it will be remembered that the chief elements of that structure are *facts*, which are composed of *states of affairs*, which are in turn composed of *objects*. Wittgenstein states this as follows:

1 The world is all that is the case.

1.1 The world is the totality of facts, not of things.

2 What is the case – a fact – is the existence of states of affairs.

2.01 A state of affairs (a state of things) is a combination of objects (things).

2.02 Objects are simple.

This is the basic structure. After setting it out Wittgenstein adds some remarks on the *nature* of the relation between the levels:

2.0271 Objects are what is unalterable and subsistent; their configuration is what is changing and unstable.

2.032 The determinate way in which objects are connected in states of affairs is the structure of the state of affairs.

2.034 The structure of a fact consists of the structure of states of affairs.

2.04 The totality of existing states of affairs is the world.

2.05 The totality of existing states of affairs also determines which states of affairs do not exist.

2.06 The existence and non-existence of states of affairs is reality.

Each of these theses carries a heavy load of significance and requires explanation. The first (thesis 1) states that the world is everything that is. Since, as we shall see, Wittgenstein goes on to argue that the world is represented by propositions, and that propositions are true or false according to whether they represent or fail to represent what is the case, it follows that the world is everything that is represented by the totality of true propositions. This conception is fundamental to Wittgenstein's claims about what can legitimately be said, and what therefore cannot be said but only shown. Coming to a conclusion on these matters is the *Tractatus*'s aim; Wittgenstein's central concerns are therefore present from the outset.

The second and subsequent theses concern the world's structure itself. Thesis 1.1 says that the world is not to be identified with the sum of things which exist in it – it is not a collection of objects like, say, stones, teacups, subatomic particles, or whatever empirical science says 'objects' are, but rather is the totality of facts. Examples of 'facts' might roughly be that I am writing these words at a certain time and place, that Everest is the highest mountain on this planet, that our solar system is located in a spiral galaxy, and so on. Wittgenstein himself does not give such examples, but proceeds directly to an abstract specification of facts as 'the existence of states of affairs'. The notion of 'states of affairs' is difficult to explain other than intuitively. For the sake merely of illustration, we might say that my sitting at a desk holding a pen, my doing so in Oxford in the springtime, and so on, are among the states of affairs – the 'ways things are', the situations that exist – which together constitute the fact that I am writing these words at a certain time and place. Again, Wittgenstein expressly avoids giving such examples. He defines a state of affairs in an austerely abstract fashion as a combination of objects, meaning by this that a state of affairs is such that one can break it down ('analyse' it) into component parts; the component parts, together with their arrangements, are the ultimate building blocks of the state of affairs. These building blocks are *objects*, and objects are 'simple' in the sense of being uncompounded, that is, having no structure. They therefore cannot be broken down or analysed into something more fundamental than themselves. They constitute the primitive elements out of which the world is constituted. Moreover, it is *essential* to objects, Wittgenstein says, that they be possible constituents of states of affairs; the thought of an object which could exist outside any possible combination of objects (any state of affairs) is an empty thought. Since this is so, if we had a complete inventory of all the objects there are, we would know all the states of affairs there could possibly be, because knowing anything about a given object involves knowing what combinations it is its essential nature to belong to – and this is just to know what states of affairs are possible.

The fact that they are 'simple' means that objects do not change. It is their combinations and arrangements that do so. But when objects are in combination, thus constituting a state of affairs, there is nothing indeterminate about their arrangement: each such combination has a *definite* character. This determinateness of arrangement is the *structure* of a state of affairs. The structure of facts, likewise, is determined by the structure of the states of affairs constituting them. Accordingly a complete analysis of a fact has as its termination a specification of a determinate combination of objects. And this means that each fact has only one correct analysis, because each fact ultimately consists in a particular and definite combination of the members of a particular and definite set of objects.

The last two theses noted above – 2.05 and 2.06 – add a further important consideration. It is that the states of affairs which exist settle which states of affairs do *not* exist. For example, matters are such that I am holding a pen, and this excludes the state of affairs consisting in my being empty-handed. Since in this way how *things are* determines how *they are not*, reality as a whole is the totality of existing states of affairs together with everything their existence excludes as non-existent.

Wittgenstein's account of the world's structure is almost as brief as it is abstract; it occupies the first four pages of the *Tractatus* only. Immediately after stating it he turns his attention to the 'picture' theory and language. But an understanding of these latter turns crucially on the account he gives of the world's structure, which is why the *Tractatus* begins with it. When it comes to the structure of language, as we shall now see, Wittgenstein relies on the above account to explain the nature and role of the different levels of language themselves.

It is useful, as before, to begin by setting out Wittgenstein's main theses concerning the '*propositions-elementary propositions-names*' structure of language. As one reads through them one should keep in mind two matters: first, the foregoing account of the world's structure, and secondly, the thesis – to be explained more fully below – that language connects with the world by means of a 'picturing' relation. It is necessary to anticipate one point about the picture theory at this juncture, however: it is that, for Wittgenstein, when one thinks about something in the world, a fact, one's thought is a logical picture of that fact, and that since propositions are expressions of thoughts, propositions are therefore themselves pictures of facts. This comes out clearly in the theses on language structure. The theses are these:

3 A logical picture of facts is a thought.

3.1 In a proposition a thought finds an expression that can be perceived by the senses.

3.2 In a proposition a thought can be expressed in such a way that the elements of the propositional sign correspond to the objects of the thought.

3.201 I call such elements 'simple signs', and such a proposition 'completely analysed'.

3.25 A proposition has one and only one complete analysis.

3.203 A name means an object. The object is its meaning.

3.22 In a proposition a name is a representative of an object.

3.26 A name cannot be dissected further by means of a definition: it is a primitive sign.

Remark 3.25 parallels the thesis discussed above, that each fact has a particular and definite structure, so that an analysis of that fact, which is the same thing as an analysis of the proposition corresponding to it, will result in a description of a particular and definite combination of objects. The objects are denoted by the names, the 'simple signs' which are the 'elements' (the ultimate building blocks) of propositions; this is made clear by the last three remarks above. Wittgenstein goes on:

4.001 The totality of propositions is language.

4.11 The totality of true propositions is the whole of natural science.

These two theses are direct corollaries of what Wittgenstein says about the respective structures of language and the world and the way they connect through the picturing relation. In them lies the substance of his claim that only *factual* discourse is possible: he puts the same point more explicitly later by saying 'nothing . . . can be said [except] the propositions of natural science' (T 6.53). And from this it immediately follows that we cannot say anything about what falls outside the domain of facts as described by science, namely, matters of *value,* that is, ethics and religion. The two theses just quoted , 4.001 and 4.11, are therefore central; it is typical of the *Tractatus*'s elaborately arranged and compressed argument that they appear before the whole of that argument has been given. Nor do they appear together, as I have given them here; their decimal numbers show that they are separated by discussion of several important subsidiary issues, including these:

4.01 A proposition is a picture of reality.

4.022 A proposition *shows* its sense. A proposition *shows* how things stand *if* it is true. And it *says* that they do so stand.

4.023 A proposition must restrict reality to two alternatives: yes or no. In order to do that, it must describe reality completely.

The picture theory of the language-world relationship is inseparable from Wittgenstein's account of propositions. In 4.01 the claim that propositions are pictures is expressly made. We shall shortly investigate how the picturing relation works. It is essential for Wittgenstein's conception of propositions as pictures of reality that propositions should be *determinate* in truth-value; they are true or they are false, and which they are depends on whether they fit the facts or fail to do so.

There is no question of a partial or fuzzy correspondence between propositions and facts: the only alternatives are 'yes' and 'no' – either a proposition is a picture of a fact, or it is not. And this has to be the case, Wittgenstein says, because, once more, of the structure of propositions, namely that propositions are truth-functions of elementary propositions, which are themselves structures of names:

5	A proposition is a truth-function of elementary propositions.
4.21	The simplest kind of proposition, an elementary proposition, asserts the existence of a state of affairs.
4.25	If an elementary proposition is true, the state of affairs exists; if an elementary proposition is false, the state of affairs does not exist.
4.22	An elementary proposition consists of names. It is a nexus, a concatenation of names.
4.24	Names are the simple symbols.

Setting all these theses alongside those about the world makes Wittgenstein's conception of both quite clear. From the basis of the parallel structures upwards, the relations between them are as follows: names denote objects, and like objects they are simple and unanalysable; elementary propositions are 'concatenations of names' and they assert the existence of states of affairs, which are concatenations of objects; and propositions, the perceptible expressions of thoughts (perceptible because one can read or hear the 'propositional signs' used to express them), are truth-functions of elementary propositions. This account is wholly formal: Wittgenstein does not, as noted, give examples of names and elementary propositions or of what they correspond to in the world; his account is devoted solely to saying that it is necessary, in order for there to *be* a language-world link, that the structures of both *must* be like this, whatever as a matter of fact plays the role of the names, objects, and the rest, as specified in that account.

The austerely formal nature of the account, together with the paucity of concrete examples, might seem puzzling until one recalls that Wittgenstein's interest lies solely in the *logical* character which world and language must possess in order for connections between them to be possible. Think of the logician's interest in discovering the nature of valid argument forms, as described in the preceding section: it is unnecessary to bother with particular propositions – expressed by sentences of one or another natural language – concerned with particular things like clocks, the moon, or anything else, but only with the *form* of the argument, using a symbolism ('p', 'q', '&', 'v', and so on) to make that form explicit. This is what Wittgenstein is doing in the *Tractatus*. It is enough for his purposes to say something like this: the proposition 'p&q' is a truth-function of the elementary propositions 'p' and 'q'; 'p' is a concatenation of names 'w' and 'x', and 'q' is a concatenation of names 'y' and 'z'; and each of these levels of structure mirrors a concomitant level of structure in the world. (Wittgenstein does not put matters quite like this in the *Tractatus*, but it serves as an illustration; see T 4.24.) It is in this way that Wittgenstein's account is a purely *formal* or *structural* one. And it explains why he thought, unlike Russell, that 'psychological' questions – questions about what objects are, and how we come to denote them by the names which are the primitive elements of language – were no part of his enterprise.

Now that the parallel language-world structures have been described, it is possible to set out the crucial matter of the 'picturing' relation in which Wittgenstein says their connection with each other consists. This is the key to the argument so far, and this time Wittgenstein provides plenty of examples to show what he means.

The idea of the picture theory was suggested to Wittgenstein, as he reports in his *Notebooks*, by reading a newspaper description of how toy motor cars and dolls were used in a Paris courtroom to depict the facts of something then relatively new in the world, a motor-accident. The models pictured reality by being arranged in a way exactly corresponding to the disposition of the real people and vehicles at the time of the accident. This raises a question: what is it for something to be a picture of something else? What is it about the miniature street-scene in the Paris courtroom which makes it a *picture* of reality? Wittgenstein begins by offering an answer to this question.

2.12 A picture is a model of reality.

2.131 In a picture the elements of the picture are the representatives of objects.

2.14 What constitutes a picture is that its elements are related to one another in a determinate way.

2.15 The fact that the elements of a picture are related to one another in a determinate way represents that things are related to one another in the same way.

So much is obvious. Wittgenstein then says that the possibility that things in reality can be represented by pictures – that is, can have their arrangement displayed by the arrangement of a picture's elements – rests on the fact that pictures have something in common with the reality they depict; and what they have in common is of course their *structure*. Take a straightforward case: suppose you are painting a still life of a hat standing to the left of a pair of boots on a chair. If your painting is to depict that collection of objects just as it is, its structure must accord with that of the objects' arrangement; the hat must stand to the left of the boots in the picture. This shared structure Wittgenstein calls *pictorial form*:

2.151 Pictorial form is the possibility that things are related to one another in the same way as the elements of a picture.

2.161 There must be something identical in a picture and what it depicts, to enable one to be a picture of the other at all.

2.17 What a picture must have in common with reality in order to be able to depict it – correctly or incorrectly – in the way that it does, is pictorial form.

It is pictorial form, therefore, understood as the possibility of identity of structure between a picture and what it depicts, which makes the picturing relationship possible. But there is a further point: the structure shared between picture and reality is a structure of elements, the elements of the picture and the elements of the depicted reality. The link between a particular picture and reality is a link between their respective elements:

2.1514 The pictorial relationship consists of the correlations of the picture's elements with things.

2.1515 These correlations are, as it were, the feelers of the picture's elements, with which the picture touches reality.

2.1511 *That* is how a picture is attached to reality; it reaches right out to it.

2.1512 It is laid against reality like a ruler.

All these theses are the answer to the question about what constitutes a picture. The transition to the crucial thesis that *propositions* are pictures, in just this sense, is effected by Wittgenstein in two brief steps. The first consists in his stating that every picture is a logical picture (T 2.182). What this means can be put as follows. Pictures are not all of the same kind – not all pictures are, say, spatial ones; if a monotone picture depicts things as coloured, it cannot use colour to do so; and so on – but every picture has pictorial form, that is, the essential possibility of possessing a community of structure with what it depicts, and only if something satisfies this minimum requirement can it be a picture. The point here therefore concerns the logical condition for a picture to be a picture. The condition is a logical one because it turns solely on considerations about the form or structure which, when the picturing relation obtains, must of necessity be shared by the picture and what it depicts so that the picturing relation can obtain between them. Therefore, Wittgenstein says, pictorial form is logical form (T 2.181 and 2.182 again). And this means that anything possessing a logical form is a picture.

Wittgenstein's second step concerns truth and falsity. He says: 'A picture agrees with reality or fails to agree; it is correct or incorrect, true or false' (T 2.21). The point is intended to be intuitive. If a picture successfully shows how things are in reality, it 'agrees' with that reality, and we therefore say that it is a correct depiction. Where the picture in question is a thought or proposition, we call its agreement with reality 'truth' and the converse 'falsity'. The division between 'agreement' and 'disagreement' is absolute – one recalls Wittgenstein's saying at 4.023 that the only alternatives are yes and no.

The ground is now prepared for the picture theory of the proposition itself. Thesis 4.01, already quoted, asserts 'A proposition is a picture of reality', and the main steps by which Wittgenstein arrives at it consist in the two theses, also already quoted, that 'A logical picture of facts is a thought' (T 3) and a proposition is an expression of a thought (T 3.1). Wittgenstein now gives an account of what 4.01 means.

At first sight, he says, propositions do not seem to be pictures at all; but then at first sight musical notation does not appear to be a picture of music, and the alphabet does not seem to be a picture of speech; 'and yet these sign-languages prove to be pictures, even in the ordinary sense, of what they represent' (T 4.011). The musical analogy particularly well expresses Wittgenstein's point:

> 4.014 A gramophone record, the musical idea, the written notes, and the sound waves, all stand to one another in the same internal relation of depicting that holds between language and the world. They are all constructed according to a common logical plan.

That this is so can be seen by noting that there are rules which enable a musician to translate a musical score into movements of his fingers on the keyboard, and thence, by means of the piano's mechanism, into sounds. Similarly, the structure of the grooves on a gramophone record are precisely correlative with the sounds which are produced when the record is played; and someone suitably trained could listen to the record and transcribe the music back into notation. The grooves, the sounds, the notation all have the same logical form. There is an *essential* connection between them, and that connection is their shared logical form. Wittgenstein says that just in the way a musical score depicts the sounds heard when it is played, so a proposition is a picture of reality in virtue of the same internal relation of shared logical form.

> 4.021 A proposition is a picture of reality: for if I understand a proposition, I know the situation that it represents.

> 4.03 A proposition communicates a situation to us and so it must be *essentially* connected with the situation. And the connection is precisely that it is its logical picture.

This explains what Wittgenstein meant by saying, in 4.022 quoted earlier, 'A proposition shows its sense.' The concept or sense is what would colloquially be explained as 'meaning': the sense (meaning) of a proposition is the fact it pictures:

4.031 Instead of 'This proposition has such and such a sense', we can simply say 'This proposition represents such and such a situation.'

And what is meant by 'represents' here is straightforward. In talking of pictures *representing* reality Wittgenstein earlier says: 'What a picture represents [portrays, depicts, shows] is its sense; thus, the sense of a proposition is the situation in reality which it depicts.

The final step in this account consists in Wittgenstein's tying together his theses about the structure of language, the structure of the world, and the picture theory:

4.0311 One name stands for one thing, another for another thing, and they are combined with one another. In this way the whole group – like a *tableau vivant* – presents a state of affairs.

4.0312 The possibility of propositions is based on the principle that objects have signs as their representatives.

From what has gone before, the import of these remarks is clear; it establishes the link between the 'elements' – names and objects – on which the picturing relation ultimately rests.

That, then, is the central argument of the *Tractatus*. Upon it rest the theses which it is Wittgenstein's overall aim to establish. These, it will be remembered, are that the only significant propositions (and hence thoughts) are those which are pictures of reality – that is, which are pictures of how things are in the world. And this in turn is to say that the only significant discourse is factual discourse (the 'propositions of natural science'). This has to be so, on Wittgenstein's theory, because if sense (colloquially, 'meaning') attaches to propositions only in virtue of their being pictures of reality – and reality is the sum of facts, that is, the existing states of affairs (whose existence determines what is not the case too, so that reality is complete and determinate) – then attempts to talk and think about what does not fall within the realm of facts literally has no sense, because such thought and talk does not picture anything: there is nothing for them to picture. The most significant consequence of this – a point familiar by now – is that nothing can be said about ethics, religion, and the problems of life; but before examining this consequence it is important to note another, namely the position in which Wittgenstein's theory leaves philosophy and logic.

The problem here is this. Because only factual discourse has sense, and because the propositions of philosophy and logic are not factual propositions, it follows that the propositions of philosophy and logic which Wittgenstein uses to state his theory are themselves senseless. His theory therefore appears paradoxical. But Wittgenstein is aware of this, and in response gives an account of what philosophy is and, separately, an account of the status of logic. Concerning philosophy he says:

4.111 Philosophy is not one of the natural sciences.

4.112 Philosophy aims at the logical clarification of thoughts. Philosophy is not a body of doctrine but an activity. A philosophical work consists essentially of elucidations. Philosophy does not result in 'philosophical propositions' but rather in the clarification of propositions. Without philosophy thoughts are, as it were, cloudy and indistinct: its task is to make them clear and to give them sharp boundaries.

4.114 It must set limits to what can be thought; and, in doing so, to what cannot be thought.

4.115 It will signify what cannot be said, by presenting clearly what can be said.

The task Wittgenstein allots to philosophy therefore is 'elucidation', which is the process of clarifying our thought and talk. And, consistently, this is just what the *Tractatus* aims to do; in the last two quoted theses 'it' could just as well refer to the *Tractatus* itself as to philosophy. In 4.114 Wittgenstem adds: '[Philosophy] must set limits to thought by working outwards through what can be thought.' This process of 'working outwards' by means of elucidations or clarifications results, in Wittgenstein's view, in the attainment of a point of vantage from which one can survey the limits of meaningful discourse, and from which we can therefore recognize, for exactly what they are, the steps which brought us there:

6.54 My propositions serve as elucidations in the following way: anyone who understands me eventually recognizes them as nonsensical, when he has used them – as steps – to climb up beyond them. (He must, so to speak, throw away the ladder after he has climbed up it.) He must transcend these propositions, and then he will see the world aright.

Logic is in a different case. It will be remembered that the truth-values of ordinary propositions depend upon those of their constituent elementary propositions, in just the way described by means of truth tables in the preceding section. Accordingly, ordinary propositions will sometimes be true and sometimes false depending upon how things stand in the world. But the true propositions of logic are *always* true, no matter what the distribution of truth-values among their constituents; and propositions which are logically false are *always* false, no matter what the truth-values of their constituents. The former are tautologies, the latter contradictions (T 4.46). Accordingly, the truth-value of logical propositions is independent of how things are in the world: in Wittgenstein's characterization they 'say nothing' (T 6.11).

It does not follow that logic is vacuous. On the contrary, it has an important role as the instrument used in describing the fundamental structure of world and language, which Wittgenstein describes by saying 'the propositions of logic describe the scaffolding of the world'; and they do this by showing what has to be the case for language to have sense (T 6.124). All that logic presupposes is that names denote objects and propositions have sense (ibid.); otherwise 'logic has nothing to do with [questions about what] our world really is like' (T 6.1233). But although the task performed by logic is the wholly general and formal one of showing what the structures of world and language have to be in order for them to connect, it is crucial; for it thereby shows what the limits of meaningful discourse are.

Since, as we have seen, those limits enclose factual discourse only, everything to do with value and religion falls outside them. Accordingly, nothing can be said about these matters. But they are what is truly important; Wittgenstein describes them as 'what is higher' (T 6.42), and both in the *Tractatus* and in several letters he emphasizes the point that they are what the *Tractatus* is, in the end, really about – even though this is shown by the *Tractatus*'s being (almost) silent about them. To understand this one must grasp a point which Wittgenstein emphasizes in connection with his main argument and his view of philosophy as 'elucidation'. This is that one cannot properly use langauge to talk about language; one cannot properly say that propositions have a certain structure the elements of which are linked, through the picturing relation, with elements of the world. Of course, this is exactly what the *Tractatus* is largely about; but the propositions of the *Tractatus*, which are philosophical and therefore elucidatory propositions, are steps of a discardable ladder, as we have just seen. Strictly, the logical structures of language, world, and their relation show themselves or make themselves manifest when one sees them aright. Wittgenstein puts this by saying: 'Propositions cannot represent logical form: it is mirrored in them. What finds its reflection in language, language cannot represent.' (T 4.121) Now, in just the same way, one cannot say things of an ethical or religious nature, for these matters lie outside the limits of language and therefore there is nothing for propositions about them to picture – which means that such propositions cannot have sense. Rather, the ethical and religious show themselves: 'There are indeed things that cannot be put into words. They *make themselves manifest*. They are what is mystical.' (T 6.522)

One possible explanation of Wittgenstein's intentions here is that he is seeking to protect matters of value from the debunking encroachments of science. Science deals with the world, the realm of facts, and how things are in the world is *contingent*, that is, accidental; things happen to be the way they are in the world, and might well have been otherwise (T 6.41). But matters of value cannot be accidental, Wittgenstein says; they are too important (ibid.). Since the realms of fact and value are utterly distinct, the propositions of the former cannot be used to describe or explain anything to do with the latter. The latter transcend, that is lie beyond the limits of, the world.

Wittgenstein does not, however, restrict himself to these negative points. In a few brief and unsystematic remarks occupying the last four pages of the *Tractatus* he indicates what he thinks the ethical and religious show of themselves. He says that good or bad acts of the will make no difference to the world, in the sense that they do not change any facts about how things are in the world, but rather that they alter 'the limits of the world' (T 6.43), that is, they affect how the world as a whole appears to the moral agent. Accordingly, to the good-willed agent the world appears 'altogether different' from the world of the bad-willed agent (ibid.). Wittgenstein then says: 'The world of the happy man is a different one from that of the unhappy man' (ibid.). This suggests either that good-willing produces or is attended by happiness for the good-willed agent, and the opposite for the bad-willed agent; or that the fundamental moral good is happiness itself. The latter interpretation has commended itself to some commentators, but the former appears to be better supported by what Wittgenstein says in the accompanying discussion: in a remark shortly preceding T 6.43 he says that ethical reward and punishment must reside in actions themselves, and are not to be thought of in association with their consequences in the realm of facts, which is the 'usual sense' of the terms 'punishment' and 'reward' (T 6.422). The thought therefore seems to be that good-willing contains its own reward – happiness – and bad-willing the converse.

Wittgenstein's view that matters of value concern the world as a whole, and not matters of fact within it, is reinforced by his remarks about death and God. At my death, he says, the world does not change for me, but ends (T 6.431); therefore my own death is not an event in my life – 'we do not live to experience death' – and in a sense therefore 'Our life has no end in just the way our visual field has no limits' (T 6.4311). Again, concerning God, he says '*How* things are in the world is a matter of complete indifference to what is higher. God does not reveal himself *in* the world' (T 6.432). This remark says that considerations about God, as perhaps the source or focus of value, are solely related to the world as a whole, just as with matters of value themselves. Two propositions bear this out:

6.44 It is not *how* things are in the world that is mystical, but *that* it exists.

6.45 To view the world *sub specie aeterni* is to view it as a whole – a limited whole. Feeling the world as a limited whole – it is this that is mystical.

These remarks lead up to the famous last sentence of the *Tractatus* – 'Whereof we cannot speak, thereof we must be silent' (T 7) – and Wittgenstein asserts this for the now familiar reason that since ethical and religious matters lie outside the world, nothing can be said about them. This, Wittgenstein says in his letters, is the real point of his argument, arrived at by means of a logical investigation into the nature of language, world, and their connection.

Some comments and questions

The *Tractatus* has had a curious fate. It is treated as a work of historical interest rather than as an argument requiring the challenge and testing which philosophical theses usually receive. It is often expounded, explained, and interpreted, but it is rarely criticized in a serious way. For this there are good reasons. The chief of them has to do with the *Tractatus*'s place in Wittgenstein's philosophical development: it is an early work, and it was in effect repudiated by its author – indeed Wittgenstein came to make a rejection of its central doctrines the very cornerstone of his later philosophy. Few of its ideas, accordingly, are treated as genuine candidates for adoption or rejection. And this is why commentators, although they recognize a need to explain the *Tractatus*, very rarely offer a critical assessment of it. In certain respects the *Tractatus* is like the game of chess. One cannot imagine thinking that the *Tractatus* might be true any more than one can imagine thinking that a game of chess might be true. This is because the *Tractatus* is an uninterpreted calculus. The key notions 'object', 'name', and so on are formal devices like the pieces in chess: the 'queen' in chess is not in any sense a queen, even a toy one, but is a purely formal entity defined by its permitted moves alone. This is what the 'objects' and 'names' of the *Tractatus* are; they are elements of abstract parallel structures, defined only by their roles and mutual relations. The 'names' and 'objects' of the *Tractatus* are very remote from being names (like 'Tom') and objects (like teacups) – as remote as a chess queen is from being a queen.

When, however, one turns to giving a critical assessment of the *Tractatus*, as Wittgenstein himself did, it quickly becomes apparent that there are many reasons for calling its doctrines into question. Some, briefly, are as follows.

The first is a criticism which Wittgenstein himself came to level at the *Tractatus* and which prompted him to take a quite different approach in his major later work, the *Philosophical Investigations*. It is this: the *Tractatus* has a symmetry, neatness, and apparent rigour of just the kind which makes, say, an elegant proof in mathematics so pleasing to the intellect. But it has this character at too high a cost, for what its symmetry and appearance of rigour result in is a huge oversimplification of the issues with which it deals. This comes out in a number of ways.

First, Wittgenstein assumed in the *Tractatus* that language has a single essence which he could specify by unearthing its logical structure. The tendentious concepts are those of the essence and of the logical form of language. The idea that language has a unitary nature which can be captured in a single formula, identifying which provides at a stroke solutions to all philosophical problems about thought, the world, value, religion, truth, and more, is an extraordinarily ambitious one, but it is what the early Wittgenstein asks us to accept. In the *Philosophical Investigations* Wittgenstein rejects this oversimplification and argues the opposite – that language is a vast collection of different activities each with its own logic. What the theory of the *Tractatus* offers in effect is a badly distorted view of language. Wittgenstein is there committed to saying that language is the sum total of propositions, where by 'propositions' he means what is asserted by declarative sentences like 'the table is brown', 'it is raining', that is statements of fact. But to think that language is employed exclusively to make statements is to ignore a host of other uses of language, such as questioning, commanding, exhorting, warning, promising, and much else besides. None of these uses can be explained in terms of the *Tractatus*'s account of language structure and the way sense attaches to propositions by means of the picturing relation. On the *Tractatus*'s principles, because questions, commands, promises, and the rest are not propositions, and hence not pictures of facts, they are senseless. But since these large areas of language are far from being senseless, a theory is needed which will take them properly into account.

In short, the *Tractatus* wholly neglects the great variety of language upon which Wittgenstein, in his later philosophy, insists; and this makes it possible to accept the theory of the *Tractatus* for a small fragment of language only. But even in the case of that fragment – the propositions expressed by declarative sentences – Wittgenstein came to reject his *Tractatus* view, for this was that the ultimate word-world link is the relation of denotation, the claim being that the meaning of a name is the object it denotes. Such a view will not bear scrutiny either, for reasons to be discussed later; Wittgenstein indeed opens the *Philosophical Investigations* with a lengthy refutation of it. And so the *Tractatus*'s theory of language, as Wittgenstein himself came to argue, is simplistic and distorting, and has therefore to be rejected.

It might fairly be asked why Wittgenstein – and others, Russell among them – did not see this at the time the *Tractatus* was written. The answer is that Wittgenstein – like those others – was beguiled into thinking about language and the world in terms of a particular model. This was the atomistic model. Wittgenstein's thesis rests on the assumption that language and the world are complex and hence structured, and that therefore their structures can be analysed into their simplest and most basic elements (or at least into simpler and more basic ones). He also assumes that logic is tailor-made for describing and analysing these structures. With these assumptions go others; for example, that language can be treated as a truth-functional structure, and it is easy to live with this particular assumption only if one thinks that all language consists in proposition-asserting declarative sentences (or at least, that all sentences can be turned into them).

These and allied assumptions raise a number of important questions. Is it clear that the logic of Frege and Russell is peculiarly the right one for analysing language and the world? Other candidates for 'the logic of natural language' have been proposed. This prompts doubts of the kind Wittgenstein himself later felt about what if anything is meant by talk of '*the* logical form of language'. In any case, do language and the world have 'underlying structures' which are different from their surface structures? If so, is it clear that these underlying structures are anything like they are said to be in the *Tractatus*? Why indeed should we accept Wittgenstein's pronouncements on this matter in the *Tractatus*'s early part? – for he gives no argument there to show that this view of language and the world is correct.

In the *Tractatus* Wittgenstein offers no account or defence of any of his basic assumptions, almost all of which, as we see from these examples, very much require both. The concepts of analysis, logical form, Frege-Russell logic – all these and more hang together in a pattern which makes doctrines like those of the *Tractatus* and Russell's 'Logical Atomism' inevitable as an outcome if one accepts and works with them. The application of these concepts in Russell's work, given his interest in how they connect with the everyday matters of perceiving, judging, knowing, determining truth, and so on, results in a more concrete (although, in the end, no more acceptable) theory than Wittgenstein offers; it is Wittgenstein's wholly abstract use of them which issues in the chess-like character of the *Tractatus* theory. But the most important point is the one selected by Wittgenstein himself for particular attack when he came to work out his later philosophy, namely the fact that the *Tractatus* oversimplifies and distorts language. And it does this by claiming that language is the sum of propositions, that it has a single essence, that this essence is describable in terms of predicate logic, that language and world have parallel structures which connect by means of the picturing relationship, and that sense attaches to what we say (and therefore think) only if what we say is a picture of a fact. Wittgenstein came to reject all this.

Even were we to ignore the foregoing remarks, however, we would find other difficulties in the theory of the *Tractatus*. It is as we have seen a theory about the connection of language and the world; but, as we have also seen, in setting it out Wittgenstein refuses to specify what he means by 'names', 'objects', 'elementary propositions', and 'states of affairs' – and we can now look at a simple but important reason why it matters that these notions have been left unexplained.

On the *Tractatus* view, a proposition is true if it 'pictures' or corresponds to what is the case. As it stands this seems to be an unexceptionable characterization of what it is for a proposition to be true; but a little probing reveals trouble. Leaving the *Tractatus* aside for a moment, suppose we consider the proposition 'the cat is on the mat', asserted when a given real cat is on a real mat. What is the structure of the proposition? What is the structure of the fact? How exactly do they 'correspond'? We might – setting aside problems about 'denotation' itself – be tempted to analyse the proposition into two denoting terms and a relational expression, or even into three denoting terms with 'is on' denoting a relation and not a thing; but there is no such apparently ready way with the fact, since there are only two things present, the cat and the mat, and it is hard to see how the relation between them is a constituent of the fact in the same way that the cat and the mat are, for these latter are concrete entities whereas relations are abstract. At the very outset, then, facts and their correspondent propositions are awkward to analyse into their constituents because it is unclear what is to count as a 'constituent'. In the case of a proposition like 'the car is blue' the problem comes into even sharper focus, for here on the face of it there are two propositional constituents, namely, a subject and a predicate, but just one blue car – unless one chooses to think that the fact in which the existence of a blue car consists is somehow composed of a car and a blueness, a thing and a property. But this will not do; why not say that the fact is composed of a car, a blueness, and four 'tyrenesses', or any other combination of items and properties one cares to think of?

These remarks are cursory, but they are enough to show that when one reflects on the theory of the *Tractatus* it becomes extraordinarily hard to see what the 'psychological' enquiry left aside by Wittgenstein could yield in the way of candidates for objects, names, and the rest. One example shows why. In the cat-on-the-mat case, the thought was that the word 'cat' might denote an object, namely the cat. But the word 'cat' cannot serve as a name in the *Tractatus*'s sense, nor a cat as an 'object', for cats are complex, analysable things – they are, as it were, states of affairs – whereas objects are simple, unchanging, and unanalysable. Since cats are not objects, 'cat' cannot on the *Tractatus* theory be a name. But then – and here is our 'chess' difficulty concerning the *Tractatus* – what *are* the 'names' and 'objects'? In the absence of any indication it is impossible to know whether the picture theory of the relation between language and the world is even half-way plausible: yet this is the centrepiece of the *Tractatus* theory. This is not a minor cavil. It says that when one stays within the circle of Wittgenstein's key concepts, an impression of informativeness subsists – but any probing, or any attempt to relate them to more concrete matters, seems to leave one with a piece of useless conceptual apparatus.

Part of the problem here is connected with a more general one, which is that the *Tractatus* contains few arguments. Its theses are asserted, and the support or supplement they get is various: sometimes an illustration, sometimes an expansion or a definition, often a metaphor or simile. These occur much more frequently than do arguments or proofs of the kind standardly employed in philosophical discussion. At crucial points the only explanation offered for important theses is a figure of speech, as with the key remarks about the picturing relation – 'That is how a picture is attached to reality: it reaches right out to it' (T 2.1511); 'It is laid against reality like a ruler' (T 2.1512); 'These correlations are, as it were, the feelers of the picture's elements with which the picture touches reality' (T 2.1515). It is of course true that in Wittgenstein's view philosophy consists in giving 'elucidations', and does not consist in 'propositions' in the *Tractatus*'s sense; but a reader might have grounds for thinking that nothing has been elucidated if the most important concepts deployed – as with 'names' and 'objects' – have been left uninterpreted, so that he cannot grasp what moves have been made by their employment; or if talk of crucial aspects of the theory, as with 'picturing', proceeds in terms of metaphors in which pictures have 'feelers', or similes in which a picture is 'like a ruler . . . laid against reality'. These considerations are important for an assessment of the *Tractatus*. In connection with the theses about language and its picturing relation to the world, the consequence is that once one has stepped back from the architectonic issues, and begun to try to make working sense of the theory (to 'see the world aright' in Wittgenstein's words), the project turns out to be unfeasible: for, quite literally, one does not know what Wittgenstein takes himself to be talking about.

Something like this difficulty infects Wittgenstein's closing remarks about matters of value also. Ramsey remarked that to describe ethics as 'nonsense but important nonsense' is too like having one's cake and eating it. His comment touches a nerve. Wittgenstein accords to value a transcendent and detached character which fits ill with the fact that ethical concerns are anything but thus detached: morally problematic situations arise every day, and the sense in which they are problematic is in important part a matter of what the facts are in those situations. For example, our judging that it is immoral to inflict gratuitous pain upon animals rests in important part on facts about the capacity of animals to feel pain (there is nothing immoral, by contrast, about kicking a stone); so here the contingent facts about how things are in the world make a difference to our actions in the affairs of daily life. Moreover, if it were true that value somehow just 'manifested itself', as Wittgenstein says it does, it would be puzzling why conflicts and disagreements should arise over ethical questions, or why people can passionately and sincerely hold views which are quite opposite to those held with equal passion and sincerity by others.

There are other more detailed criticisms one might urge against the *Tractatus* were there space to pursue them. A point which should be stressed, however, is that although Wittgenstein was unsparing of his earlier self in rejecting or amending that self's commitments, this does not mean that his later outlook is entirely opposed to his earlier one; there are continuities as well as changes between the two phases of his thought, as we shall see.

The influence of the early philosophy

On the standard view of Wittgenstein's early philosophical influence it is held that the *Tractatus* constituted a major source of inspiration for 'Logical Positivism', the theory developed by the Vienna Circle. In line with this view a writer on the recent history of philosophy, J. O. Urmson, is able to say, without feeling the need to qualify, that some of the Circle's views were 'based largely on Wittgenstein's *Tractatus*, by which they had been profoundly influenced'. There are many similar statements in other writings about the period. In addition, the standard view has it that the influence was a one-way affair; commentators on Wittgenstein's later philosophy make little of the supposition that the changes which occurred in his thought during the 1920s and especially 1930s, many of them radical, resulted in any way from his contacts with the Circle and its ideas.

More recent studies suggest that the relationship between Wittgenstein's early work and that of the Circle was by no means so straightforward. That there was a connection is not in doubt; but it seems that Wittgenstein's influence was much less than has been supposed, being exercised in the main on just two of the Circle's members, who, however, did not as a result come to disagree with the rest of the Circle (except on certain points largely independent of Wittgenstein's theories).

These matters will be discussed shortly. First, it is important to note a much earlier effect of Wittgenstein's work, one which manifested itself years before the *Tractatus* was published. This was Wittgenstein's influence on Russell. Wittgenstein was led to study under Russell as a result of reading Russell's *Principles of Mathematics*. That book, and the *Principia Mathematica* which Russell wrote with Whitehead, had an enormous effect on Wittgenstein; the *Tractatus* indeed owes its existence and many of its ideas to them. But in working with Russell at Cambridge during 1912–13, Wittgenstein quickly ceased to be a pupil, and the discussions between them resulted in their each developing views which, although rather different in completed form (the *Tractatus* and Russell's *Lectures on Logical Atomism* of 1918), share certain fundamentals and a common starting point in the conception of logic as revealing the structure of language and the world. So far as the fundamentals and the starting point are concerned, Russell is the main source. (Those who have some knowledge of philosophy would recognize that Russell had himself been influenced by his first-hand study of Frege and Leibniz; and to these influences, which give rise to the logical and metaphysical aspects of Russell's work, must be added that of Hume, from whom Russell's epistemology in large part derives. Wittgenstein accordingly inherits these influences through Russell. His other influences are Schopenhauer and, through him, Kant.) But Wittgenstein's responses to what he learned from Russell in their turn influenced the development of the latter's thought, and it is this reciprocity which makes for the points of similarity between their views in the next several years. When Russell published his *Lectures on Logical Atomism* he described the theses they contain as having been 'learned from my friend Wittgenstein', a characteristically generous remark which in fact overstates the debt, since most of what is essential to Russell's views in the *Lectures* is already to be found in work published before he met Wittgenstein.

One major result of Wittgenstein's influence was that Russell left unpublished a book he was writing when Wittgenstein first came to Cambridge. It was to have been called *Theory of Knowledge*. Only its first six chapters saw light of day, in the form of articles; Russell abandoned the rest as a result of Wittgenstein's hostility to it. In a letter to a friend, written in 1913, Russell reported what had happened: 'We were both cross from the heat. I showed [Wittgenstein] a crucial part of what I had been writing. He said it was all wrong, not realising the difficulties – that he had tried my view and knew it wouldn't work. I couldn't understand his objection – in fact he was very inarticulate – but I feel in my bones that he must be right, and he has seen something that I have missed'. (It appears from memoirs of Wittgenstein that this procedure of demolishing someone's views, and confidence, more by the manner than the content of his opposition was characteristic of him throughout his life.) The relinquishing of so substantial a project by Russell testifies to his estimation of Wittgenstein at the time and the nature of the intellectual relations between them. The forfeiture of Russell's book must count as Wittgenstein's first effect on philosophy.

As indicated, the question of Wittgenstein's relations with the Vienna Circle are less straightforward to describe. The Circle in great measure owed its existence to Moritz Schlick, who arrived in Vienna in 1922 as Professor in the philosophy of inductive science. What began as a discussion group became in due course more organized, with a programme of research and a journal, *Erkenntnis*, to publish its results. The Circle had among its members a number of extremely able people; apart from Schlick himself there were, for example, Rudolf Carnap, Otto Neurath, and Hans Reichenbach. The group met for over ten years from the mid-1920s onwards, and broke up as a result of its members being driven into exile by Fascism.

Central to the doctrine propounded by members of the Circle, 'Logical Positivism', is the requirement that a line of demarcation be drawn between science and what the Circle's members, giving the word a pejorative connotation, labelled 'metaphysics' (in their usage a synonym for 'nonsense'). They did this by saying that only propositions concerned with matters of fact or with logical relations between concepts are meaningful. Propositions not falling into either of these two classes – the propositions of ethics and religion, for example – they regarded as expressions having emotional or exhortatory but not cognitive content; strictly, they lack sense. Factual propositions, they said, are based upon experience, and are significant because they can be verified or falsified by experience. The other class of significant propositions – those concerning logical relations between concepts – they called 'analytic' propositions, and defined them as those whose truth-value can be determined simply by inspecting the meaning of the words (or symbols) in which they consist. These include the propositions of logic and mathematics. And the Positivists held that the purpose of philosophy is to clarify the propositions of empirical science by means of logical analysis of meaning, with philosophy so conceived counting as part of science and not as an independent discipline.

On the face of it there is much common ground between these views and what is said in the *Tractatus*. Wittgenstein talks of propositions as pictures of facts; of logic as tautological or 'analytic'; of philosophy's role being confined to 'elucidations'; and of the nonsensicality of all propositions other than those of natural science, logic, and mathematics. These apparent similarities led the Circle's members to study the *Tractatus* carefully at their meetings in 1925 and 1926, and prompted Schlick to arrange discussions with Wittgenstein. Schlick's wife has left a record of the excitement her husband felt after his first encounter with Wittgenstein in 1927. For a time Wittgenstein had talks with other members of the Circle also, among them Carnap and Feigl; but soon his regular contacts were limited to Schlick and an associate of Schlick's called Friedrich Waismann. Although Wittgenstein left Vienna for Cambridge in 1929 he frequently returned for visits, and on these occasions as well as by letter his relations with Schlick and Waismann were maintained. This lasted until Schlick was murdered by a student (probably for political reasons) on the steps of Vienna University in 1936.

Wittgenstein's contacts with Schlick and Waismann were therefore considerable. The latter kept a record of their discussions with Wittgenstein in the years 1929–31 which has been published. Schlick encouraged Wittgenstein to collaborate with Waismann on a book explaining the *Tractatus*'s doctrines together with the developments in Wittgenstein's thought since its publication. Waismann was to write it under Wittgenstein's guidance. When by the early 1930s it became clear that Wittgenstein's thought had changed too much for that project to be worthwhile, Schlick kept the plan alive by persuading Wittgenstein to let Waismann present his new views instead. Waismann laboured under Wittgenstein's changes of mind throughout these years, rarely to the latter's satisfaction; the resultant book was published under Waismann's own name much later, in 1967, six years after its author's death. During the period of collaboration between Wittgenstein and Waismann, however, Waismann published aspects of Wittgenstein's newly emerging views in several lectures and articles.

Although Wittgenstein's contacts with these two members of the Circle were extensive, they did not have much effect on Schlick's Positivism. As with others of the Circle, Schlick's views were established before he met Wittgenstein; their sources lay in Hume, Ernst Mach, and the empiricist tradition of philosophy, together with the logic of Russell and Frege (the Circle's other leader, Carnap, had studied with Frege at Jena in the years 1910–14). By the time the Circle was established as a group with a definite identity and research programme, therefore, its basic Positivist tenets were well entrenched. Moreover, a number of the Circle's members, particularly Carnap and Reichenbach, have left accounts of Wittgenstein's effect on the Circle which show that the *Tractatus*'s impact was minor and even, in some ways, negative. At the 1925–26 meetings when the *Tractatus* was being discussed, Neurath constantly interjected 'Metaphysics!' – as noted, a Positivist term of abuse – and in a letter to Waismann some years later Neurath wrote: 'The Wittgenstein period took you (and to some extent Schlick as well) away from our common task.' Carnap wrote in his intellectual autobiography: 'I had erroneously believed that [Wittgenstein's] attitude to metaphysics was similar to ours. I had not paid sufficient attention to the statements in his book, because his feelings and thoughts in this area were too divergent from mine.'

The most telling evidence for determining the extent of Wittgenstein's effect on the Vienna Circle lies not so much in the reports and recollections of its members as in their publications and the doctrines advanced in them. The books and papers which flowed from the Circle reveal not just that Wittgenstein's influence was minimal but that it could not have been otherwise, for there are many deep differences between the theses of the *Tractatus* and those of Logical Positivism. The chief of these is evident, first, in the Positivists' view that the foundations of factual knowledge lie in empirical observation (later modified by Neurath and Carnap, in opposition to the others, into a form of 'coherence' theory in which the basic propositions are determined by theoretical needs rather than by 'raw observation'; secondly, in the Positivists' theories of probability and induction, to which they accorded great importance; thirdly, in the marginal position accorded by Positivism to matters of value and religion – most of the Positivists were scornful of religion, regarding it as primitive superstition, whereas Wittgenstein throughout his life retained the deepest respect for it; fourthly, in the Positivists' belief in the 'unity of science', which, as Waismann's records show, Wittgenstein found conceptually unattractive; and in a number of other, detailed respects besides.

What, indeed, the evidence suggests is that it was Wittgenstein who was influenced by the Circle's ideas rather more than the converse – not in the sense that he came to be, except rather briefly, something of a Positivist himself, but negatively, in that he came to put progressively greater distance between himself and those tenets in the *Tractatus* which were, however superficially, similar to the Positivists' outlook, as if a greater realization of its Positivistic elements persuaded him that the

Tractatus was in important respects mistaken. Writing to Schlick in 1932 Wittgenstein says: 'There are many, many formulations in that book [the *Tractatus*] that I am no longer in agreement with', and this sentiment is emphasized in Waismann's record of Wittgenstein's conversations. At least part of the impetus to Wittgenstein's later philosophy is accordingly the result of his learning from the Positivists what he could no longer agree with in his own earlier work.

One of the things which may have led commentators to overstate Wittgenstein's effect on the Circle is that in his conversations with Schlick and Waismann in the late 1920s, when Wittgenstein himself was in his most Positivist phase as a result of Schlick's influence on him, he gave neat formulation to a principle already espoused by the Positivists, namely that 'the meaning of a statement is its method of verification', which is to say that a statement's sense consists in the methods employed to determine whether it is true or false. This idea, on an interpretation which Wittgenstein was then prepared to give of the *Tractatus*'s doctrines, accords with his view that propositions are true or false depending upon whether or not they correctly picture the facts. Schlick made much of Wittgenstein's way of stating the principle; when A. J. Ayer publicized the Circle's ideas in English in his *Language, Truth and Logic* (1936) the verification principle occupied pride of place and excited much debate. But it was the form of words rather than the conception which Wittgenstein contributed; and he did not share the verificationist outlook, at least in its blunt Positivistic version, for long.

For the foregoing among other reasons, it is no longer possible to think of the *Tractatus* as having inspired a philosophical movement, as most earlier commentators claimed. This does not, however, mean that the *Tractatus* is a negligible work historically. It has interest because it is an uncompromising, indeed an extreme, example of 'Logical Atomism', and therefore shows with some vividness what that species of view can involve. But its chief importance resides in its being the source, in part positively and in larger part negatively, for Wittgenstein's own later philosophy, developed from the early 1930s onwards. To this we now turn.

Chapter 3
The later philosophy

The topic of this chapter is Wittgenstein's mature work, contained in his writings from the mid-1930s until his death in 1951. In the half-decade prior to this, however, Wittgenstein's thought went through a period of transition in which the themes of the later philosophy emerged from his reconsideration of the *Tractatus*. I begin by sketching this transition briefly.

In the following sections most of what is central to Wittgenstein's later philosophy is canvassed. I have, however, omitted specific consideration of his philosophy of mathematics and the shorter posthumously published writings; Wittgenstein's position is essentially the same in these as in the chief works considered below, which are the *Philosophical Investigations*, *Zettel*, and *On Certainty*.

The transitional period

Part of the story about the development of Wittgenstein's later philosophy is told in the last section, dealing with the contacts between Wittgenstein and the Vienna Circle. As suggested there, in the years during which he had discussions with members of the Circle, Wittgenstein began by maintaining his early views, went through a phase of giving them a Positivistic interpretation, and then in the early 1930s came to think them wrong in a number of important respects.

5. One of the last photographs of Wittgenstein, in the garden at the von Wrights' home in Cambridge with a bedsheet draped behind him for a background.

After his return to Cambridge in 1929 Wittgenstein embarked upon a period of intense intellectual activity during which he wrote a great deal. This transitional phase lasted approximately until 1935, by which time many of the ideas to be met with in the *Philosophical Investigations* and others of the late works had made their appearance in his manuscripts.

The writings of the transitional period are genuinely transitional, containing elements both of the early and the later views. One major theme in them concerns the philosophy of mathematics; specifically, questions about what status the propositions of mathematics have. Are mathematical propositions necessary truths? Can they be explained wholly in terms of logic? If not, what account is to be given of them? Together with and related to this issue there are long exploratory investigations of language and meaning, psychological concepts, and the concept of knowledge. These latter constitute the central themes of the later philosophy itself. For Wittgenstein scholars the transitional writings are a rich source of material, since they foreshadow and prepare the way for the later philosophy, and display a development of thought which contains much of interest.

Following the award of his Ph.D. degree in 1929 Wittgenstein applied for a five-year Fellowship at Trinity College, Cambridge. In support of his candidature he had to submit an extended sample of his current research in philosophy, and duly did so. The work was a manuscript constituting much of what has since been published (1975) in an English translation entitled *Philosophical Remarks*, but better known in the German original as *Philosophische Bemerkungen*, under which title it was published in 1964. It is evident from the fact that Wittgenstein wrote a preface to the work that he intended to publish it. (Indeed, at various times throughout the remaining two decades of his life Wittgenstein had plans, and made arrangements, to publish various of his writings; letters between him and the Syndics of Cambridge University Press show that some of the plans came close to fulfilment. In the event none of Wittgenstein's writings were published until after his death, and the reason is that he was never quite content with how he had stated his views or ordered the remarks in which they were expressed.)

The *Philosophische Bemerkungen* was written in the period up to 1932, and it displays many signs of Wittgenstein's contacts with the Positivists and their influence upon him, particularly in the emphasis it places upon verification. It defends some of the *Tractatus*'s theses – for an important example, the picture theory – but new elements appear in its doing so, the chief of which anticipate concerns that were to occupy progressively more of Wittgenstein's attention as the years passed. One of the most important was the emphasis he placed on a conception of 'meaning as use', to be discussed in some detail below.

Between 1932 and 1934 Wittgenstein continued to write copiously, producing a large manuscript which was eventually published in 1969 as *Philosophische Grammatik* and in English in 1974 as *Philosophical Grammar*. The work has two parts, the titles of which – 'The Proposition and its Sense' and 'On Logic and Mathematics' respectively – display its content. While revising the work in 1933–34 Wittgenstein dictated notes to his students which subsequently circulated in typescript form under the title *The Blue Book*, so called because of the colour of its binding. There is a great similarity between this samizdat publication and the first part of the *Philosophical Grammar*.

The importance of the *Grammar* resides in the fact that it contains, sometimes in preliminary form and sometimes in full, material which later appears in the *Philosophical Investigations*. The central question addressed in Part One of the *Grammar* concerns how it is that we attach meaning to the uttered sounds and inscribed marks which constitute language. In brief Wittgenstein's argument here is as follows.

A natural view is to say that understanding language is a mental process which attends our linguistic activities. On such a view, when I speak, hear, or read, something goes on in my mind which constitutes 'grasping the meaning' of the signs being used. Wittgenstein argues against this view; he says that understanding language is not a process but an ability. One illustration he gives of this thesis concerns the matter of 'knowing how to play chess'. If knowing how to play chess were a process – that is, something going on in one's head – then it would be appropriate to ask: '*When* do you know how to play chess? All the time? Or just while you are making the move?' (Phil. Gram. §50). But these questions are manifestly odd; their unnatural character shows that it is a mistake to think of understanding and knowing as events in the mind.

Wittgenstein says that we should think of them instead as capacities, as something we have a practical ability to do. In any case, he says, the notion of 'mental processes' is itself confused and liable to create misunderstandings – a claim which Wittgenstein regarded as very important and which therefore plays, as we shall see, a dominating role in the philosophical psychology of the later works.

Wittgenstein goes on in the *Grammar* to investigate the crucial notions of 'thinking' and 'understanding' themselves, doing so in ways which closely anticipate the *Investigations*, particularly in his arguing that there are many different kinds of understanding, linked not by their common possession of a set of essential or defining characteristics but by a general relationship of similarity which he calls 'family resemblance'. This concept also plays an important role in the *Investigations*. It appears first in the *Grammar*, and then more explicitly in *The Blue Book*. In this latter there is another significant development for the later philosophy and in particular the theory of meaning as use: Wittgenstein says that instead of asking, 'What is the meaning of a word?' we should ask, 'What is it to *explain* the meaning of a word? How is the use of a word learned?' And his response to the problem with which both *The Blue Book* and Part One of the *Grammar* deal, namely, what is it that 'gives life' (gives meaning) to the sounds and marks constituting language, is accordingly this: 'if we had to name anything as the life of the sign, we should have to say that it was its use' (*The Blue Book* p. 4).

In 1934–35 Wittgenstein dictated to two of his pupils a manuscript which, like *The Blue Book*, had a samizdat circulation at Cambridge and beyond. Again the colour of its binding determined its title, this time *The Brown Book*. In content it is very close to the *Investigations*; it is indeed a virtual draft of the latter work. Its appearance marks the end of the transitional phase in Wittgenstein's thought; thereafter the writings which develop the ideas of the *Grammar* and *Blue and Brown Books* constitute true drafts of the *Investigations*, as G. H. von Wright has shown in his reconstruction of the steps by which that book emerged. A striking feature of the transitional works is that the topics they address are very much those of the *Tractatus*, 'the proposition and its sense' foremost among them, and this remains true throughout the later work; but increasingly there appears, together with these concerns and as a necessary adjunct of Wittgenstein's new way of dealing with them, discussion of psychological concepts such as understanding, intending, experiencing, and others. The reasons why will become apparent shortly.

In contemplating the publication of his *chef-d'oeuvre*, the *Investigations*, Wittgenstein came to the view that it would be better understood if the *Tractatus* were published along with it. His reason was that the *Investigations* is in many important ways a reaction to the *Tractatus*, so that a comparison of the two forcefully illustrates what the *Investigations* has to say. The discussion of the later philosophy to which we now turn shows in what sense this is so.

Method, meaning, and use

In the *Tractatus* Wittgenstein's position was that language has a unique discoverable essence, a single underlying logic, which can be explained by means of a structure-revealing analysis of language and the world and a description of the relation – the 'picturing' relation – between them. The picturing relation itself rests, at bottom, on a denotative link between names and objects; names 'mean' objects. The argument of the *Investigations* is based on an explicit rejection of this view. Here Wittgenstein says that there is not one 'logic of language', but many; language has no single essence, but is a vast collection of different practices each with its own logic. Meaning does not consist in the denoting relation between words and things or in a picturing relation between propositions and facts; rather, the meaning of an expression is its use in the multiplicity of practices which go to make up language. Moreover, language is not something complete and autonomous which can be investigated independently of other considerations, for language is woven into all human activities and behaviour, and accordingly our many different uses of it are given content and significance by our practical affairs, our work, our dealings with one another and with the world we inhabit – a language, in short, is part of the fabric of an inclusive 'form of life'.

It is important to notice that in his transitional period Wittgenstein had come to a view of the nature of philosophical method which, while retaining central features of his *Tractatus* view of philosophy, differs from it in a crucial respect. Understanding Wittgenstein's position on this matter does much to illuminate his later philosophical commitments.

As noted earlier, Wittgenstein's *Tractatus* view was that philosophical problems arise because we 'misunderstand the logic of our language'. This conviction remained with Wittgenstein throughout his philosophical work. What changed, as we have just seen, is his view about what is meant by 'the logic of language'. But there was another change also. Wittgenstein had come to think that the problems which arise because of our misunderstandings of language cannot be solved by constructing a systematic philosophical theory, as he had tried to do in the *Tractatus*. Instead of devising *theories* to deal with philosophical problems, he says, we should 'dissolve' those problems by removing the misunderstandings which cause them in the first place. We are thus to conceive of philosophy as a *therapeutic* enterprise in a quite literal sense: 'The philosopher's treatment of a question is like the treatment of an illness' (P 255). In the transitional and later works, accordingly, Wittgenstein abandons the rigorously systematic method of the *Tractatus* and adopts instead a piecemeal approach explicitly designed not to result in a structured theory. It is this which gives the later works their curiously disjointed and rambling appearance in contrast to the *Tractatus*'s austere architecture.

Wittgenstein's later view of the proper method and aims of philosophy is set out in the *Investigations*. Puzzles arise, Wittgenstein says, because of misuse of language or misconceptions about its nature. If we have an incorrect view of the way language works we shall be liable to confusions; for example, we shall assimilate the use of one kind of expression to that of quite a different kind, or we shall mistakenly try to understand an expression in isolation from the contexts in which it normally does its work. 'The confusions which occupy us', Wittgenstein says, 'arise when language is like an engine idling, not when it is doing work' (P 132); 'Philosophical problems arise when language *goes on holiday*' (P 38). The remedy is to look at how language *actually* works: '[Philosophical problems] are, of course, not empirical problems; they are solved, rather, by looking into the workings of our language, and that in such a way as to make us recognize those workings: *in despite of* an urge to misunderstand them' (P 109).

On this view philosophical problems will vanish when the workings of language are properly grasped. Until philosophers apply the remedy of 'looking into' those workings they are like flies trapped in a bottle, helplessly buzzing about. Wittgenstein remarks, 'What is your aim in philosophy? To show the fly the way out of the fly-bottle.' And what is needed for this is a grasp of the difference between what Wittgenstein calls 'surface grammar' and 'depth grammar'. By 'grammar' he does not mean what is ordinarily understood by this term; rather, he means logic, more precisely the logic of a given linguistic activity. There are many different kinds of linguistic activity; therefore there are many different ways in which the 'grammar' of language works. Philosophers become trapped in the fly-bottle, in Wittgenstein's view, as a result of noticing only 'surface grammar': 'In the use of words one might distinguish "surface grammar" from "depth grammar" . . . compare the depth grammar, say, of the word "to mean", with what its surface grammar would lead us to suspect. No wonder we find it difficult to know our way about' (P 664). Accordingly Wittgenstein calls the *Investigations* a 'grammatical' enquiry: 'Our investigation is therefore a grammatical one. Such an investigation sheds light on our problems by clearing misunderstandings away' (P 90). This harks back to the *Tractatus*'s description of philosophy as 'elucidation' – another case of continuity between Wittgenstein's early and later outlooks – but in the *Investigations* the method is intimately connected with the views advanced, in that the content of those views just is, in a sense, that method at work: for what Wittgenstein's remarks about method come down to is the claim that in philosophy we should not seek to explain but only to *describe* ('explaining' amounts to constructing further theories), for we are not trying to discover new information but, quite differently, to organize properly – and by so doing to make ourselves understand properly – what we already know about our language and thought.

What Wittgenstein says about method informs his entire approach in the later philosophy. The effect of that method's application becomes clear as one goes through the main ideas of the *Investigations*, as we shall now see.

The first step towards a grasp of the workings of language is taken, in Wittgenstein's *Investigations* view, by freeing ourselves from the beguiling but mistaken assumption that a unitary account of language can be given – that is, an account which explains the whole working of language in terms of a single theoretical model. His target here is of course the *Tractatus*; by attacking it he is able to present, in response, the *Investigations* view of language as a multiplicity of different activities. The attack on the *Tractatus* view of language is signalled in the preface to the *Investigations*: '[Recently] I had occasion to re-read my first book . . . It suddenly seemed to me that I should publish these old thoughts and the new ones together: that the latter could be seen in the right light only by contrast with and against the background of my old way of thinking. For since beginning to occupy myself with philosophy again . . . I have been forced to recognize grave mistakes in what I wrote in that first book.'

Wittgenstein illustrates the 'grave mistakes' by reference not to the *Tractatus* itself but to St Augustine's account of language-learning in the *Confessions*. After quoting a number of lines from Augustine's text, among which occurs the sentence 'When my elders named some object . . . I grasped that the thing was called by the sound they uttered', Wittgenstein says: 'These words, it seems to me, give us a particular picture of human language. It is this: the individual words in language name objects – sentences are combinations of such names. – In this picture of language we find the roots of the following idea: Every word has a meaning. The meaning is correlated with the word. It is the object for which the word stands' (P 1). The theory just sketched is, of course, the *Tractatus* theory, but Wittgenstein uses Augustine's account to show that the conception of language at issue is both ancient and widespread. Moreover, this conception of language leads us, Wittgenstein says, to investigate language in the wrong way; we ask the wrong questions, specifically 'questions as to the *essence* of language, of propositions, of thought', and this mistakenly suggests that the 'essence' of language is 'not something that already lies open to view and that becomes surveyable by a rearrangement, but something that lies *beneath* the surface . . . "the *essence is hidden from us*": this is the form our problem . . . assumes' (P 92); and therefore 'We feel as if we had to *penetrate* phenomena' (P 90). And this in turn prompts commitment to the misleading model of language which Wittgenstein says St Augustine and the *Tractatus* share, for it 'come[s] to look as if [we should search for] something like a final analysis of our forms of language, and so a *single* completely resolved form of every expression. That is, as if our usual forms of expression were, essentially, unanalysed; as if there were something hidden in them that had to be brought to light' (P 91). Wittgenstein's response to this picture is unequivocal: it is to deny that there is any need to analyse, to 'discover the essence' lying hidden in discourse. 'Philosophy simply puts everything before us, and neither explains nor deduces anything. – Since everything lies open to view there is nothing to explain. For what is hidden, for example, is of no interest to us' (P 126). The key lies in a remark just quoted from P 92: the way language works is, Wittgenstein holds, 'something that already lies open to view, and that becomes surveyable by a rearrangement'.

What 'lies open to view', Wittgenstein says, is the fact that language is not *one uniform thing* but a host of different activities. We use language to describe, report, inform, affirm, deny, speculate, give orders, ask questions, tell stories, playact, sing, guess riddles, make jokes, solve problems, translate, request, thank, greet, curse, pray, warn, reminisce, express emotions, and much else besides (compare especially P 23 and, for example, P 27, 180, 288, 654). All these different activities Wittgenstein calls 'language-games'. Earlier, in *The Brown Book*, he had used this notion to mean a simplified fragment of language, inspection of which tells us something about the nature of language proper. In the *Investigations* the label takes on a more general signification; it means any of the many and various language-using activities we engage in: 'the term "language-game" is meant to bring into prominence the fact that the *speaking* of language is part of an activity, or of a form of life' (P 23). Wittgenstein talks of the 'multiplicity of language-games', and in P 23, directly after giving a list of language-games (much as set out above), says: 'It is interesting to compare the multiplicity of the tools in language and of the ways they are used, the multiplicity of kinds of words and sentences, with what logicians have said about the structure of language. (Including the author of the *Tractatus Logico-Philosophicus*.)' The comparison is one to be drawn between the great diversity of language-games and the false view of the 'logicians' and the *Tractatus*'s author that language has a *single* underlying logical structure.

Wittgenstein's use of the term 'game' is not intended to suggest that the different linguistic activities of reporting, describing, asking, and the rest are in some way frivolous or unimportant. They are, of course, earnest. His reason for employing the notion is given in this passage:

> Consider . . . the proceedings we call 'games'. I mean board-games, cardgames, ball games, Olympic games, and so on. What is common to them all? – Don't say: 'There must be something common or they would not all be called "games",' but look and *see* whether there is something common to all, for if you look at them you will not see something that is in common to all, but similarities, relationships, and a whole series of them at that . . . And the result of this examination is: we see a complicated network of similarities overlapping and criss-crossing . . . I can think of no better expression to characterize these similarities than 'family resemblances'; for the various resemblances between members of a family: build, features, colour of eyes, gait, temperament, etc., etc., overlap and criss-cross in the same way. – And I shall say: 'games' form a family. (P 66–7)

The point Wittgenstein is urging in saying that *language* is a collection of language-games is, as we have seen, precisely that language has no single essence which can be unearthed and stated in terms of a unitary theory. To understand the workings of language we must first therefore recognize its variety and multiplicity – 'Instead of producing something common to all that we call language, I am saying that these phenomena have no one thing in common which makes us use the same word for all, – but that they are *related* to one another in many different ways' (P 65). Once this is clear, in Wittgenstein's view, we see why it is wrong to think of meaning as he had thought of it in the *Tractatus*: there the claim was that the meaning of a word is the object it denotes; here, in the *Investigations*, it is that the meaning of an expression is the use to which it can be put in one or another of the many and various language-games constituting language: 'the meaning of a word is its use in the language' (P 43).

In the early sections of the *Investigations*, following his quotation from Augustine, Wittgenstein shows why the denotative theory of meaning adopted in the *Tractatus* is intrinsically flawed. His argument is, in outline, that if the meanings of words consisted in a denotative link with objects, then that link would have to be set up by ostensive definition, that is, by indicating an object – typically, by pointing one's finger at it – and uttering its name. This is the view Wittgenstein takes Augustine to hold. But ostension cannot serve as the *foundation* for language-learning because in order to understand that an object is being named the learner would have to be in command of at least part of language already – namely, the language-game of naming objects. The point can be explained like this: suppose you are teaching a non-English speaker the word 'table', and that you do so by uttering the word while ostending (pointing at) a table. Why should he take it that you are naming the object rather than, say, describing its colour, its function, or the polish of its surface, or even ordering him to crawl under it? Of course the language-learner in this example, since he already has command of his own language, may well take it that the language-game in question is that of naming objects; but for a first-time learner no such knowledge is available. How then could language begin to be learned if meaning is denoting and thus dependent on ostensive definitions?

What Wittgenstein wishes us to see as a result of his critique of ostensive definition are the following implications: first, that naming is not, contrary to the *Tractatus* theory, the basis of meaning, and secondly that the naming relation itself is not simply a matter of ostensively established correlations between sounds (or marks) and objects, but has to be understood in terms of the way names and naming enter into our linguistic activities. The first point is a cautionary one, for in the *Tractatus* all language had been explained in terms of the denotative model, and now in the *Investigations* Wittgenstein is showing that this model simply cannot serve as the paradigm for explaining how the whole of language works – that, indeed, it is a source of error and perplexity to try to make it so serve. The second point connects with the concept of meaning as use; this is a central feature of the *Investigations* and what it involves requires explanation.

There is, deliberately, no *systematic* 'use theory of meaning' in the *Investigations*. Wittgenstein's appeal to the concept of use is intentionally broad for the reason that uses of expressions are as various as the language-games in which they occur, and therefore no single formula can capture their variety. Indeed, there is nothing sacrosanct about the term 'use' itself; Wittgenstein, in addition, talks of the *functions* of words and sentences (P 11, 17, 274, 556, 559), of their aims and purposes (for example, P 5, 6, 8, 348), their offices (P 402), and of their roles and employments (for example, P 66 ff.), intending by these different locutions to capture a general notion of the *part expressions play in language*, the central idea being that mastery of a language consists in being able to employ its expressions in the many different language-games to which they belong. In view of the multiplicity of language-games it is inevitable that the concept of use should in this way be a broad one and that therefore no single formula can be found to encapsulate it. Nor, indeed, should it be treated as a formula itself; the slogan 'meaning is use' is not, for Wittgenstein, a definition of meaning. To grasp its full purport one has to understand something more of Wittgenstein's discussion in the *Investigations*, specifically in connection with his views about the relation between meaning and understanding and his argument that understanding is not an inner mental state or process but 'mastery of a technique' (P 199); and that the technique in question consists in following the rules for the use of expressions.

One of these matters was mentioned in the preceding section in connection with Wittgenstein's transitional period. This is that Wittgenstein came to reject the idea that one's understanding something by an expression consists in one's going through an inner mental process. Wittgenstein is particularly concerned to reject the notion that in grasping meaning there is something 'lying before one's mind' – a picture or image, as the *Tractatus* suggests; for understanding a word is not an experience like seeing red or feeling a pain (P 140, 154, 217–18). This is not to deny that there might be experiences accompanying understanding – a certain word might evoke an image or, because of memory associations, say, a pleasant feeling – but these do not constitute the word's meaning or one's understanding of it. Wittgenstein is here rejecting the empiricist view that meaning is grounded in sensory experience; and for Wittgenstein the consequence of his rejecting this view is that two theses follow; first, that one does not teach the meaning of words by setting up an association in the learner's mind between the word and an experience of some object or situation, and secondly that our attaching meaning to an expression on different occasions of using it does not consist in having the same experience or going through the same mental process each time.

Wittgenstein gives several reasons for rejecting the 'inner state/process' view of understanding. One is that the logic (the 'grammar', as he puts it) of the concepts of meaning and understanding differs from that of experiential concepts. Consider pain: this is an experience, and we can talk of pain lasting for a long or a short time, of being in one's toe or in one's head, of being intense or dull. We cannot say any of these things about understanding an expression; we do not understand an expression for a long time, or in our toes, or intensely. Another reason is that different people associate different images with, or have different reactions to, the same expression; accordingly the meaning of the expression cannot consist in these mental accompaniments, nor can one's understanding of the expression do so (cf. P 137–8). A third reason, and perhaps the most important, is that it is not enough for an understanding of an expression that a particular inner mental process should be going on. To illustrate what he means by this Wittgenstein gives the example of one's using the word 'cube', and says that it is a mistake to think that having a mental picture of a cube 'before one's mind' is what one's understanding the word consists in, because the mental picture does not and cannot by itself *tell* one what the word 'cube' means. The mental image of a cube could indeed be associated with any number of expressions – 'box', 'sugar', 'geometry', 'whisky on the rocks' – and therefore it does not *dictate* how the word 'cube' is to be correctly understood (P 139–40); we cannot, that is to say, read off from any of the associable images what the word's meaning is.

These considerations give rise to another, more general, matter. This is that some philosophers, recognizing the kind of difficulty Wittgenstein is here pointing out, and therefore finding it difficult to identify understanding with *particular* mental processes, have been tempted to think that there is a special kind of *underlying* (and therefore hidden) mental process which constitutes 'grasping the meaning' of an expression – that is, a process which takes all the pictures or associations (or a focal subset of them) which go to make up the meaning of that expression, and combines them, in some way, into something which it is difficult to specify and which, therefore, can only be elicited and inspected by a penetrative philosophical analysis. Wittgenstein rejects this outright; indeed the main target of his attack on the 'inner state/process' conception is the view that understanding is something *hidden*, is not just 'inner' (in the mind) but *deep* in the mind.

Having said what meaning and understanding are not, Wittgenstein proceeds to give a positive account of what they are. Here the concept of understanding is central. Wittgenstein says: 'To understand a sentence means to understand a language. To understand a language means to be master of a technique' (P 199). This says that 'understanding' is *knowing how to do* something; in the case of language, understanding language means *knowing how to use* it. Thus the connection between understanding, meaning, and use is an intimate one. Two immediate implications are these: first, another reason for Wittgenstein's rejection of the 'inner process' conception becomes apparent – it is that this conception offers nothing to explain how we are able to *use* expressions. By contrast the notion of 'understanding' as something we do – an ability we exercise, a technique we employ – is directly associated with the notion of use, given that using is itself an activity. The second implication is that understanding, as a practical capacity, is something that is recognized and measured by outward criteria – by the activity people engage in, by how they behave – and therefore, far from being inner or private to the mental life of an individual, it is something which exists out in the open, in the public domain. This has important corollaries, as we shall now see.

Understanding and rule-following

Wittgenstein's account of language-understanding, where 'understanding' is mastery of a technique or practice in the way just explained, turns on the notion of following a rule, the idea being that the practice in which understanding the meaning of expressions consists is that of observing the rules for their use in the different language-games they belong to (note that talk of 'rules' is naturally and intentionally allied to that of 'games'). Wittgenstein's discussion of rule-following occurs mainly in P 143–242. It is not a straightforward matter, and is accordingly the subject of much debate; the following account of it should be read with this in mind.

One way of approaching Wittgenstein's discussion of rule-following is, once again, to recall that part of the *Investigations*' purpose is the negative one of repudiating philosophical attitudes of the kind exemplified in the *Tractatus*. Now, language-use is clearly a rule-governed activity, a 'normative' activity, as philosophers say. The model adopted by Wittgenstein in the *Tractatus* to describe the normative character of language was that of a calculus, that is, a structured system of strictly defined rules (the rules of logic) which function automatically. Such a calculus is like a machine which, fed with certain raw materials, manufactures a determinate product in an exact, orderly, and unvarying manner. In the same way, the rules of logic – and therefore, on the *Tractatus* view, the rules of language – have a strict application which determines outcome. In the case of language the outcome is meaning: one understands the meaning of an expression when one has mastery of the rules for its use. This conception Wittgenstein does not deny in the *Investigations*, of course, for the later philosophy turns on it; what he denies is that the rules in question form a single, rigid underlying system and, even more importantly, that they are in some way independent of us, as the *Tractatus* had implied. In other words, Wittgenstein rejects the notion of a calculus and replaces it with that of a language-game: in the *Tractatus* there is a single, strictly uniform calculus underlying the whole of language; in the *Investigations* there are many different language-games whose 'grammars' lie open to inspection.

In the *Tractatus*, and in the 'Augustinian' view of language generally, the idea is that the rules for the correct use of a word are in some way determined by the nature of the object denoted by that word, for it is only in this way that the meaning of the word (the denoted object) can govern that word's use. Wittgenstein rejects the denotative theory; this leaves the meaning of the word solely a matter of the rules for its use. But now that there is only the word and its use-rules at stake, it is important not to be misled by the notion of rules itself, for there is a common view about, for example, the rules of logic and mathematics which has it that those rules dictate whether or not we are doing something correctly, independently of our practice of applying or following those rules; and this in Wittgenstein's view is a mistake, not only in itself but because it carries with it the thought that a set of rules constitutes a complete and decisive calculus for a given practice, in the sense that once one has mastered those rules one can read off from them, in an automatic way, the correctness or otherwise of what one does. The model of the rules of logic is in Wittgenstein's view particularly harmful as applied to language because there is an enormous diversity of rules governing the use of expressions in language, whereas in logic there is a single, all-embracing, and rigid set of rules constituting the 'language' in which logic consists.

The calculus conception treats two features of rules and rule-following in a way that gives rise to the problems Wittgenstein wishes us to avoid. One is that in obeying a rule one has the sense of being guided or coerced by the rule; the rule seems to *tell* one what to do, to *dictate* one's activity. The other is that in a calculus like, say, arithmetic the rules determine in advance what outcomes will flow from applying them: for example, it is tempting to think that once I have defined (given the rules governing) the ten numbers 0–9, the operations of addition and subtraction, and the relation of equality, the whole of arithmetic automatically follows – it is as if every arithmetical truth (and falsehood) is already 'contained' in, or settled by, those basic rules. Accordingly, it seems that there is something inexorable about the rules which makes the correctness or otherwise of what I do wholly independent of my doing it. (Each member of a class of schoolchildren might add up a column of figures using different procedures – some in their heads, some on their fingers, others with a calculator or an abacus – but there will be a uniquely right answer at which those who follow the relevant arithmetical rules correctly will arrive; and this answer was the right one *before* they began adding.)

A problem with the notion of rule-following is that on the one hand the feeling of being guided by a rule does not guarantee that the rule is being followed, for someone might think he is following a rule but in fact be applying it incorrectly; while on the other hand someone's acting in accordance with a rule may be a merely coincidental matter – that person might not be *following* the rule at all; he might, for example, even be ignorant of its existence. Yet both the guiding function of rules, and the fact that observance of them constitutes *doing things correctly* in whatever activity is at issue, appear to be essential to the very notion of rules and rule-following. Accordingly, says Wittgenstein, espousers of the calculus conception attempt to explain these features, and to surmount the problems associated with them, by looking for a unitary account of what underlies rule-following, typically by thinking of rule-following as an inner mental process; and further, by giving this account in terms of some sort of mental *mechanism* – more than likely, a *causal* one. All of this is, says Wittgenstein, a mistake; his reasons, once again, are those he advances against the attempt to give a unitary account of anything to do with meaning and understanding, still more one which proceeds in terms of 'inner' and 'hidden' processes of mind.

These strictures apply more to that feature of rule-following which involves the subjective sense one has of rules being coercive or action-guiding. The other feature mentioned – the apparent 'independence' of rules – suggests, Wittgenstein says, the spurious view that rules somehow give rise to *objectivity*. The arithmetical example well demonstrates what this means: as noted, the rules of arithmetic seem to settle, *in advance*, what is right and what is wrong in the results of our applying them. Thus there is a uniquely correct answer to the arithmetical question '56,897 + 54,214 = ?', and this answer is in a sense *there*, settled by what the rules permit even before we work the calculation. We check the correctness of our application of the rules by determining what they (the rules) say; the standards of correctness imposed by the rules thus appear to be external to our observance of them because they are not dependent on our activity of applying them for what they determine as correct.

The two features of rules upon which the calculus view concentrates are, of course, related: it is the externality or 'objectivity' of the rules which gives us the sense of being led or guided by them. Together these two features give rise to the presumption that rules are like railway lines along which we move in a fixed direction (P 218) or like a machine which works in a determined and determining way (P 193–4). Wittgenstein's objection is not to the fact that rules are *guiding* or constitutive of *correctness*; rather, his objection is to the 'railway track' or 'machine' models themselves, on the grounds that they turn the concept of guidance, as we have seen, into that of coercion, and the concept of a standard of correctness into that of something 'external and objective'. What Wittgenstein emphasizes is the crucial fact that what *constitutes* a rule is our *collective use* of it; rule-following is a general practice established by agreement, custom, and training. Therefore, although rules indeed guide us and afford us with our measures of correctness, they are not independent of us and hence do not constitute a coercive standard imposed from outside our rule-following practices themselves. Wittgenstein gives us an example: consider a signpost such as one might find at a crossroads or on a footpath. The signpost tells one what direction to take, but not because it coerces one to go there; its guiding function rests upon the fact that there is a custom, a practice, which establishes the use we make of signposts in general and our understanding of what that function is. And this is just what we are to understand by 'rule' in the case of language – 'A rule stands there like a signpost' (P 85, cf. P 198).

The key notion here is that of a 'custom'. Wittgenstein says a person goes by a signpost only in so far as there exists a regular use of signposts, a custom (P 198); 'The application of the concept "following a rule" presupposes a custom' (R p. 322). By employing the notion of a custom (he elsewhere uses the expressions 'Institution', 'use', 'practice' to mean the same thing) Wittgenstein intends to make a number of points, two of which are especially important. One is the by now familiar claim that, in opposition to the view of the calculus theory, rule-following is not an inner mental activity, something hidden, but is a public matter; when someone sees a signpost and goes in the direction it indicates, he is not internally obeying a rule and then, as a second step which follows causally or in some related way from the first 'internal' step of obeying, behaving in accordance with it: his taking the direction indicated by the signpost just is his following the relevant rule. Rule-following is not therefore a mysterious activity at all; it shows itself in our practice, it is manifest. To understand rules and rule-following we have only to remind ourselves of what is familiar in all our many different kinds of normative behaviour (playing chess, cooking from a recipe, doing arithmetic, and so on, as well as using language in all the many different kinds of language-games there are). The other point is that rule-following is essentially a social practice, that is, something which exists in a community; and that it is the existence of *agreement* in the community which establishes the rules we follow: Wittgenstein says, 'The word "agreement" and the word "rule" are *related* to one another, they are cousins. If I teach anyone the use of the one word, he learns the use of the other with it' (P 224). The fact that rule-following is essentially a community-based activity entails that nothing can count as a 'private' observance of a rule – there cannot be a Robinson Crusoe who lays down and thereafter observes a certain rule, for such a person could not know from one occasion to the next that he was indeed observing the rule, he may well think that he was doing so, but he has no means of checking. Whether someone is following a rule or not depends upon the availability of public criteria for his doing so: 'And hence also "obeying a rule" is a practice. And to *think* one is obeying a rule is not to obey a rule. Hence it is not possible to obey a rule "privately": otherwise thinking one was obeying a rule would be the same thing as obeying it' (P 202). (The notions of privacy and 'criteria' are important ones for Wittgenstein and I revert to them below.)

In addition to insisting on the essentially communal nature of rules and rule-following based on agreement, Wittgenstein insists that the idea of a 'custom' be taken literally, as something regular, repeated, established. He says: 'The application of the concept "following a rule" presupposes a custom. Hence it would be nonsense to say: just once in the history of the world someone followed a rule (or a signpost; played a game, uttered a sentence, or understood one; and so on)' (R pp. 322–3).

Since rules rest on the agreed and accepted practices of a community, they are, says Wittgenstein, their own justification. There is no extrinsic or objective factor present in rule-following other than the constraint which lies in the fact that one is not following a given rule if one's activity fails to conform to the community's practice in that case. This separates Wittgenstein's view from the *Tractatus* conception of there being something set over against language and constituting the objective restraint on it; in the *Investigations* his view is that it is a mistake to look for some form of external justification or grounding for our practices. The justification or grounding is in our practices themselves; in a related connection Wittgenstein says, 'Giving grounds . . . comes to an end . . . the end . . . is our acting, which lies at the bottom of the language-game' (OC 204). This enables him to say further that following a rule is something we do unreflectively (R p. 422) or even blindly: 'When I obey a rule, I do not choose. I obey the rule blindly' (P 219). What he means can be grasped by considering, say, chess; there is no answer to the question 'Why does the king move only one square at a time?', for if it is *chess* one is playing then that simply is the rule. In effect, therefore, Wittgenstein's view is that rule-following is an habitual practice, one in which we are trained as juvenile members of our linguistic community: 'Following a rule is analogous to obeying an order. We are trained to do so' (P 206). He puts this point more explicitly in the *Blue and Brown Books* (p. 77): 'The child learns this language from the grown-ups by being trained to its use. I am using the word "trained" in a way strictly analogous to that in which we talk of an animal being trained to do certain things.'

'Forms of life', private language, and criteria

Taking the considerations of the preceding two sections together, we can describe Wittgenstein's theory of meaning and understanding as follows. The meaning of an expression is what we understand when we understand that expression. Understanding consists in knowing the expression's use across the variety of language-games in which it occurs. Knowing its use is having an ability: the ability to follow the rules for its use in those different language-games. Rule-following is not a mysterious inner process of grasping something like a calculus which objectively imposes standards of correctness; rather, it is a practice embedded in the customs and agreements of a community and as such is essentially public. Rules do indeed guide and provide standards of correctness, but they do so because they are based on agreement; to follow a rule correctly is to conform to the established practices of the community. We acquire the ability to use expressions, to follow the rules for their use, by our training as members of that community.

This summary is intended to bring out the connections between the notions of meaning, understanding, use, rules, and their basis in agreement within a community of language users. But one should not take it to imply that it is possible to understand expressions *individually*, for in Wittgenstein's view it makes no sense to say that someone understands just one or a few sentences, or that he follows just one or a few rules. To understand any given sentence is to understand the language-games of which it is part; correlatively, to follow a rule is to have mastery of the practice of rule-following itself.

One immediate problem that suggests itself in Wittgenstein's account of meaning and understanding is that if the use-rules for a language are the product of agreement among members of the linguistic community, with no external objective restraints on that usage in the shape of 'the facts' or 'the world', does it follow that *truth* is the product of our agreements also? Wittgenstein is aware of this problem and has a response: ' "So are you saying that human agreement decides what is true and what is false?" – It is what human beings *say* that is true and false; and they agree in the *language* they use. That is not an agreement in opinions but in *form of life*' (P 241, emphasis added).

This concept of 'forms of life' plays an important part in Wittgenstein's later philosophy, for it is the notion he appeals to whenever his enquiry reaches a point at which other philosophers would be tempted to begin looking for deeper or more fundamental justifications for the concepts deployed in our thought and talk. What Wittgenstein means by a 'form of life' is this: it is the underlying consensus of linguistic and nonlinguistic behaviour, assumptions, practices, traditions, and natural propensities which humans, as social beings, share with one another, and which is therefore presupposed in the language they use; language is woven into that pattern of human activity and character, and meaning is conferred on its expressions by the shared outlook and nature of its users (cf. P 19, 23, 241, P II, pp. 174, 226). Thus a form of life consists in the community's concordance of natural and linguistic responses, which issue in agreement in definitions and judgements and therefore behaviour. Because the 'foundation', so to speak, of the practices which language-use consists in is the form of life into which that language is woven, it follows for Wittgenstein that questions about the ultimate explanation or justification of the concepts embodied in our thought and talk very soon come to an end – what justifies our usages is the shared form of life underlying them, and that is that: no more either need be or indeed can be said. The form of life is the frame of reference we learn to work within when trained in the language of our community; learning that language is thus learning the outlook, assumptions, and practices with which that language is inseparably bound and from which its expressions get their meaning. And this is why explanation and justification neither need to nor can go beyond a gesture towards the form of life: 'If I have exhausted the justification I have reached bedrock, and my spade is turned. Then I am inclined to say: "This is simply what I do" ' (P 217); 'What has to be accepted, the given is – so one could say – forms of life' (P II p. 226).

The notion of a form of life is closely connected with what Wittgenstein insists is the *essentially public* character of language, a theme in the later philosophy which appears, as we have seen, in his rejection of the idea that meaning and understanding, and hence rule-following, are 'inner', 'hidden' states or processes of mind. Wittgenstein advances an argument in this connection which has not so far been mentioned but which has assumed great importance in the literature on the *Investigations*. This is the 'Private Language Argument', the burden of which is that there can be no such thing as a language invented by and intelligible to a single individual only. That this is so follows immediately from Wittgenstein's view that language is *essentially* public, a view he maintains because of all the considerations discussed above; but in P 243–363 Wittgenstein gives the private language question an extended treatment for an important additional reason. This is that in the tradition of philosophy beginning with Descartes it is held that the starting point for all knowledge and explanation lies in our direct acquaintance with our own experience and states of mind. Thus Descartes' starting point is the 'I think', recognition of which guarantees 'I exist'; for the empiricists it is sensory experience and our reflection upon it which provides the basis for our beliefs about the existence of external things and other minds. On these views a private language is eminently possible, for they permit the thought (in some cases, they start from the thought) of a Robinson-Crusoe-from-birth who constructs a language by means of private, inner ostensive definitions linking words with experiences. In a related way, the idea of a private language is implicated in our standard conception of how we come to have in our language expressions referring to our own pains, moods, feelings, and the rest, given that these are private to us: no one else can have access to such states unless their possessors give expression to them in language or behaviour; no one else can experience my moods or pains, or even detect their existence if I do not wish it. Since this is so we come to think that we 'name' our sensations by means of an inner ostension, as though when we have a stomach-ache we 'point inwards' and say 'this is a stomach-ache'. And this suggests that an individual could construct a language for speaking to himself about his sensations and inner life which is in principle closed to everyone else – the 'in principle' means that such a language is not merely a secret code which no one else as a matter of fact understands but which could be cracked, like the Enigma code or Pepys' Diary, but which cannot be understood by anyone other than its speaker: a language, in short, which is logically private to its speaker.

It is against this conception – of a logically private language – that Wittgenstein inveighs in the sections of the *Investigations* mentioned. The primary reason has already been given: to understand a language is to be able to follow the rules for its use, and nothing can count as private rule-following for otherwise there would be no distinction between following a rule and merely thinking, perhaps mistakenly, that one is following a rule (P 202). But there are other reasons. For Wittgenstein, to speak a language is, as we have seen, to participate in a form of life; coming to share a form of life consists in being trained to share it; such training obviously has to take place in public, for otherwise it is not a training in the sharing of the form of life which gives meaning to language (cf. P 244, 257, 283). From this it follows that both 'private' experience and the language we use to speak of it are in fact neither of them *private*; there are and have to be *public criteria* for the application of expressions about pain, moods, and the rest, in order for there to be such expressions at all. One way to make this clear, Wittgenstein says, is to consider how we use the word 'pain' in talking of ourselves. On the view he rejects, 'pain' is the name of a certain kind of sensation, and we come to give that name to that kind of sensation by an act of inner ostension. But ostensive definition, as we saw above, is something that works only in the context of a previously understood convention or language-game in which pointing, uttering a sound, and so on, are recognized by the participants to constitute the process of attaching a denoting label to some item. There can be no such previously established language-game here. Since 'pain' is not linked with the relevant kind of sensation by ostension, it does not *denote* at all; 'pain' is not a label. How then is it connected with the sensations we use it to talk about? Wittgenstein says that 'one possibility' is that *talk* of pain is a learned substitute for the groaning and wincing which is the natural expression of pain (P 245, 256–7); 'A child has hurt himself and he cries; and then adults talk to him and teach him exclamations and, later, sentences' (P 244). The idea is that what we typically think of as private states and processes – pain, anger, and the rest – are features of our human nature which therefore have natural expressions in behaviour (a baby, for example, is able to inform us of its pain and rage by means other than language), and that the linguistic devices we use to talk of them are publicly learned replacements for that behaviour.

This view establishes a link between how we use talk of pain in our own cases and how we use it to talk about others' pain. On one traditional view, the way we come to think of ourselves as having justification, in appropriate circumstances, for ascribing pain or kindred 'inner' states to others is by analogy with our own cases: if I prick my finger and it bleeds and I groan, inwardly feeling pain, then if someone else pricks his finger, bleeds, and groans, I infer that he must inwardly be feeling pain likewise. But this argument – it is called 'the argument from analogy' – is a weak one; it does not logically guarantee the inference I draw to the other's inner states, for he might be dissimulating or acting, or may even be a cleverly contrived robot which feels nothing. This is the source of scepticism about other minds: how, given that the 'argument from analogy' does not work, can I claim to be justified in believing that there are any minds other than my own in the universe? Wittgenstein's view constitutes an answer to this problem. The rules for the use of 'pain' and other psychological expressions, he says, are public ones, which apply equally when the talk is of myself or of others; there are not two sets of rules for such expressions, one governing self-ascription and the other governing other-ascription of the states in question. Consequently, my grounds for saying that someone else is in pain are afforded by his behaviour together with my grasp of the rules for using the word 'pain'.

This view is not to be understood as a straightforward 'behaviourist' theory of the kind which says that the meaning of 'pain' just is the set of bodily signs in which wincing and groaning consist. Rather, Wittgenstein says, these signs are 'criteria' for application of the word 'pain'; what I also know about such behaviour is that it can be pretence, dissimulation, and so on. Understanding this is part of understanding pain-talk. But given this understanding, the way such behaviour enters into the web of our activities and practices, and the relation of these to our nature, tells me when it is appropriate to say that another is in pain (and also when to say 'this is a case of pretence' and the like).

Wittgenstein's notion of a 'criterion' has attracted much discussion. It is the notion of a species of justification or warrant for employing expressions, a warrant which lies half-way between deductive and inductive grounds for the use of expressions. What this means can be explained in the following way. 'Deductive grounds' are those which would entail or conclusively settle that use of a given expression is demanded whenever those grounds are present, for the reason that those grounds exhaustively constitute the sense of that expression. An example of this view is the crude behaviourism just mentioned; an espouser of such a view would take the fact that someone winces and groans to entail that he is in pain. But this is far too strong a theory, for in identifying the grounds for saying 'he is in pain' with the meaning of 'pain' the deductivist overlooks those other considerations, such as pretence and the rest, which show that the meaning of the word cannot be defined as the grounds for its application.

By contrast, 'inductive grounds' are those in which someone's wincing and groaning count as mere symptoms or clues on the basis of which it might be inferred that he is in pain. Such clues will not themselves be part of the meaning of the word 'pain', however, which on the inductivist view is something denoted by pain – something private and hidden in that person's subjectivity – namely, the inner, private feeling of pain. On the inductivist's view the link between wincing and groaning, on the one hand, and the inner experience of pain, on the other, is a merely contingent one.

Wittgenstein's talk of criteria, as noted, is designed to fall between these two views. Our understanding of the part played by wincing and groaning (the behavioural signs) in manifesting pain is, he says, part of our grasp of the meaning of the word 'pain' – such signs are not merely contingent symptoms of pain – but at the same time they are not deductive grounds for ascribing pain to someone who winces and groans, because our understanding of 'pain' also comprehends those cases where such behaviour is not a manifestation of pain. In short, the criteria for ascribing pain are given by the language-game of which pain-ascriptions are a part, and it is the practice of experiencing, recognizing, and talking about pain which we learn when we learn how to use the word 'pain'.

Discussion of the private language question and the issue of pain, moods, and other putatively private mental states takes us into the realm of Wittgenstein's philosophy of mind or, as it is often called, his 'philosophical psychology'. What Wittgenstein has to say in this connection is a very important corollary of his views about meaning and understanding – in the opinion of some commentators it is indeed the basis of his philosophy of language – and it is necessary therefore to consider them a little further, as follows.

Mind and knowledge

In the *Tractatus* Wittgenstein dismisses 'psychological questions', among which he includes questions about experience and knowledge, as 'empirical' and therefore as part not of philosophy but of science. For this reason he barely mentions such matters in the *Tractatus*. In the later philosophy, in sharp contrast, they occupy centre stage along with the discussion of meaning. It is entirely natural that they should do so, given Wittgenstein's concern to argue that understanding the meaning of expressions in language does not consist in private mental states or processes; for his view implies that there is something wrong not just with this way of thinking about understanding but with the very idea of 'private mental states' in general. Accordingly, starting with *The Blue Book* but chiefly in the *Investigations*, *Zettel*, and elsewhere among the later writings, Wittgenstein attacks the idea that the concepts of experience, thought, feeling, intention, expectation, and the rest, are concepts of what is inner and private, accessible only to the individual who possesses them.

It was mentioned earlier that the view Wittgenstein is attacking is one which has been dominant in the history of philosophy since Descartes. This view accords to subjective experience a peculiar primacy and importance. It says that what we are directly acquainted with are our own private states of mind, about whose contents and character, because of their immediacy, we have completely certain knowledge; and these states, including among them sensory experiences, afford us with the starting point of all our knowledge and belief not just about ourselves but about everything outside ourselves also, chiefly the external world and other minds. In Descartes' philosophy the starting point is the ego, of whose existence one cannot help but be certain; for the empiricists it is sensory experience which serves as the incorrigible basis for our beliefs about the world. On this conception first-person knowledge of psychological states is wholly unproblematic, whereas third-person knowledge of them is quite otherwise; the reason is that detecting such states in others – even, indeed, being justified in taking it that such states exist outside oneself – is at best a matter of inference from the intrinsically unreliable clues afforded by the overt signs, behaviour, and so on, which others manifest.

In attacking this Cartesian thesis, Wittgenstein inverts the order of difficulty: it is not the question of third-person ascriptions of psychological states which is problematic, he says, for such ascriptions work on the relatively straightforward basis of public criteria for the use of psychological terms, as described above in connection with 'pain'. Rather, what needs investigation is the first-person case, for it is here, Wittgenstein says, that a fundamental mistake is being made by Descartes and others in the philosophical tradition; namely, that first-person ascriptions of psychological states ('I have a pain', 'I expect that . . . ', 'I hope that . . . ', 'I intend to . . . ') are *reports* or *descriptions* of essentially private inner goings on. Wittgenstein denies that these locutions are any such thing, and argues instead that they are *manifestations* or *expressions* forming part of the behaviour to which the psychological concepts at issue apply. The key concept here is that of 'expression'.

What Wittgenstein means by 'expression' is set out in his investigation of first-person talk of pain. At P 244, already quoted in part, he says ' . . . how does a human being learn the meaning of the names of sensations? – of the word "pain" for example. Here is one possibility: words are connected with the primitive, the natural expressions of the sensation and used in their place. A child has hurt himself and cries; and then adults talk to him and teach him exclamations and, later, sentences. They teach the child new pain-behaviour.' Wittgenstein's claim is that someone's saying 'I am in pain' is a manifestation of his pain; it is not an outer sign of something else which is occurring internally, but is itself part of his pain-behaviour. It is an expression of pain in the way that groaning and wincing are expressions of pain, but it is a learned substitute for those more primitive expressions. Despite the phrase 'here is one possibility' in the quotation given above, which suggests that first-person psychological talk might be understood in other ways too, Wittgenstein applies this conception of 'expression' across the board. Of wishing, expecting, and remembering – to take just three examples from the whole range of psychological concepts – Wittgenstein says: 'By nature and a particular training . . . we are disposed to give spontaneous expression to wishes in certain circumstances' (P 441); 'The statement "I am expecting a bang at any moment" is an *expression* of expectation' (P 253); 'The words with which I express my memory are my memory reaction' (P 343). Thus, sometimes part of what it is to wish for something is to say 'I wish . . . ', and sometimes part of what it is to expect something is to say 'I am expecting . . . '. Expectation can be expressed in other ways too; one might feel tense, or pace up and down, or look at one's watch often; but saying 'I am expecting . . . ' is not something different from such behaviour – neither, still less, is it a report or description of it – it is *part* of it. Of course the verbal behaviour is, because learned, more complex than the 'primitive' behaviour in which pacing up and down consists; Wittgenstein takes the view that a command of language introduces levels of richness and subtlety unavailable to non-language-using creatures: 'A dog believes his master is at the door. But can he also believe his master will come the day after tomorrow?' (P II p. 174). But the difference between verbal behaviour and the other behaviour is one of degree, not of kind; verbal behaviour is an extension of the natural expressions of expectation, pain, and so on, which take the form of pacing or wincing as the case may be.

Wittgenstein's reason for thinking this way about psychological concepts is of course that the meaning of words like 'pain', 'expectation', and the rest cannot be fixed by private inner ostension, a point established, in Wittgenstein's view, by the private-language argument. Rather, like all words, their meaning is their use, and their use is settled by the publicly agreed rules for their use in the shared form of life upon which the possibility of that agreement rests. Accordingly, the application of psychological terms is uniform; there is not one set of rules for third-person applications and another for first-person applications. The rules are the same and turn on the same public criteria; 'nothing is hidden'. In just the way therefore that first-person ascriptions of psychological terms turn on their being expressions of pain, expectation, or whatever, and therefore parts of pain, etc., behaviour itself, so third-person ascriptions of them are expressions of our behaviour towards others: 'Being sure that someone is in pain, doubting whether he is, and so on, are so many natural, instinctive kinds of behaviour towards other human beings, and our language is merely an auxiliary to, and further extension of, this relation. Our language-game is an extension of the primitive behaviour. (For our language-game is behaviour)' (Z 545). And this means in Wittgenstein's view that there is no sceptical problem about 'other minds' of the kind which has dogged philosophy since Descartes, because the considerations just mentioned – dealing with the public criteria constituting the sense of psychological terms and therefore our warrant for their use – show that all states thought of as *essentially* 'inner' by traditional philosophers have, and must have, outer criteria; and that one can, in a quite ordinary and unmysterious way, literally just look and see what state someone is in: 'Consciousness in another's face. Look into someone else's face, and see the consciousness in it, and a particular shade of consciousness. You see on it, in it, joy, indifference, interest, excitement, torpor, and so on . . . Do you look into yourself in order to recognize the fury in his face? It is there as clearly as in your own breast' (Z 220); 'Consciousness is as clear in his face and behaviour, as in myself' (Z 221); ' "We see emotion" – as opposed to what? We do not see facial contortions and make inferences from them (like a doctor framing a diagnosis) to joy, grief, boredom. We describe a face immediately as sad, radiant, bored, even when we are unable to give any other description of the features. – Grief, we would like to say, is personified in the face. This belongs to the concept of emotion' (Z 225).

A major corollary of all these points is, for Wittgenstein, that they force us to reconsider another extremely important philosophical concept, namely that of knowledge. In the tradition of philosophy it was held that the special primacy of our acquaintance with our own psychological states furnishes the foundation for whatever else we can come to know or at least believe with justification; for on the traditional view we know with certainty the content of our own thoughts, experiences, and so on, but have to draw more or less doubtful inferences from these to whatever lies outside them. Wittgenstein argues, in opposition to this view, that the use thus being made of the concept of knowledge is wholly mistaken, for the reason that we can only know what it makes sense to *doubt*, and that since whenever one is in pain or expects to hear a bang one cannot doubt that one is in pain or expects to hear a bang, one therefore cannot claim to know that one is in pain or has that expectation. This point is best illustrated by looking at Wittgenstein's response to certain theses advanced by G. E. Moore on the subject of knowledge and certainty.

In a well-known paper entitled 'Proof of an External World' Moore argues that there are a number of propositions which he can know with utter certainty to be true. One is that he has two hands; the 'proof' (if one is needed) is, he says, that he can hold his hands aloft and display them. And there are therefore many other such propositions which can be known with equal certainty. Moore is here alluding critically to Descartes' claim in the *Meditations* that whereas one can be certain, whenever one thinks of it, of one's own existence as a 'thinking thing' (a mind), it can legitimately be doubted whether one has 'hands and a body' (*Meditations* I). In Moore's 'common-sense' philosophy such doubts are refutable with the greatest ease; proof that there are hands is as simple a matter as displaying them. Wittgenstein, although siding with the tenor of Moore's down-to-earth rejection of Cartesian views on knowledge and doubt, argues that both Moore and Descartes are mistaken in their thinking about these concepts. His reason, as indicated, is that it is senseless to lay claim to knowledge where doubt itself is senseless; since in all but rare and unfortunate circumstances the question whether one has hands simply does not and cannot sensibly arise, the assertion 'I know that I have hands' therefore involves a misuse of 'know'. Wittgenstein's case for this turns on considerations about the nature of doubt and his view of what constitutes the 'foundations' of our ordinary knowledge and our daily life. These considerations are as follows.

Doubt, Wittgenstein says, is itself possible only in the context of a language-game. If doubt concerning whether I have hands is to be intelligible, then I must understand what is meant by talk of 'hands' and of my 'having' them. But then this understanding, since it is based upon the language-game which makes it possible, itself rules out the meaningfulness of having such doubts; for to have them is to threaten the very conditions for the meaningfulness of the words being used:

'The fact that I use the word "hand" and all the other words in my sentence without a second thought, indeed that I should stand before the abyss if I wanted so much as to try to doubt their meanings – shows that absence of doubt belongs to the essence of the language-game' (C 370). A language-game, it is to be remembered, is a form of life; it is a practice or a set of practices involving agreement about the rules for the use of words. From Wittgenstein's familiar claim that 'Our talk gets its meaning from the rest of our proceedings' (C 224) it follows that 'If you are not certain of any fact, you cannot be certain of the meanings of your words either' (C 114). This means that not only does doubt about one's having hands, except in very unusual circumstances, make no sense within the language-game, but also that the language-game itself cannot be called into question as a whole or from 'outside': the language-game, as a form of life, is 'the given'. Wittgenstein points out that a child who is learning, say, history has to accept the language-game before he can question whether something is true or whether something exists (C 310–15); 'Doubt', he says, 'comes after belief' (C160). If the pupil continually doubted whether the world had existed for longer than a few hours or years, the business of learning history would be impossible. Wittgenstein says that such doubts are 'hollow' (C 312), for in effect they try to make the entire language-game itself impossible. But if the language-game were impossible then the doubt itself would fail to make sense: 'A doubt that doubted everything would not be a doubt' (C 450).

What is being ruled out by these considerations is doubt concerning matters which are fundamental to our linguistic and other practices. Wittgenstein is not saying that there cannot be any doubt about anything, for of course there can be. But legitimate doubt can only make sense in the context of a framework which is itself not a subject for doubt: 'The game of doubting itself presupposes certainty' (C 115). Moore's claim about his hands – and by extension any claim about basic matters of fact concerning the existence of material things, the continuous history of the world, and so on – are therefore not legitimate subjects for doubt because they constitute the frame of reference for all our practices. Wittgenstein says: 'My *life* consists in my being content to accept many things' (C 344); 'My life shows that I know or am certain that there is a chair over there, or a door, and so on' (C 7). Accordingly, Moore, and the (Cartesian) philosophical tradition whose outlook informs Moore's approach to these matters, is in Wittgenstein's view mistaken in failing to see that he does not and cannot know what he claims to know: 'I should like to say: Moore does not know what he asserts he knows, but it stands fast for him, as also for me; regarding it as absolutely solid is part of our *method* of doubt and enquiry' (C 151); 'When Moore says he knows such and such, he is really enumerating a lot of empirical propositions which we affirm without special testing; propositions, that is, which have a peculiar logical role in the system of our empirical propositions' (C 136).

The idea of 'testing' and of the 'peculiar logical role' of certain propositions echoes what Wittgenstein elsewhere says in the later writings about the connected facts that having reasons, and giving justifications, has to end somewhere. Where they end is the form of life constituting the language-game; this is the framework which confers intelligibility on what we do. Testing our beliefs can only be carried out against a background of beliefs which are not open to test: 'the *questions* that we raise and our *doubts* depend on the fact that some of our propositions are exempt from doubt, are as it were like hinges on which those turn' (C 341). The exempt propositions are the 'grammatical' propositions, that is, the propositions constituting the framework of our language and practices, and they form the system within which all testing takes place (C 83, 90–2, 105). The beliefs expressed by these propositions are variously described by Wittgenstein to illustrate the fundamental role they play; he says that our commitment to them is part of our nature (C 359), that their 'special role in our frame of reference' (C 83) consists in their being the 'substratum' (C 162) or 'scaffolding' (C 211) of our ordinary testable beliefs.

Although Wittgenstein talks of these beliefs as constituting the 'foundation' (C 401, 411, 415) of our language-games, he does not mean by this expression what philosophers normally mean by it. Typically the conception of 'foundational beliefs' is taken to mean beliefs which are fixed and permanent; thus some philosophers claim that there are beliefs which are logically necessary conditions for anything that can count as thought or experience, such that even Martians or a divinity would have to have them if they were to enjoy anything recognizable as experience. Wittgenstein, rather, has it that the foundational beliefs are only relatively foundational – they are like the bed and banks of a river which determine the course along which the waters flow (C 96–9); the bed and banks are in course of time eroded and therefore shift, but this is a long process and from the viewpoint of our ordinary talk and practice the foundational beliefs serve as what is 'fast' and 'solid' (C 151). But the important point is that the foundational role of the 'grammatical' propositions consists in their indubitability in practice, in action: 'it belongs to the logic of our scientific investigations that certain things are *in deed* not doubted' (C 342).

The upshot of Wittgenstein's investigation of doubt and certainty is captured in the rhetorical question 'Can one say: "Where there is no doubt there is no knowledge either?" ' (C 121). And this is intended to undermine the Cartesian view that first-person knowledge is *knowledge*, hence supporting Wittgenstein's attack on the view that privilege attaches to the private mental states in which philosophers have located the source not just of knowledge but of meaning and understanding. Although the account just given of Wittgenstein's reflections on knowledge is drawn from *On Certainty*, which has a later and more developed view of these issues than occurs in the *Investigations*, the fundamentals of this view are present in the rest of the later philosophy, wherever Wittgenstein's concern is to show that psychological concepts do not apply to something essentially private. This is shown by a dialogue with himself which he sets out in the *Investigations*:

> In what sense are my sensations *private*? – Well, only I can know whether I am really in pain; another person can only surmise it. – In one way this is false, and in another way nonsense. If we are using the word 'to know' as it is normally used (and how else are we to use it?), then other people very often know when I am in pain. – Yes, but all the same not with the certainty that I know it myself! – It can't be said of me at all (except as a joke) that I *know* I am in pain. What is it supposed to mean – except perhaps that I *am* in pain? (P 246)

Some reflections and comments

The preceding sections show that Wittgenstein's later philosophy is an elaborate edifice of interconnecting themes. Nevertheless, its basic intention is clear, and the key concepts in terms of which it is expressed – use, rules, language-games, and so on – are so prominent in all the later writings (including those on the foundations of mathematics) that there is no difficulty in identifying them and seeing, in rough terms, what work they are designed to do. I shall now reflect briefly on Wittgenstein's enterprise in the later philosophy and on the concepts central to it. Many points of detail invite comment, but I shall confine the discussion to some strategic remarks about Wittgenstein's main points only.

One thing that immediately strikes a critical reader of the later works is that the chief concepts occurring in them are either vague or metaphorical or both. The idea of 'games' is a metaphor; the talk of 'use' and 'forms of life' is unspecific. This of course is deliberate; Wittgenstein's method was to avoid systematic theorizing, and to insist instead upon the *variety* of language, his motive being to escape the pitfalls, exemplified by the *Tractatus*, of erecting a rigidly monolithic theory of language and thought which succeeds only in falsifying the issues or at best oversimplifying them. But a reader of the later philosophy might nevertheless suspect that Wittgenstein, in his anxiety to repudiate a monolithic approach, has veered to the opposite extreme; in place of the single fixed structure unearthed in the early philosophy there is substituted a great patchwork of practices so diverse that, Wittgenstein claims, no systematic account can be given of what meaning and understanding consist in (whereas a systematic account of what they do not consist in, namely any species of private mental state or process, is in his view possible). One might agree with Wittgenstein that it is a mistake to look for the kind of theory offered by the *Tractatus*; but it does not follow that no systematic account can be given of language, for it is plausible to accept that when what is under consideration is a connected and patterned set of practices – whether it is riding a bicycle or speaking a language which is in question – it should be possible to formulate a theoretical representation (to give an account, provide a description, even an explanation) of what is involved. Nothing Wittgenstein says persuades one that such a task is pointless or impossible. On the contrary, Wittgenstein himself seems to have done just that with his talk of rules, language-games, and the rest, despite his official disclaimers about giving a positive theory. But his account is highly general, and in the crucial respects therefore too vague; one feels that our understanding of the matters discussed would have been advanced further if Wittgenstein had given his notions more precise content, and ventured to say how he thought they applied in practice.

One important criticism of the later philosophy might be that a generalized appeal to notions like 'use' and 'rule-following', especially since in Wittgenstein's view what is meant by 'use' and 'rule-following' varies widely according to context, tells us dissatisfyingly little. This reservation can be made more explicit if one takes, as an example, a consideration of how much one learns from being advised to think of meaning as use.

First it is necessary to note that the concept of 'use' is itself a various one. One can talk of how something is used, of what it is used for, of when its use is appropriate, and even of what it is used in (as when one says: 'lard is used in baking'). On the first two points, one can say, for example, of a hammer that how it is used is by grasping the handle and aiming the flat surface of its head at the target, and, quite differently, that what it is used for is driving in nails, flattening surfaces, calling meetings to attention, and so on. Such explanations tell us something about hammers, although they do not uniquely determine that it is *hammers* we are talking about – there are other things whose handles we grasp (golf-clubs, suitcases) or which can be used for driving in nails (the heel of a shoe, a stone). It is clear enough that one can talk of the uses of words in an analogous way, as Wittgenstein suggests; one can explain how a word is used, when its use is appropriate, and what kind of work it can be used to do. But in what sense will such explanations be explanations of *meaning*? Suppose I tell you how a word was used: if I say it was used effectively, or insolently, or musingly, I say nothing about its meaning. Suppose I tell you what a given word can be used for: if I say it can be used to insult, to appease, to inspire, I still say nothing about its meaning.

These comments suggest that the connection between meaning and use is neither so close nor so obvious as Wittgenstein's remarks sometimes imply. Unquestionably, it would be a mistake to commit oneself to the strong doctrine that meaning and use are the same. This is shown by the fact that one can know the meaning of a word, in a perfectly standard sense of this phrase, without knowing its use, and one can know its use without knowing its meaning. For example, one can know that the Latin word *jejunus* means 'hungry' without knowing how to use it in a sentence; and, conversely, one may know how to use the expressions 'amen' and 'QED' without knowing their meanings. Moreover, many words have uses without meanings – personal names, prepositions, conjunctions, and the like are cases in point. Use therefore can by no means be the whole story about meaning; it may be part of that story, but it does not exhaust whatever it is meaning consists in. Moreover, to say that use is part of the story is not by itself much help – at best it is only a beginning; for what it is one knows, or is able to do, which constitutes one's capacity to use expressions is not suggested by the concept of use itself; one has to look further afield (or deeper).

The appeal to use as a key concept in the later philosophy is primarily intended by Wittgenstein to focus attention on *what words are used to do*, since an account of this, in Wittgenstein's view, is (in some not wholly clear way) tantamount to an account of meaning itself. One way of assessing this crucial idea is to note that in the period during which the impact of Wittgenstein's thought on philosophy was at its most immediate, this conception was intimately involved in discussion of what was called the 'speech-act' aspect of language use. Consider *what is being done* in the use of these expressions: 'Stop!', 'Where is it?, 'It's on the table'. The first is an order, the second a question, the third a statement – and ordering, questioning, stating are actions we perform in our use of language: hence 'speech-acts'. There are many others: promising, appraising, criticizing, commending, and joking are examples. The idea is that showing how an expression is used to perform a speech-act tells us about the meaning of that expression. So, for example, it is suggested, in a much-discussed theory of moral discourse, that the word 'good' functions in the speech-acts of commending and evaluating, which permits us to say that we explain the meaning of 'good' when we explain that it is *used* to commend or to place a positive valuation on something. Likewise it has been suggested that we grasp the meaning of the word 'true' by noting that it is used to confirm, support, admit, or agree with something that has been stated. These proposals might appear to lend greater exactness and therefore greater plausibility to Wittgenstein's own vaguer view, but once again they do not prove to be satisfactory. Showing why helps to explain the unease one feels about unqualified appeals to the notion of use.

Consider the claim that 'good' is used to perform the speech-act of commending. If someone says, 'This is a good pen', then clearly he is commending the pen. But if someone asks, 'Is this a good pen?', equally clearly, even though the occurrence of 'good' is literal, no commending is going on. A defender of the speech-act theory might respond by saying that 'good' is not *invariably* used to commend, but that its presence in utterances typically shows that the speech-act of commending is 'in the offing', so that 'Is this a good pen?' can be construed as having the force of 'Do you commend this pen?' But even this will not do, for in such sentences as 'I wonder if this is a good pen', 'I don't know whether it's a good pen', 'I hope it's a good pen', commendation is irrelevant to the case, which is proved by the fact that one is not saying 'I wonder if I commend this pen?', 'I hope I commend this pen', and so on.

These thoughts suggest that it is a mistake to suppose that reminding ourselves of the main uses of words like 'good' and 'true' is enough, by itself, to settle any questions we might have about the meaning of those terms. Indeed, it is notoriously the case that questions about goodness and truth, which are paradigmatically large philosophical questions, cannot be resolved simply by noting the ways 'good' and 'true' are as a matter of fact used in common parlance – that is, in the language-games in which they typically occur. It would seem to be an implication of Wittgenstein's views that if we 'remind' ourselves of these uses, philosophical puzzlement about goodness and truth will vanish. This is far from being so.

These remarks indicate one reason why the vagueness of Wittgenstein's key concepts, in this case use, might generate dissatisfaction with his later philosophy. Another reason is that this feature of Wittgenstein's ideas actually invites rather than solves familiar philosophical difficulties, some of them very problematic. For one example, what we sometimes appear to be given by the later philosophy is a picture of language – more accurately, the patchwork of heterogeneous practices in which language is involved – as somehow autonomous, as though language floats free of anything like an objective reality, a world, in a way wholly different from what is proposed in the *Tractatus*, with its picture of a realm of independent facts on the one hand, faced on the other hand by language (thought), with the former constraining and determining the latter, and with truth and falsity consisting respectively in a correspondence or lack of it between the two structures. In the later philosophy, by contrast, the suggestion sometimes appears to be that the world is dependent upon the 'form of life' of which language is part; at the very least, there is no question of the correct use of language being decided by something independent of language – we do not go right or wrong in language use according to whether we correctly or otherwise describe objective facts, but rather according to whether we follow the mutually agreed and observed rules of our linguistic community. The community as a whole cannot go right or wrong either; it just goes; the only constraints on use are the internal ones founded on agreement and custom. Provided that changes in use were systematic across the whole community, no change would, because no change could, be detected; the community might cooperatively be veering in its application of rules, whether in progressive or in arbitrary ways, and this would be unknown and anyway irrelevant. Indeed, these very remarks would be meaningless, for they presuppose some point of vantage from which comparisons could be made, but such a viewpoint, since it would have to be external to the form of life, is impossible.

It is not easy to see, from a scrutiny of Wittgenstein's texts, what we are to make of this. Most Wittgensteinians deny that the later philosophy constitutes a form of 'anti-realism', but at the same time it appears that Wittgenstein himself thinks that the most one can say on the question of an independently existing reality is that the language-games in which we deal with things like, say, chairs, tables, and the rest, *presuppose* a commitment on our part to there being such a reality. This comes out in the view, expressed in *On Certainty*, that the validity of many beliefs consists in the role they play in language; the very sense of our talk about an external world, in which there are hands or in which physical things have existed for a long time, turns on our unquestioning acceptance of such beliefs themselves as (here we have more metaphors) the 'bed and banks' or 'scaffolding' of that language-game itself. Wittgenstein puts this point by saying that propositions like 'physical objects exist' are 'grammatical', and have a special role in our discourse as forming part of its very conditions of meaningfulness. Likewise, religious discourse is a language-game in which talk of God similarly plays a fundamental role, and consequently the validity of religious discourse is something internal to itself (a point some theologians have gratefully accepted from Wittgenstein because it helps them defend against the criticism that no independent means exist for substantiating religious claims). There is no question of asking, still less answering, questions about the validity of these language-games as a whole; they rest upon 'the form of life', the shared experience, the agreement, the customs, the rules, which underlie them and give them their content. Accordingly it appears that, in Wittgenstein's view, language and thought are in some sense internally self-determining and self-constituting, and that therefore reality is not, as he had thought of it in the *Tractatus*, independent of language and thought.

The problems such a view creates are many. One is that if we accept some such view we are obliged to explain what *appears* to us, in our ordinary experience of it, to be the independent character of the world. Why, if there is no genuinely independent world constraining the way we act, think, and talk, does it seem as if there is one? Why does it at least seem as though our practices and thought have always to accommodate themselves to something intractable and separate? The fact that the world appears to exist independently of us can indeed be explained by anti-realist theories, even by those strong versions which have it that thought or experience is the determiner of what exists. But the *details* of such a theory are extremely important, since on them turns the theory's very acceptability. If, therefore, Wittgenstein is committed to the view that reality is not independent of language and thought, he does not fulfil a responsibility to say something more about why our experience and beliefs are so trenchantly realist in character.

Another and allied problem which arises from these of Wittgenstein's views is that they sometimes appear to commit him to *relativism*. This is a point which interests anthropologists as well as philosophers, and in part explains the former's interest in Wittgenstein. What is involved can be explained as follows.

There are, broadly speaking, two kinds of relativism, 'cultural' and 'cognitive'. Cultural relativism is the thesis that there are differences between cultures or societies, or between different phases in the history of a single culture or society, in respect of social, moral, and religious practices and values. For example, one among the things which distinguishes contemporary Western society from, say, Indian society is the markedly different set of practices followed in courtship and marriage. In the latter, marriages are arranged, and the parties to them meet only once or twice, very briefly and in the company of their families, before the marriage ceremony. In the West, courtship is left to chance as to its inception and individual preference as to its continuation and outcome. It is evident that the institution of marriage has different significances in these two societies.

Cultural relativism is not philosophically problematic, for it is clear that our being able to recognize cultural differences of the kind described presupposes an ability on our part to gain access to other cultures so that we can recognize the differences *as* differences; which shows that there are points in common between cultures which allow mutual access and hence mutual understanding to take place.

Cognitive relativism is a quite different matter. It is the view that there are different ways of perceiving and thinking about the world or experience, ways possibly so different that members of one conceptual community cannot at all grasp what it is like to be a member of another conceptual community. Some philosophers argue that with respect to any culture other than our own, or even with respect to an earlier phase in our own culture's history, we can never have more than an indeterminate grasp, at best, of what it is like to be a member of it. This is because, they argue, any view of the world is a highly theoretical and interpretative matter, and our efforts to make intelligible to ourselves an alien world-view, an alien conceptual scheme, or 'form of life' as Wittgenstein would say, will inevitably proceed in terms of our reinterpreting the aliens' concepts, beliefs, and practices into our own terms, which is the only way that we, from our own standpoint, can make any sense of them. On this view it is possible and even likely that there are conceptual schemes so utterly different from our own that we cannot recognize their existence – or if we can, that nevertheless they are quite sealed off from our capacity to get an inkling of what they are like from within. One thing that immediately follows from cognitive relativism is of course that truth, reality, knowledge, moral value, and the like, are *our* truth, *our* reality, and so on; they are not absolute but relative; they are parochial to us, even to the slice of history we happen to occupy; and that therefore there are as many versions of 'truth', 'reality', and 'value' as there are different conceptual schemes or 'forms of life'.

Wittgenstein sometimes appears to be committed to cognitive relativism as just described. He says: 'If a lion could talk, we could not understand him' (P II p. 223); 'We don't understand Chinese gestures any more than Chinese sentences' (Z 219). These remarks suggest relativism across 'forms of life'; Wittgenstein may be saying that because meaning and understanding are based upon participation in a form of life, and because the forms of life in which, in their different ways, lions and Chinese engage are quite different from ours, it follows that we cannot understand them – their view of things is inaccessible to us and vice versa. In *On Certainty* Wittgenstein appears to commit himself to relativism in a single form of life across time, by saying that our own language-games and beliefs change (C 65, 96–7, 256), which entails that the outlook of our forebears might be as inaccessible to us cognitively as is that of the lions or, differently again, the Chinese.

Cognitive relativism is a troubling thesis. Consider the point that it makes the concepts of truth, reality, and value a matter of what sharers in a form of life happen to make of them at a particular time and place, with other forms of life at other times and places giving rise to different, perhaps utterly different or even contrary, conceptions of them. In effect this means that the concepts in question are not concepts of *truth* and the rest, as we usually wish to understand them, but concepts of opinion and belief. We are, if cognitive relativism is true (but what does 'true' now mean?), in error if we think that 'truth' and 'knowledge' have the meanings we standardly attach to them, for there is only *relative* truth, there is only reality as *we*, in *this* conceptual community at *this* period in its history, conceive it.

The reading of Wittgenstein which suggests that he takes such a view is consistent with much of what he otherwise says. For Wittgenstein the meaning of expressions consists in the use we make of them, that use being governed by the rules agreed among the sharers of a form of life. This presumably applies to expressions like 'true' and 'real' themselves – indeed, it is precisely Wittgenstein's point that such expressions cease to be philosophically significant once we remind ourselves of their ordinary employments. It follows that the possibility of there being other forms of life, even just one other, with different agreements and rules means therefore that each form of life confers its own meaning on 'true' and 'real' and therefore truth and reality are relative not absolute conceptions. This is a highly consequential claim.

From some of what Wittgenstein says – particularly about 'natural expression', that is, the way people are apt to feel and act as a result of their human nature – we might be led to suppose that all human communities share the same form of life, and hence that truth is human truth, reality human reality. The form of relativism to which Wittgenstein is committed might, that is, simply be anthropocentrism. This interpretation is supported by his saying that 'the common behaviour of mankind is the system of reference by means of which we interpret an unknown language' (P 206, cf. 207). But the remark about the Chinese (and see also Z 350), which conflicts with the remark just quoted, seems to propose a more radical relativism than that; consistently with one interpretation admitted by the notion of a 'form of life', Wittgenstein's view might be that cognitive relativities follow the same demarcation lines as cultural relativities. This would be an extreme relativism indeed.

One need not take as one's target so radical a form of the thesis to show that cognitive relativism is unacceptable, however. This can be demonstrated as follows. Suppose that cognitive relativism is the case. How then do we recognize another form of life as another form of life? The ability to detect that something is a form of life and that it differs from our own surely demands that there be a *means* for us to identify its presence and to specify what distinguishes it from ours. But such means are unavailable if the other form of life is impenetrable to us, that is, if it is closed against our attempts to interpret it enough to say that it is a form of life. This means that *if* we are to talk of 'other forms of life' at all we must be able to recognize them as such; we must be able to recognize the existence of behaviour and patterns of practices which go to make up a form of life in which there is agreement among the participants by reference to which their practices can go on. Moreover, if we are to see that the form of life is different from our own we have to be able to recognize the differences; this is possible only if we can interpret enough of the other form of life to make those differences apparent. And therefore there has to be sufficient common ground between the two forms of life to permit such interpretation. This common ground has to involve two related matters: first, we have to share with the aliens some natural capacities and responses of a perceptual and cognitive type, giving rise to at least some similar beliefs about the world; and secondly we have to be able to share with them certain principles governing those beliefs; for one important example, that what is believed and therefore acted upon is held to be true. This has to be so because, as remarked, detecting differences is only possible against a shared background; if everything were different participants in one form of life could not even begin to surmise the existence of the other.

But this requirement for mutual accessibility between forms of life gives the lie to cognitive relativism. This is because the respects in which 'different' forms of life share an experiential and conceptual basis which permits mutual accessibility between them are precisely the respects in which those forms of life are not cognitively relative at all. Indeed, cultural relativism, which is not just an unexceptionable but an important thesis, itself only makes sense if there is mutual accessibility between cultures at the cognitive level. Hence it would appear that the only intelligible kind of relativism there can be is cultural relativism.

Wittgenstein's relativism, or at least the relativism that sometimes seems to be implied by his views, makes no distinction between the cultural and cognitive types. Indeed, he barely seems to be aware of relativism as a possible and unacceptable implication of some of his remarks, and particularly of his 'forms of life' notion. Yet that notion underwrites the whole of the later philosophy, as the 'given' or 'bedrock' which provides the ultimate basis for meaning, use, rules, knowledge, and the psychological concepts. Therefore, both the intrinsic vagueness of that notion, and its unacceptable entailment or apparent entailment of relativism, raise a question mark over his later philosophy as a whole.

The foregoing discussions concern general points in Wittgenstein's philosophy. I turn now to a more particular matter: Wittgenstein's discussion of rule-following and private language. This constitutes the most central and important aspect of his later philosophy. But here too there are problems, the chief of which is that these of Wittgenstein's views contain an inconsistency. This can be demonstrated as follows.

Wittgenstein's argument against private language is standardly taken to be an argument against the possibility of logically private language, that is, language which only a single individual can know. This allows that there can be contingently private languages, languages which in fact only one person knows but which could be understood by others, which are, in short, translatable into public languages. Sometimes it is thought that an example of a contingently private language would be, say, Pepys' Diary; but this is merely a public language in cypher, and does not constitute a philosophically interesting case of privacy. A better example might be a language invented by someone solitary from birth, a lifelong Robinson Crusoe. Such a language would be private in an interesting sense, but it would be only contingently private because it would admit of being understood by others. On Wittgenstein's view Robinson's language only counts as a *language* because it admits of being publicly understood.

The commentator's insistence that Wittgenstein intended to rule out logical but not contingent privacy arises from the fact that the conception of contingently private language seems to be perfectly in order; it is widely recognized that such languages are possible and that it would be difficult to argue otherwise.

When we look at Wittgenstein's remarks on rule-following, however, it turns out that he is committing himself to something different from, and much stronger than, the claim that there cannot be logically private languages. What the rule-following considerations entail is that language is essentially public. The argument for this, to recapitulate, is that language use is a rule-governed activity, and that rules are constituted by agreement within a language community (only within such a community can one succeed in following rules, since otherwise one could not distinguish between following a rule and only thinking one is doing so; and where such a distinction is unavailable there is no rule-following and hence no language). But then if language-use is a rule-following activity, and such activity is essentially a matter of public agreement, as Wittgenstein argues, it follows that language is essentially, that is logically, public.

And here is the problem for Wittgenstein: if language is logically public there cannot be languages which are in any sense private. There cannot be a Robinson-Crusoe-from-birth who invents and uses even a contingently private language, because on the rule-following argument he could not, since he is not a member of a linguistic community, distinguish between following a rule and only thinking he is doing so, and hence could not be using a language at all.

Indeed there is a further, allied, reason why on Wittgenstein's principles there cannot be contingently private language. This is that such a language could not get started. This follows from what Wittgenstein says, as noted in preceding sections, about language learning, which demands a public setting in which the tyro can be trained in the practices (centrally, the rule-followings) of his linguistic community. For a Robinson-Crusoe-from-birth there can be no such beginning, and therefore, on Wittgenstein's views, no language.

The conflict apparent in Wittgenstein's views, then, lies between the strong claim that language is logically public, and the weaker claim that there cannot be logically private language. The former rules out, while the latter allows, that there can be contingently private languages. Wittgenstein advocates the former when specifically discussing rules, and the latter when specifically discussing private language. However, for his overall position the rule-following considerations and all they involve (agreement, the language community, and so on) are fundamental. Accordingly, it would seem that, when a choice is forced, the strong thesis is the one to which Wittgenstein must adhere, thereby rejecting the weaker. But then the price is commitment to the debatable thesis that there cannot be contingently private language. (The other alternative, abandoning the stronger thesis, is not open to

Wittgenstein; if he took it he would be giving up what is crucial to his later philosophy.)

These difficulties in Wittgenstein's position remind one that the rule-following and privacy issues give rise to yet another serious problem. The problem has already been mentioned: it concerns the fact that if rules are constituted by agreement within a language community, and are not determined by anything external to that community's practices, then the problem facing a putative private language-user – namely, that he cannot tell whether he is, or only *thinks* he is, following a rule – also faces the community as a whole. How does the community tell whether it is following a rule? The answer Wittgenstein gives is: it cannot tell. This admission is the nub of the problem. If, in the case of the individual, nothing counts as marking this crucial difference, then according to Wittgenstein the individual is not following rules at all, and hence is not using language. But does this not apply to the language-community as a whole? And if it does, then the paradoxical result would seem to be that the language-community does not use language.

In recent discussions of Wittgenstein, efforts have been made to resolve these and other difficulties. As they stand they are serious and radically undermine Wittgenstein's views. Taken together with the more general criticisms sketched above, they suggest that Wittgenstein's later philosophy is not as it stands persuasive.

Chapter 4
Wittgenstein and recent philosophy

A. J. Kenny describes Wittgenstein as 'the most significant thinker of the [twentieth] century'. G. H. von Wright considers him to be 'one of the greatest and most influential philosophers of our time'. An opponent of Wittgenstein's views, J. N. Findlay, characterizes him as a thinker of 'immense consequence and originality . . . profound . . . brilliant'. Similar assertions abound in the literature of Wittgenstein.

Anyone reading these large claims would naturally surmise that Wittgenstein is the most influential presence in twentieth-century philosophy. In fact he is not. The quickest way to explain this is to point out that apart from work done by Wittgenstein's relatively small band of disciples, most of what has happened in philosophy during and since his time consists exactly in what his writings proscribe: namely, systematic investigation of the very 'problems of philosophy' which he says will vanish when one attends properly to language. The fact is that the majority of recent and contemporary analytic philosophers simply disagree with this claim. Their practice shows that, far from accepting Wittgenstein's outlook, they are more influenced by the philosophical legacy of Frege and Russell than by him. For that among other reasons they remain in the mainstream philosophical tradition which Wittgenstein sought to repudiate. This is a significant matter for understanding Wittgenstein's place in current philosophy, for, as we have seen in preceding chapters, his rejection of the philosophical tradition is expressed as a rejection of what that tradition specifies and defines as the problems of philosophy. That all but his own disciples disagree with him on this central issue is an indication of the fact that Wittgenstein's effect on recent philosophy has been very much less than the claims made by Kenny, von Wright, and others imply.

To say this is not, however, to offer an opposing estimation of Wittgenstein's place in philosophy. It is too soon to judge whether Wittgenstein ranks among those major figures, for example Aristotle, Locke, Kant, whose place in the history of philosophy is assured because of the value attached to their work by later generations. The reason is the obvious one that it is difficult to make accurate historical judgements about recent and living philosophers. When one surveys the history of philosophy one sees half a dozen thinkers whose stature is, from our point of view, enormous; in their company are a dozen more whose influence and importance endure. This is a select company. It is easy to forget that many others wrote and taught philosophy, some of whom were famous in their time and after it, yet whose reputations have not survived. One example is Malebranche, the French priest of the late seventeenth and early eighteenth centuries, who in his day was celebrated throughout the intellectual world and whose work inspired a large literature in emulation and opposition. Locke devoted a monograph to him; the young Berkeley eagerly sought to meet him when visiting Paris. The writings of Locke and Berkeley continue to be studied, whereas those of Malebranche have fallen into obscurity. Less dramatic instances can be drawn from among those figures generally respected but little read, except by a few scholars or followers; examples, drawn at random and perhaps tendentious, are afforded by Plotinus, Aquinas, and Schopenhauer. For all the admiration and esteem enjoyed by these thinkers in their lifetimes or during a period after their deaths, it would have been risky then, as the event shows, to presume on the judgement of history concerning whether they would acquire and preserve the status of truly major figures. And even the reputations of major figures at times fluctuate, with periods of obscurity intermitting their fame.

These considerations must weigh here. Remarks about Wittgenstein's place in philosophy can, if they are to have any value, relate only to the period since his death; and for the reasons suggested they can furnish no guide to what importance future thinkers may attach to his work. In trying to characterize Wittgenstein's place, then, it is best to leave aside judgements of the kind at issue above, and to proceed as far as possible factually.

There are certain complications in describing Wittgenstein's place in recent philosophy. They result chiefly from Wittgenstein's secretiveness and hesitance about his later thought. This was because he was anxious not to have his ideas disseminated until he had perfected them, and even more anxious not to have them imitated or stolen. Accordingly, he wished to publish them before anyone else did; but he could never feel quite ready to do so, and hesitated so long that in the end all his later work was published posthumously. Two things therefore require explanation: one is the connection between Wittgenstein's views and those of his contemporaries and near-contemporaries who were, like himself, philosophically interested in language; and the other is the way a small but distinctive 'Wittgensteinian school' arose in his lifetime and has flourished since.

For parts of the 1930s and 1940s Wittgenstein was teaching and writing in Cambridge, as we have seen, and some of his writings had a confined publication in the form of typescript copies. Inevitably, by agency of his pupils and the circulation of these typescripts, some of his ideas reached the philosophical community at large. Traces of them can be detected in the work of Gilbert Ryle, J. L. Austin, and certain others. So-called 'Ordinary Language Philosophy', which flourished at Oxford mainly during the 1950s and which is chiefly associated with Austin, is sometimes thought to be a result of Wittgenstein's teachings, but in fact his influence was far less immediate than that; certainly Austin did not take himself to owe his ideas to Wittgenstein. There is no doubt that Wittgenstein's views had some part in promoting the philosophical concern for language which was dominant in the mid-century, even if only in part and at second- or third-hand; but it is equally certain that Wittgenstein would have found aspects of 'Ordinary Language Philosophy' uncongenial. None of the people who at that time were prominent in philosophy (in addition to Ryle and Austin there were, for example, Moore, Broad, Russell, and Ayer) were Wittgensteinians; most of them were largely unaffected by Wittgenstein's later ideas, and some were actively hostile to them.

Wittgenstein's influence on his philosophical contemporaries was, accordingly, diffuse and limited. The fact that a Wittgensteinian school came into existence might therefore seem puzzling, but it is explained by the fact that Wittgenstein made ardent disciples of some of his pupils at Cambridge, and in the interval since his death those pupils have, by a kind of apostolic succession, ordained yet other disciples. The Wittgensteinians accordingly make a distinctive although relatively small group in contemporary philosophy, studying Wittgenstein's texts closely and applying his methods, with some of them refusing to take more recent developments in philosophy seriously on the grounds that they involve departures from Wittgenstein's ideas. A considerable amount has been published by these followers, ranging from exegesis to hagiography, and including some original work which has variously been controversial and stimulating.

What is most important, for present purposes, is the continuing response given to Wittgenstein's thought by the philosophical community at large. Here matters are straightforward. There is, as noted above, no question of there being general or even widespread agreement with Wittgenstein's fundamental claims. Rather, the philosophical community responds to Wittgenstein's work as it does to any work in which interesting ideas are offered: it profits where profit is to be had, and differs where it does not agree. Some of Wittgenstein's ideas have accordingly passed into the general currency of philosophical discussion. Much of what Wittgenstein says about meaning in the later philosophy has failed to persuade, although acceptance of the general (and, as it stands, imprecise) thought that use is an important part of meaning is widespread, and Wittgenstein's work has had a large part in disseminating it. Where the philosophical community has taken most profit is in Wittgenstein's philosophy of mind. With respect both to meaning and mind Wittgenstein's concern was, centrally, to deny that words mean by denoting, by standing for things, which had been his view, adopted from Russell and others, in the *Tractatus*. Many philosophers had come to see the error in this view independently of Wittgenstein; where his later philosophy provokes most thought – although by no means always agreement – is in its application of this denial to psychological discourse, having it that there are no hidden or private objects to which psychological terms refer. And in connection with this and the view of meaning which underlies it there are the important matters of rule-following and private language, both of which have provoked much discussion. Many otherwise sympathetic philosophers are cautious in their approach to Wittgenstein on all these questions, however, because of the difficulty which attaches to fixing upon a clear interpretation of what he says; as a result of the obscurities generated by his method and style Wittgenstein's key notions – 'criteria', 'language-games', and the rest – are open to different interpretations, and accordingly a precise specification of his commitments is difficult to give. It is for this reason that so much of what is published about Wittgenstein consists in attempts at clarification and explanation.

If one were to specify a single reason why few philosophers agree with Wittgenstein's basic outlook it would be that they do not accept his diagnosis of the source of philosophical perplexity. Wittgenstein says that problems arise because we misunderstand the workings of our language. He says we are 'bewitched' by language; sometimes, he says, we have an 'urge' to misunderstand it. But this is implausible. Philosophers as various as Plato, Bacon, and Berkeley have enjoined caution over language, and for excellent reasons, some of them mentioned in connection with Russell's views above; but to say that all philosophical perplexity arises from linguistic misunderstanding is to overstate matters. For one thing, language is an instrument capable of precise use. When it is so used philosophical difficulties can be expressed and investigated clearly. If Wittgenstein's view were right one could sometimes only describe what a given philosophical problem involves if one were sufficiently careless. For another thing, attempts to put Wittgenstein's views into practice show that they do not constitute a solution to philosophical difficulties. Wittgenstein says that we should remind ourselves of the ordinary uses of terms in order to 'dissolve' such difficulties. But, as we have seen, attending to the ordinary uses of 'good', 'true', and 'real' does not by itself solve the philosophical perplexities we feel about goodness, truth, and reality. Were matters otherwise, that grateful discovery would have long since been made.

We see, then, that Wittgenstein attracts the plaudits of the commentators, who describe the quality of his mind and work in high, even lavish, terms; yet at the same time he is by no means the key figure in twentieth-century philosophy. There is no paradox here. Broadly speaking there are two measures of a philosopher's importance: one is the amount written about him, a rather crude measure, and the other is the way his ideas determine the content and direction of philosophical discussion in his own time and later. This is a much more accurate measure. On the first criterion Wittgenstein counts as a major figure. But it is only right to note that he is not alone among recent philosophers in having a voluminous literature devoted to him; one thinks of Frege, Russell, and Husserl as subjects of much study. Noting this helps to put the literature on Wittgenstein into perspective. The crucial measure is however the second one. As the foregoing indicates, the content and direction of philosophy as it moves into the twenty-first century – its problems, its preoccupations, its methods – are not shaped by Wittgenstein's thought. If his work is, as D. F. Pears describes it, 'truly great', then this may change; future generations of philosophers may learn to agree with the claim made by Janik and Toulmin in their *Wittgenstein's Vienna* that analytic philosophers systematically misread and misunderstand Wittgenstein, and they may accordingly come to share with present-day Wittgensteinians a fundamental commitment to his outlook and methods. So far, this has not happened.

I turn, in conclusion, from remarks about the place of Wittgenstein's work in recent philosophy to some even more impressionistic remarks about that work itself. It needs to be said that many reservations expressed about Wittgenstein's writings are prompted by the interpretational difficulties they generate. These arise because of Wittgenstein's conception of philosophy and his method of doing it. The conception and the method are intimately correlative. As we have seen, philosophy is in Wittgenstein's view a therapy; the point is to dissolve error, not to build explanatory systems. The style is accordingly tailored to the intention. It is vatic, oracular; it consists in short remarks intended to remedy, remind, disabuse. This gives the later writings a patchwork appearance. Often the connections between remarks are unclear. There is a superabundance of metaphor and parable; there are hints, rhetorical questions, pregnant hyphenations; there is a great deal of repetition. Much of this is deliberate, a point often stressed in the foregoing, for Wittgenstein's style is expressly designed to promote his therapeutic objective as against the 'error' of theorizing. Few, however, would seriously recommend this way of doing philosophy to, say, students. Wittgenstein's method, in the wrong hands, provides excellent cover for charlatanism, since it is *intended* to avoid system and with it the required clarity, rigour, and accuracy which theoretical work demands and which philosophers in general seek. The fact that almost anyone – including people working in subjects other than philosophy – can cull quotations from Wittgenstein's texts for a wide variety of purposes, sometimes opposed ones, should constitute a warning to would-be imitators; to become a resource for aphorism hunters from all quarters is a good indication that one has failed in a major duty: namely, to be clear.

These remarks are premissed on an acceptance of Wittgenstein's own official avowals about therapy and the avoidance of theory. In fact, of course, there is a theory in Wittgenstein's later work, as the preceding discussions testify; a theory which can be set out in explicit form, starting from considerations about use and rules and showing how these are ultimately based on agreement in a form of life. The theory has an identifiable structure and content, even if neither, in their turn are as transparently stated and as fully spelled out as they might be. And a good deal of the difficulty with Wittgenstein's work is that this theory is not presented as such, since it is not officially meant to be there at all – it emerges in bits and pieces, in an ad hoc way, and therefore its crucial conceptions are left unclear and often unargued.

The unclarity complained of here as in earlier chapters has, incidentally, been claimed as a virtue of Wittgenstein's work; von Wright says: 'I have sometimes thought that what makes a man's work classic is often just this multiplicity [of possible interpretations], which invites and at the same time resists our craving for a clear understanding.' This is a neat apology for obscurity; one might be forgiven for finding it unpersuasive.

The vividness of Wittgenstein's metaphors, the unexpected examples and turns of thought, generate the sense that something profound is being expressed in his writings. Wittgenstein is in some ways a poet. Once one has sifted his texts and has ceased to be dazzled by the brilliance of metaphor and the poetical quality, one finds much less argument, and very much less definiteness in the crucial conceptions, than is expected in and demanded from philosophical enquiry. This is disappointing. But perhaps the value of Wittgenstein's work lies as much in its poetry, and therefore in its suggestiveness, as in its substance. There is no doubt that in this respect Wittgenstein's work has stimulated insights and fresh perspectives, especially in philosophical psychology, which have helped to advance thought about these matters. Work in philosophy which has this effect is always welcome.

Because there can be no question of a detailed estimation of Wittgenstein's contribution here it is perhaps appropriate to conclude with a purely personal one. Like many others, I cannot help being struck by the unusual character of Wittgenstein's writings, which give a strangely original cast even to thoughts and points of view which, in more prosaic dress, are familiar enough. But I find that when one advances beyond the manner and reflects on the content, the irresistible feeling is this: that the journey through Wittgenstein's circuitous, metaphorical, sometimes opaque negations and suggestions is long; but the distance it takes one is short.

Reflection upon the above, together with the memoirs and biographical essays concerning Wittgenstein, suggests a closing thought. Future generations may or may not judge Wittgenstein to be one of the great philosophers. Even if they do not, however, he is sure always to count as one of the great personalities of philosophy. From our perspective it is easy to mistake one for the other; which he is time will tell.

Further reading

Wittgenstein's chief works are as follows (I give them in the approximate order of their composition; the dates given are dates of first publication):

Notebooks 1914–16, ed. G. H. von Wright and G. E. M. Anscombe (Blackwell, 1961).

Prototractatus (an early version of the *Tractatus*), ed. B. McGuinness, G. Nyberg, G. H. von Wright (Routledge and Kegan Paul, 1971).

Tractatus Logio-Philosophicus, trans. D. F. Pears and B. McGuinness (Routledge and Kegan Paul, 1961).

Philosophical Remarks, ed. R. Rhees (Blackwell, 1964).

Philosophical Grammar, ed. R. Rhees (Blackwell, 1969).

The Blue and Brown Books, ed. R. Rhees (Blackwell, 1958).

Lectures on the Foundations of Mathematics, ed. C. Diamond (Harvester Press, 1976).

Remarks on the Foundations of Mathematics, ed. G. H. von Wright, R. Rhees, G. E. M. Anscombe (Blackwell 1956, revised ed. 1978).

Philosophical Investigations, ed. G. E. M. Anscombe and R. Rhees (Blackwell, 1953).

Zettel, ed. G. E. M. Anscombe and G. H. von Wright (Blackwell 1967, revised ed. 1981).

Remarks on the Philosophy of Psychology, 2 vols: vol. I, G. E. M. Anscombe and G. H. von Wright; vol. 2, G. H. von Wright and G. Nyman (Blackwell, 1980).

On Certainty, ed. G. E. M. Anscombe and G. H. von Wright (Blackwell, 1969).

An interesting collection of diary entries, remarks, and apophthegms, culled from notes made by Wittgenstein over several decades of his life, has appeared as *Culture and Value*, translated by P. Winch and selected and arranged by G. H. von Wright (Blackwell, 1980).

The definitive account of Wittgenstein's early life is *Wittgenstein: A Life* by B. McGuinness (vol. I, *Young Wittgenstein 1889–1921*, Duckworth, 1988). Ray Monk's biography *Ludwig Wittgenstein: The Duty of Genius* (Cape, 1990) is comprehensive and interesting. A biographical essay by G. H. von Wright and a personal memoir by Norman Malcolm are published together as *Ludwig Wittgenstein: A Memoir* (2nd ed. with letters, Oxford University Press, 1984). Further perspectives on Wittgenstein's life, character, and work are to be found in Rush Rhees (ed.), *Recollections of Wittgenstein* (Oxford University Press, 1984) and C. G. Luckhardt (ed.), *Wittgenstein: Sources and Perspectives* (Harvester Press, 1979).

Introductions to Wittgenstein's thought are D. F. Pears, *Wittgenstein* (Fontana, 1971) and Anthony Kenny, *Wittgenstein* (Penguin, 1973). Less introductory discussions are provided by R. J. Fogelin, *Wittgenstein* (2nd ed., Routledge, 1987), P. M. S. Hacker, *Insight and Illusion* (2nd ed., Oxford University Press, 1987), and A. J. Ayer, *Wittgenstein* (Weidenfeld and Nicolson, 1985). For detailed scholarly commentaries on Wittgenstein see M. Black, *A Companion to Wittgenstein's 'Tractatus'* (Cambridge University Press, 1964) and, for the later philosophy, G. P. Baker and P. M. S. Hacker, *Wittgenstein: Understanding and Meaning* (Blackwell, 1980, 1983). A study which excited much debate at the time on crucial aspects of Wittgenstein's thought is S. Kripke, *Wittgenstein on Rules and Private Language* (Blackwell, 1982). For discussion of

Wittgenstein's views on the foundations of mathematics – the problem which first attracted him to philosophical work – see Crispin Wright, *Wittgenstein on the Foundations of Mathematics* (Duckworth, 1980) and S. G. Shanker, *Wittgenstein and the Turning-Point in the Philosophy of Mathematics* (Croom Helm, 1987). In Anthony Kenny, *The Legacy of Wittgenstein* (Blackwell, 1984), there is an assessment of Wittgenstein's influence and importance which is different from the one presented here.

For examples of the wider uses sometimes made of Wittgenstein's ideas, in for example theology, anthropology, and political theory, see Fergus Kerr, *Theology After Wittgenstein* (Blackwell, 1986), P. Winch, *Studies in the Philosophy of Wittgenstein* (Routledge and Kegan Paul, 1969), and D. Rubinstein, *Marx and Wittgenstein: Social Praxis and Social Explanation* (Routledge and Kegan Paul, 1981). And for a sample of how Wittgenstein's work is employed by philosophers and literary critics working in the contemporary Continental tradition of thought see H. Staten, *Wittgenstein and Derrida* (Blackwell, 1985).

“牛津通识读本”已出书目

古典哲学的趣味
人生的意义
文学理论入门
大众经济学
历史之源
设计，无处不在
生活中的心理学
政治的历史与边界
哲学的思与惑
资本主义
美国总统制
海德格尔
我们时代的伦理学
卡夫卡是谁
考古学的过去与未来
天文学简史
社会学的意识
康德
尼采
亚里士多德的世界
西方艺术新论
全球化面面观
简明逻辑学
法哲学：价值与事实
政治哲学与幸福根基
选择理论
后殖民主义与世界格局

福柯
缤纷的语言学
达达和超现实主义
佛学概论
维特根斯坦与哲学
科学哲学
印度哲学祛魅
克尔凯郭尔
科学革命
广告
数学
叔本华
笛卡尔
基督教神学
犹太人与犹太教
现代日本
罗兰·巴特
马基雅维里
全球经济史
进化
性存在
量子理论
牛顿新传
国际移民
哈贝马斯
医学伦理
黑格尔

地球
记忆
法律
物质
托克维尔
休谟
分子
法国大革命
抑郁症
民族主义
科幻作品
罗素
美国政党与选举
美国最高法院
纪录片
大萧条与罗斯福新政
领导力
无神论
罗马共和国
美国国会
民主
英格兰文学
现代主义
网络
自闭症
德里达
浪漫主义

批判理论
德国文学
戏剧
腐败
医事法
癌症
植物
法语文学
微观经济学
拜占庭
司法心理学
发展
农业
特洛伊战争
巴比伦尼亚
河流
战争与技术
品牌学
数学简史
物理学
国际法
计算机
亚当 · 斯密
代数
天体生物学
数理金融学
古埃及艺术与建筑
现代印度

湖泊
儿童心理学
时装
现代拉丁美洲文学
卢梭
隐私
电影音乐
传染病
希腊化时代
知识
环境伦理学
美国革命
元素周期表
人口学
社会心理学
动物
项目管理
美学
管理学
卫星
学习
化学
天体物理学
意大利文学
海洋生物学
贝多芬
现代巴西

电影
俄罗斯文学
古典文学
大数据
洛克
幸福
免疫系统
银行学
景观设计学
神圣罗马帝国
大流行病
亚历山大大帝
气候
第二次世界大战
中世纪
工业革命
传记
公共管理
社会语言学
行为经济学
计算机科学
儒家思想
未来
基因
恒星
海洋
园林史